한국대학복구론
김인환
과학과 문학

suryusanbang
2018

● 아주까리 수첩 [2]
김인환 과학과 문학
金仁煥 科學.文學
KIM Inhwan SCIENCE and LITERATURE
ⓒ 김인환

● Produced & Published by 수류산방 樹流山房 Suryusanbang
초판 01쇄 2018년 06월 26일
값 21,000원
ISBN 978-89-915-5565-5 03810
Printed in Korea, 2018.

● 수류산방 樹流山房 Suryusanbang
등록 2004년 11월 5일 (제300-2004-173호)
[03054] 서울 종로구 팔판길 1-8 [팔판동 128]
T. 82 02 735 1085 F. 82 02 735 1083
프로듀서 **박상일**
발행인 및 편집장 **심세중**
크리에이티브 디렉터 **朴宰成 + 박상일**
이사 **김범수, 박승희, 최문석**
편집팀 **전윤혜, 조연하**
디자인·연구팀 **장한별**
사진팀 **이지응**

한국대학복구론
김인환
과학과 문학

한국대학복구론

김인환

과학과 문학

0. 과학과 문학 **머리말**

문학은 말을 표현 수단으로 사용하고 과학은 수학을 표현 수단으로 사용한다는 점에서 문학과 과학의 사이에는 쉽게 넘어설 수 없는 경계가 있다. 우리가 쓰는 일상 언어는 천 년 전이나 지금이나 크게 다르지 않은 데 비해서 수학은 시대에 따라 변화해 왔고 또 지금도 변화하고 있다. 그러나 언어와 수학은 실재를 기술하는 연모라는 공통점을 가지고 있다. 실재는 아페이론(apeiron, 한정할 수 없는 것)이기 때문에 사람은 실재의 무한한 계기들을 인식할 수 없다. 언어와 수학은 무한한 실재를 한정하고 구분하는 수단이다. 비유클리드 기하학은 유클리드 기하학과 마찬가지로 아페이론을 잘라 내고 끊어 내고 한정하는 수단이다. 실재는 무한하고 개념은 유한하다는 사실을 분명하게 인식하고 시작한다면 문학과 과학이 서로 대화하지 못할 이유가 없다. 공동의 기반을 확인하고 상보적인 위상을 적절하게 설정한다면 차이가 오히려 복합적인 실재의 비밀을 탐구하는 공동 작업을 가능하게 하는 활력이 될 수 있을 것이다. 우리는 언어와 수학을 통하지 않고서는 인간과 자연을 이해할 수 없는데, 언어와 수학 자체가 제한되어 있기 때문에 애초부터 상당한 한계를 가지고 창작하고 실험할 수밖에 없다. 그러나 놀라운 것은 작가와 과학자들이 그렇게 제한된 언어와 수학을 가지고 그 언어와 수학으로는 상상할 수 없었던 내용을 발견해 내고 있다는 사실이다. 워즈워드(William Wordsworth, 1770~1850)는 『서시(The Prelude)』(1798~1805, 출판 1850)라는 긴 시에서 시와 수학을 어떠한 재난에도 불구하고 영원히 후대에 전해야 할 인류의 유산이라고 했다. 그러나 어떤 사람이 시를 읽고 수학을 공부한다고 해서 인문학과 과학을 통합적으로 이해하게 되는 것은 아닐 것이다. 여기에는 상당히 어려운 교육적 과제가 포함되어 있다.

　대학의 규모가 급격하게 팽창되었기 때문에 이제는 같은 학과의 학생들도 서로 알지 못하고 지내는 형편이 되었다. 이대로 가다가는 학과와 학과, 대학과 대학 사이의 대화는 영영 단절되어 버리고 말 것이다. 학자는 한 종류의 상품만 파는 도매상인이 되어야 한다고 하며 교양서를 쓴 동료 교수를 잡화상이라고 비판하는 수학과 교수를 만난 적이 있었다. 지금은 논문 부담 때문에 교양서를 쓸 수 있는 여유를 가진 교수를 찾아볼 수 없게 되었으니 그 분의 걱정은 저절로 해소된 셈이다. 인문학과 과학의 대립을 염려하면서 영국의 물리학자이며 소설가인 스노(Charles Percy Snow, 1905~1980)는 "30년 전에 두 문화는 서로 이야기하기를 그쳤다. 그래도 그 때까지는 틈을 넘어 차가운 미소나마 지어 보이려고 애썼다. 그러나 이제는 최소한의 정중함마저도 사라졌다. 그들은 서로 얼굴을 찌푸릴 뿐"(『두 문화(The Two Cultures)』(강연 1959, 출판 1963))이라고 한탄하였다. 스노가 이렇게 경고한 지 이미 반 세기가 지났다.

　지식을 경시하는 태도에는 앎과 삶의 차이에 대한 인식이 들어 있다. 앎의 내용은 유한하고 삶의 계기는 무한하기 때문에, 앎은 삶이 아니며 삶이 될 수 없다. 앎은 삶에 대하여 진술한 말이다. 언어는 현실이 아니기 때문에 지식은 현실을 남김없이 드러낼 수 없다. 현실은 현실에 대한 어떠한 표현보다도 더 크다. 그러나 지리와 지질과 지형에 대한 지식이 없다면 우리는 농사를 지을 수도 없을 것이고 도시를 건설할 수도 없을 것이다. 한 사람이 실제로 걸어 본 지역은 한 평생 걸은 길을 다 합친다 하더라도 얼마 되지 않을 것이다. 모든 지식에는 실제로 그러한 행동이 현실에 나타나는 것은 아니지만, 관찰하고 측정할 수 있는 행동들을 그것에 비추어 해석할 수 있게 하는 개념 장치가 포함되어 있다. 미분 방정식을 채택하여 계산하는 경제학의 한계 개념은 그 대표적인 실례이며, 그 이외에 봉건 사회니 매판 자본이니 비생산적 노동이니 하는 것들이 모두 이러한 개념 장치들이다. 이러한 개념 장치들을 구성하는 인과 감각은 전적으로 직관에 의존한다. 짓궂은 아들의 뺨을 때린 며느리가 시어머니에게 "옆집 여자와 말다툼을 하고 난 후라 흥분해서 그랬습니다. 보통 때의 저라면 이러한 방법으로 꾸짖지는 않았을 것입니다."라고 변명했을 때, 그녀는 그녀의 체벌이 우연한 반응이며 정상적 인과 감각에 의존한 평상시의 행동이 아니라는 사실을 그녀에 대한 시어머니의 이해심에 호소하고 있는 것이다. 그러나 아이를 때린 행동은 관찰할 수 있는 행동이고, 아이를 때리지 않는 행동은 눈앞의 현실에는 나타나지 않는 행동이다. 모든 지식은 비현실적 개념 장치로 현실적 자료들을 해석하려는 시도이다. 식량에 대해서도, 기계에 대해서도, 외화(外貨)에 대해서도 진지하게 고심해 보지 않은 학자들이 경제를 단순한 계산 문제로 다룬 데에 한국 경제의 근본 문제가 있다. 한국에는 이론의 소비자는 있었으나 이론의 생산자는 없었으며, 통계의 방법에 대해서는 알고 있었으나 통계의 근거가 되는 구체적 자료에 대해서는 정확하게 알고 있지 않았다. 자료에서 이론으로 올라가고, 이론에서 자료로 내려오는 순환 과정이 정상적으로 소통되지 못하여 이론 따로 자료 따로 하는 식의 정책을 집행해 올 수밖에 없었다. 부정확한 정책의 대표적인 사례가 세금을 많이 걷은 공무원에게 상을 주는 제도이다. 계획보다 세금을 더 많이 징수했다면 그것은 국민의 재산권을 침해한 범죄로서 처벌해야 할 행위이지 포상해야 할 행위는 결코 아니다. 국세청의 모든 징세 자료가 누구나 열람할 수 있도록 완전히 공개된다면 우리 사회의 폐단인 이론과 자료의 불일치는 많이 완화될 수 있을 것이다.

구체적인 것과 보편적인 것이 서로 줄 것은 주고, 받을 것은 받으며 서로 상대방의 결함을 보충하고 상대방의 오류를 수정하는 정상적인 회로가 왜곡될 때에 이론에 대한 불신이 나타난다. 불립문자(不立文字)를 내세우는 선(禪)의 입장은 그 대표적인 경우이다. 우리 생활의 여러 국면 가운데는 이론을 멀리해야 제대로 영위되는 영역이 있다. 우정이나 애정 같은 감정에 이론이나 개념을 개입시키려는 태도는 부당하고 어리석다. 그러나 생활의 모든 영역을 불립문자로 해결할 수는 없을 것이다. 불립문자란 지식의 영역 외부에서 통용되는 사건이다. 주관과 객관, 자기와 타자가 명확하게 구분되지 않는 인간과 인간의 관계 구조가 있다. 사랑하는 사람을 객관적으로 묘사할 수 있는 사람이 없다는 것으로 미루어 보더라도 이분법적 사고의 계선(界線)을 약화시켜야 제대로 작동하는 정신 활동이 있다는 사실을 부정할 사람은 없을 것이다. 남의 신음 소리에 귀를 기울인다거나, 남 잘되라고 진심으로 바란다거나 하는 마음은 나와 남이 서로 통하고, 주관과 객관이 서로 일치할 때에만 작용한다. 그러므로 우리는 사랑이나 우정에는 지식이 필요 없다고 말할 수 있다. 그러나 그렇다고 해서 엄연히 존재하는 지식의 영역을 무시하는 것은 결코 온당한 행동이라고 할 수 없다. 독서보다 참선이 어렵다는 주장은 사실에 맞는 견해가 아니다. 글자 한 자의 용례(用例)를 알기 위하여 수천 권의 고서(古書)를 읽는 데 평생을 바친 학자에게, 그리고 늪에 몸을 반이나 파묻은 채 피투성이가 된 팔로 거머리를 채집하고 있는 생물학자에게 백과사전에 나 있는 구멍을 막는 새 지식의 생산은 생사를 건 투쟁이다. 『차라투스트라는 이렇게 말했다(Also sprach Zarathustra)』(1883~1885) 제4부의 「거머리」에 등장하는 거머리 학자는 과학 정신의 본질을 허학에 반대하는 투쟁에서 찾는다. 그는 "허학보다는 무식이 낫다(Lieber Nichts Wissen, als Vieles halb Wissen)"라고 말한다.

나는 정신의 양심 분자이다. 정신과 관계된 문제에 대해 내게 가르쳐 준 차라투스트라를 제외하고는 나만큼 엄격하고 주도면밀하고 가차 없는 자는 없을 것이다. 어중간한 박식보다는 차라리 무식이 낫다. 원래 제 생긴 대로 바보로 있는 것이 남의 소견만 따르는 현자보다 낫다. 나는 무엇이든 뿌리 속까지 캐어 내려 한다. 그 대상이 크고 작고 한 것이 무슨 문제가 되느냐? 그것이 늪이건 하늘이건 무슨 상관이 있겠느냐? 손바닥만한 땅일지라도 참말로 바탕이 되고 근거가 된다면 나에게는 충분한 것이다. 손바닥만한 땅, 나는 그 위에 설 수 있다. 옳은 지식과 양심에게는 너무 작은 것이란 없는 법이다. 〔…〕 나의 성실성이 그치는 곳에서 나는 눈이 멀어질 것이요, 또 멀어지기를 바란다. 그러나 내가 알고자 하는 한 나는 또한 성실하려 하며, 가혹하고 엄격하고 잔인하고 사정없고자 한다.

창조적 연구는 오래된 질문에 새롭게 대답하는 데서 나오는 것이 아니라 질문 자체를 새롭게 제기하는 데서 나오는 것이다. 자연을 이해하려면 먼저 자연 이해의 바탕 관념에 대하여 투철하게 숙고해 보아야 한다. 한국 교육 일반의 병폐는 바탕 관념에 대해서는 말하지 않고 문제 풀이 중심으로 수행되는 데 있다. 먼저 바탕 관념을 이해한 후에 제 손으로 실험하고 제 머리로 생각하면 누구나 과학자나 예술가가 될 수 있다. 가르치는 것은 최소한의 바탕 관념으로 한정하고 모든 작업을 학습자 자신이 스스로 하게 하는 과학과 예술의 교육 프로그램을 개발하는 일은 우리 사회의 시급한 과제이다. 많이 가르치는 것보다 더 중요한 것은 가르치지 말아야 할 것을 가르치지 않는 것이다. 과학은 앎을 바탕으로 이미 알려진 사실들을 딛고 넘어서서 참을 추구하는 작업이다. 참을 추구하려면 문학을 통하여 앎이 삶에 궁극적으로 어떻게 연관되는가에 대하여 고심해 보지 않으면 안 된다. 문학은 상식과 통념을 넘어 삶의 새로운 의미와 가치를 발견하는 작업이다. 삶을 새롭게 바라보려면 과학을 통하여 실험이 궁극적으로 어떻게 수학적 원리에 환원되는가에 대하여 고심해 보지 않으면 안 된다. 과학자는 과학의 기본 전제에 대하여 반성하고 작가는 문학의 기본 전제에 대하여 반성할 수 있는 겸손한 자세로 과학이 최고라든가 문학이 최고라든가 하는 독단에서 한 발 물러서서 자연과 인간의 통합적 이해를 향하여 대화를 시작해야 한다.

⌜1980년 5월 18일 새벽에 군인들이 고려대학교 기숙사를 세 겹으로 에워쌌다. 학생들이 회의실에 모여 시위할 계획을 의논하며 흩어지려 하지 않았다. 그만 자라고 나는 전원을 껐다. 불이 꺼지고 얼마 안 되어 군인들이 들어왔다. 군인들에게 문을 열어 주면서 518명의 학생을 살릴 수 있다면 나는 죽어도 좋다고 다짐하였다. 불이 켜져 있던 다른 대학 기숙사들과 달리 고려대 기숙사는 큰 피해 없이 고비를 넘길 수 있었다. 그러나 혼자서 군인들과 상대하며 지새운 그 막막한 밤을 겪은 이후로 나는 현실의 무게를 감당하지 못하는 나의 문학적 사고에 대하여 반성하게 되었고 자의적이고 현학적인 문학 비평들에 실망할 때마다 통계학 책을 찾아 읽게 되었다. 객관성과 엄밀성을 놓치면 문학 비평은 지적 사기가 된다. 이 책은 문학도가 통계학 책들을 읽으면서 생각한 내용을 정리한 자기 반성의 기록이다.

⌜2015년 10월에 미국에서 발간된 학술지 『International Journal of Language and Linguistics』(Vol.2, No.4)에 실린 나의

영문 논문을 이 책 전체의 핵심을 요약한 내용이라는 점에서 책 끝에 첨가하였다.

1 과학 공부와 문학 공부

과학과 문학 **차례**

0. 머리말   006
1. 과학 공부와 문학 공부   019
2. 사고와 문장   043
3. 교양 교육으로서의 글쓰기 프로그램   075
4. 시간과 역사   101
5. 과학과 예술   121
6. 전자 문학의 위상   151
7. 영화의 형식과 윤리   169
8. 전형과 욕망   187
9. Models and Desire   259

1. 과학 공부와 문학 공부

⌜ 철학자이고 작곡가이고 피아니스트이면서 음악 평론가이기도 했던 아도르노(Theodor Wiesengrund Adorno, 1903~1969)가 쓴 「수필의 형식(Der Essay als Form)」이라는 제목의 수필론이 1958년에 나온 『문학 노트(Noten zur Literatur)』(Frankfurt am Main : Suhrkamp)에 들어 있다. 아도르노는 그 글에서 "에세이는 근대 초기에 데카르트(René Descartes, 1596~1650)가 확립한 네 개의 규칙에 대한 항의이다."라고 규정했다. 아도르노의 수필론에는 "문사철(文史哲)이란 무엇인가"라는 질문에 대한 고심이 들어 있다. 나는 데카르트의 네 가지 규칙에 대한 항의가 수필의 특징이면서 인문학의 특징이기도 하다는 사실을 해명하는 것으로 과학 공부와 인문학 공부의 관계에 대한 논의를 풀어 나가고자 한다.

⌜ 데카르트는 우리의 인식을 확실하고 분명하게 하는 근거에 대하여 알고 싶어 했다. 확실하고 분명한 인식을 얻기 위하여 데카르트는 조금이라도 의심이 가는 모든 것을 거짓된 것으로 여기고, 이렇게 한 후에도 의심할 수 없는 어떤 것이 남는가 보아야 한다고 생각했다. 데카르트는 단순한 성질들을 확실하고 분명하게 파악하는 지성의 통찰력을 직관이라고 하고 인간의 직관이 지식의 체계를 형성할 수 있는 네 개의 규칙을 설정하였다. 네 가지 규칙을 제대로 지키기만 하면 누구나 쓸데없이 헤매지 않고 참된 인식에 도달할 수 있다는 것이다.

⌜ ① 첫째, 내가 명징하게 참되다고 안 것 이외에는 어떤 것도 참

된 것으로 받아들이지 않을 것. 즉 속단과 편견을 피할 것. 그리고 의심할 여지가 조금도 없을 정도로 아주 확실하게 또 아주 분명하게 내 정신에 나타나는 것 이외에는 아무것도 내 판단 속에 넣지 않을 것.

②둘째, 될 수 있는 대로 내가 검토할 문제의 하나하나를 그것들을 해결하는 데 필요한 만큼의 작은 부분들로 나눌 것.

③셋째, 내 생각들을 순서 있게 이끌어 나아가되, 가장 단순하고 가장 쉬운 것에서부터 시작하여 계단을 올라가듯 조금씩 위로 올라가 가장 복잡한 것의 인식에 이르도록 할 것. 그리고 자연대로는 피차 아무런 순서도 없는 것들 간에도 순서가 있는 듯이 가정하고 나갈 것.

④넷째, 하나도 빠뜨리지 않았다고 확신할 수 있을 정도로 완전한 매거(枚擧)와 전체에 걸친 통관(通觀)을 어디서나 행할 것.

첫째 규칙(①)은 직관에 확실하고 분명하게 나타나는 것만을 자신의 판단으로 삼으려는 시도이고,

둘째 규칙(②)은 문제를 분할하여 그 부분들 하나하나에 대하여 확실하고 분명한 직관을 얻으려는 시도이다. 인간은 대상을 한정하고 분절해야 대상의 본질을 알 수 있다. 분절이 없으면 본질도 없다.

셋째 규칙(③)은 맨 처음의 원리들을 직관하고 단순한 중간 항들을 직관한 후에 이것들을 방정식으로 만드는 절차이다. 방정식의 규칙에는 필연적인 논리의 전개에 의하여 하나의

지식으로부터 다른 지식을 끌어낼 수 있다는 믿음이 전제되어 있다.

⌐ 넷째 규칙[④]은 실험과 귀납의 규칙이다.

⌐ 네 개의 규칙 중에서 특히 방정식의 규칙과 실험의 규칙은 근대 과학의 두 기둥이 되었다. 과학의 반이 경험과 실험이라면 과학의 나머지 반은 선험과 수학이다. 경험과 실험의 확인자라는 의미에서 수학을 선험(先驗) 과학 또는 정험(定驗) 과학이라고 한다. 수학은 특수한 실험에 보편성을 부여해 준다. 수많은 삼각형을 경험하는 단계에서 피타고라스(Pythagoras, 기원전 570?~490?)의 정리를 발견하는 단계로 가는 것을 칸트(Immanuel Kant, 1724~1804)와 후설(Edmund Husserl, 1859~1938)은 초월이라고 했다. 종교에서는 하느님을 향해 자아를 넘어서는 것을 초월이라고 하지만 철학에서는 실험에서 수학으로 가는 것, 다시 말하면 개(個, Einzelne)에서 유(類, Art, Gattung, Algemeine)로 가는 것을 초월이라고 한다.

⌐ 데카르트의 이 네 가지 규칙을 일반 수학을 예로 들어 설명해 볼 수 있다. 현재 중·고등학교에서 배우는 일반 수학의 내용은 세 개의 삼각형을 중심으로 구성되어 있는데 역사적으로 본다면 일반 수학은 기원전 5세기에 피타고라스가 발견한 정리에서 시작하여 17세기에 뉴튼(Isaac Newton, 1642~1727)과 라이프니츠(Gottfried Wilhelm Leibniz, 1646~1716)가 발견한 미적분까지 대략 2천 년의 수학사를 포함한다고 말할 수 있다.

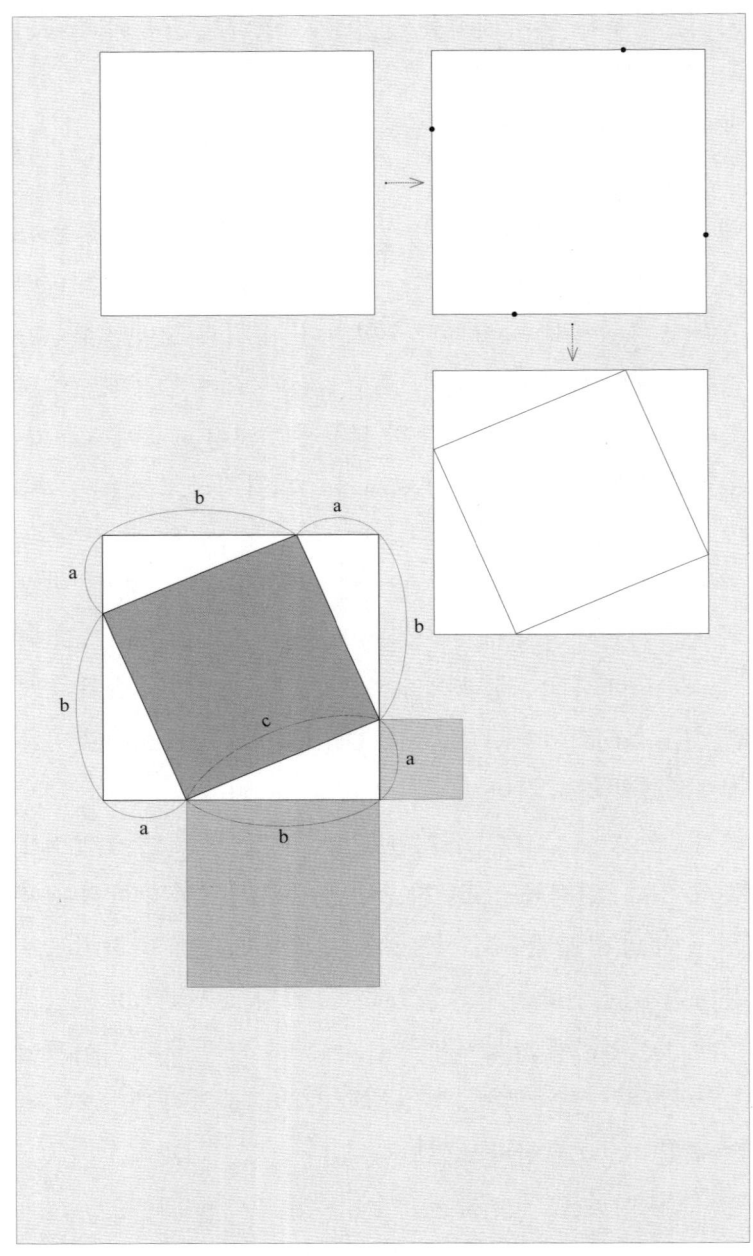

하나의 정사각형을 그리고 네 모서리에서 일정한 거리에 점을 찍고 그 네 개의 점을 이어서 또 하나의 정사각형을 그리면 두 개의 정사각형과 네 개의 직각 삼각형이 그려진다. 첫째 규칙을 따라 남의 의견을 따르지 않고 자기 눈으로 직접 사각형들과 삼각형들을 자세히 보는 것이 수학의 첫째 단계이다. 둘째 규칙을 따라 전체 도형을 두 개의 사각형과 네 개의 삼각형으로 나누어 다시 보는 것이 수학의 둘째 단계이다. 셋째 규칙을 따라 사각형들과 삼각형들의 면적을 계산하여 그것들 사이의 관계를 탐구하고 방정식을 만드는 것이 수학의 셋째 단계이다. 넷째 규칙을 따라 직각 삼각형의 모든 경우에 이 방정식이 통하는지 매거(枚擧)하고 통관(通觀)하는 것이 수학의 넷째 단계이다. 우리는 수학의 방법이 데카르트의 네 가지 방법과 일치한다는 것을 쉽게 이해할 수 있다. 두 사각형의 면적 c^2과 $(a+b)^2$ 그리고 삼각형의 면적 $\frac{1}{2}ab$를 구한 후에 $a^2+2ab+b^2$과 삼각형 네 개의 면적 $2ab$를 통하여 $a^2+b^2=c^2$을 구하는 것이 수학 공부의 방법이다. 학생들은 피타고라스의 정리를 통하여 특수와 보편의 차이를 배운다.

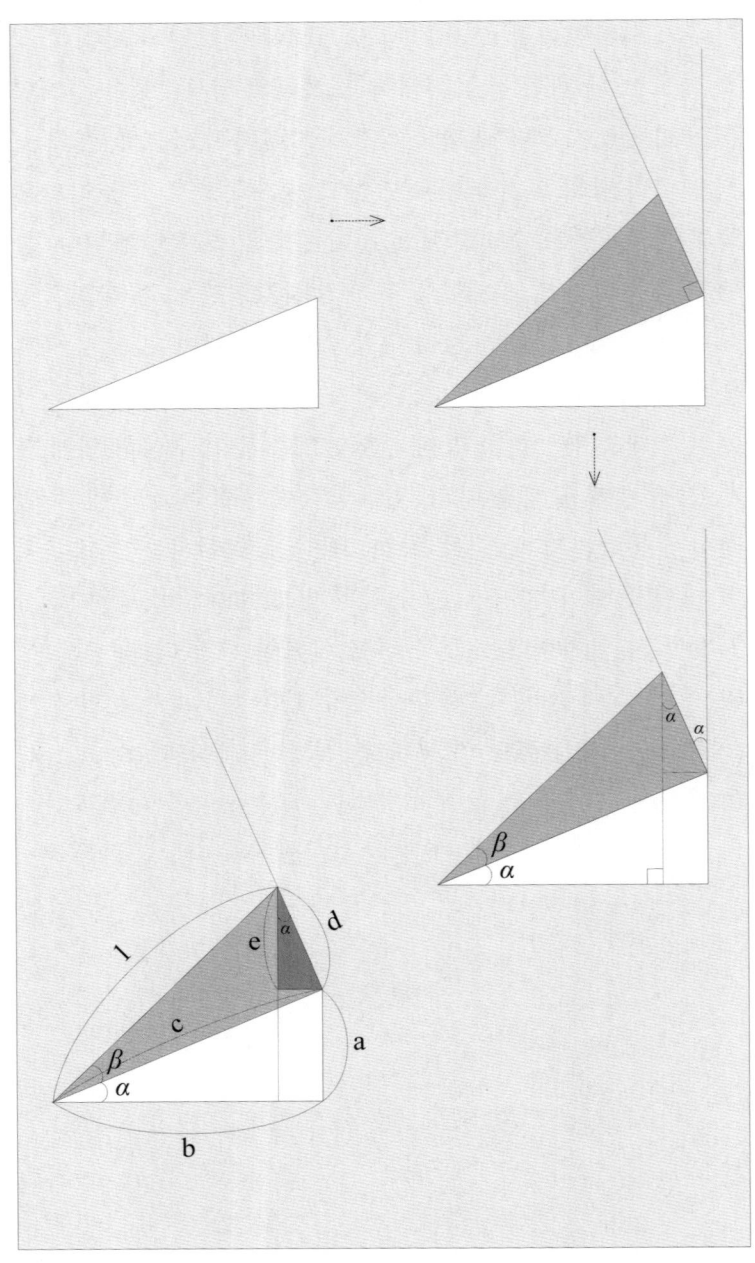

⌐ 직각 삼각형의 빗변을 밑변으로 하는 직각 삼각형을 그리고 위에 있는 삼각형의 꼭짓점에서 아래 있는 삼각형의 밑변까지 수직선을 그은 후에 아래 삼각형의 높이에 맞추어 수평선을 그으면 세 개의 삼각형이 나온다.

⌐ 위에 있는 삼각형의 빗변을 1이라고 한다. '아래 삼각형의 높이(a)를 빗변(c)으로 나눈 것'$(a/c)=(\sin\alpha)$과 '윗 삼각형의 밑변(c)을 빗변(1)으로 나눈 것'$(c/1)=(\cos\beta)$을 곱하면 $[(a/c)\times(c/1)]=[\sin\alpha\times\cos\beta]$, 아래 삼각형의 빗변$(c)$이 윗 삼각형의 밑변$(c)$이므로 아래 삼각형의 높이$(a)$가 된다.

⌐ 마찬가지로 '윗삼각형의 높이(d)를 빗변(1)으로 나눈 것'$(d/1)=(\sin\beta)$과 '작은 삼각형의 높이(e)를 빗변(d)으로 나눈 것'$(e/d)=(\cos\alpha)$을 곱하면 $[(d/1)\times(e/d)]=[\sin\beta\times\cos\alpha]$, 윗삼각형의 높이$(d)$가 작은 삼각형의 빗변$(d)$이므로 작은 삼각형의 높이$(e)$가 된다.

⌐ $\sin(\alpha+\beta)$는 $\sin\alpha+\sin\beta$가 아니라 $\sin\alpha\times\cos\beta+\cos\alpha\times\sin\beta$라는 것이 삼각 함수의 덧셈 정리이다. 학생들은 삼각 함수를 통하여 현상과 본질의 차이를 배운다.

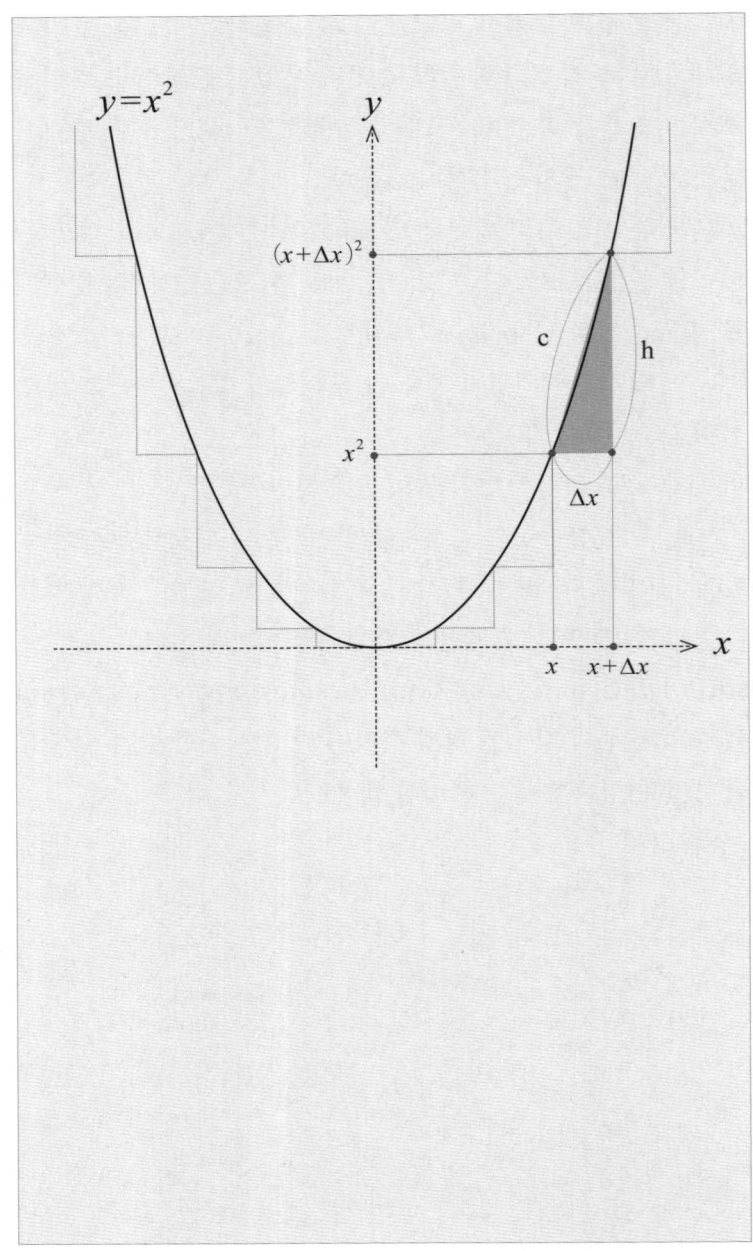

⌐ 이차 함수. 예를 들어 $y = x^2$의 그래프에 작은 삼각형들을 그려 넣으면 작은 삼각형의 높이$^{(h)}$는 $(x+\Delta x)^2 - x^2$이 된다. 이것을 작은 삼각형의 밑변 Δx 로 나누어 나오는

$$\frac{(x+\Delta x)^2 - x^2}{\Delta x}$$ 을

⌐ $\lim_{x \to 0}$ 이란 장치에 넣으면 그래프의 기울기$^{(c)}$ $2x$가 된다. 이것이 미분이다.

⌐ 수익(Revenue)을 미분한 한계 수익$^{(dR/dx)}$과 비용(Cost)을 미분한 한계 비용$^{(dC/dx)}$이 같게 되는 것이 생산 조건(λ)이 된다.

$$\lambda = \frac{dR}{dx} - \frac{dC}{dx} = 0$$

⌐ 먼저 비용과 수익이 현재 어떻게 변하고 있는가를 계산하여 설비를 늘릴까 줄일까, 사람을 늘릴까 줄일까를 결정해야 한다. 지금까지 얼마를 벌었나 또는 얼마를 날렸나에 집착하면 안 된다. 벌었다고 늘리기만 하거나 잃었다고 줄이기만 해야 하는 것은 아니다. 현재의 변화에 따라 결정해야 한다. 학생들은 미분을 통하여 전체와 부분의 차이를 배운다.

⌐ 공부와 연구를 구별하여 말할 때에 수학 공부는 수학 사전의 내용을 이해하는 일이고 수학 연구는 수학 사전의 내용을 수정하게 하는 일이라고 정의할 수 있다. 그러나 과학 공부와 과학 연구는 데카르트의 네 가지 규칙을 따른다는 점에서 동일한 작업이라고 할 수 있다.

⌐ 인문학을 이 네 개의 규칙에 대한 항의라고 한다면 그 항의의 내용을 어떻게 규정할 수 있을까.

⌐ 첫째, 아도르노에 의하면 에세이는 확실하고 분명한 인식을 요구하지 않는다. 에세이는 보물을 찾아 헤매는 자의 강박 관념을 거부하고, 최초의 것을 요구하는 공리주의를 거부한다. 에세이 속에는 일관성과 완전성에 대한 요구까지도 취소하려는 욕망이 잠재되어 있다. 에세이는 노동의 윤리를 따르지 않고 감정과 상상의 자발성을 따라간다. 에세이스트는 이야기를 아담과 이브에서 시작하지 않고 대상에 대하여 생각이 떠오르는 데에서 말하기 시작하여 스스로 그치고 싶은 곳에서 중단한다. 빈틈없는 개념의 건축을 바라지 않고, 개념의 정의 자체를 거부하고, 어떤 것을 원리에 환원하는 일에서 벗어나 에세이는 하찮은 것 속에 머무르는 반어적인 겸손을 보여 준다. 에세이스트는 변하는 것, 무상한 것, 하찮은 것 속에 머무르며 변하는 것, 무상한 것, 하찮은 것을 영원한 대상처럼 다룬다.

⌐ 아도르노의 이 말을 문학에 적용해 보자.

┌ 누구나 삼각형의 여러 성질들을 찾아낼 수 있는 것으로 미루어 인간에게는 자연의 법칙을 이해할 수 있는 능력이 있다고 할 수 있다. 누구나 이야기를 만들고 이야기를 알아듣는 것으로 미루어 인간에게는 글을 만들어 내는 능력이 있다고 할 수 있다. 회사를 나와서 곧장 집으로 들어가지 않고 밤거리를 혼자서 쏘다니는 소시민의 신체가 저도 모르게 적어 내는 글은 얼마나 고뇌에 가득 차 있는 것인가? 인간의 언어 활동에는 글을 만들어 내는 능력뿐 아니라 그 시대에 용인되는 글과 용인되지 않는 글을 식별하는 능력, 다시 말하면 글을 지배하고 있는 맥락을 파악하는 능력도 내재되어 있다. 나라 잃은 시대의 독자들은 누구나 친일 문학이 작품의 미적 형상에 결함을 초래한다는 사실을 알고 있었다.

┌ 문화적 맥락의 지배를 받으면서 책들은 서로 일정한 관계를 맺고 있다. 인간은 문화적 맥락 자체를 전체적으로 파악할 수 없다. 문화적 맥락 속에서 나서 죽는 인간이 문화적 맥락의 외부로 나와서 문화적 맥락의 전체를 바라볼 수 없기 때문이다. 책들의 지형학으로 드러나는 맥락은 결국 인간이 구성한 인간의 작품일 수밖에 없고, 맥락 자체는 무한하나 인간의 구성 능력은 유한하므로 책들 사이의 맥락은 고르지 않고 빈틈이 많은 형태로 나타날 수밖에 없다. 그러나 그것이 아무리 불완전하다고 하더라도 책을 이해하는 능력은 자기에게 필요한 책을 선택하는 능력 또는 맥락을 구성하는 능력과 다른 것이 아니다. 책의 세부를 수동적으로 경험하는 능력과 문화적 맥락을 능동적으로 종합하는 능력은 늘 함께 결합되어 있다.

「 한 권의 책을 정밀하게 읽어서 그것의 밑바닥에 있는 의미를 해석하는 방법은 책의 다양한 의미를 제한하게 된다. 의미는 책의 밑에 있는 것이 아니라 책들이 다른 책들과 맺는 무수한 관계 안에 있는 것이다. 책들과 책들의 사이에서 이루어지는 관계들의 결을 파악하려면 깊이의 비전 대신에 옆으로 보는 비전을 따라가야 한다. 측면의 독서만이 맥락을 구성할 수 있기 때문이다. 그러나 관계와 차이의 놀이 속으로 들어가는 독서는 계속해서 줄기를 뻗어 나가는 칡덩굴을 헤치는 것처럼 끝이 없는 작업이다. 맥락의 독서는 미완성의 독서이고, 중도에 있는 독서이고, 항상 중요한 무엇인가를 남겨 놓는 잉여의 독서이다.

F 각 시대 사람들은 자기네가 어느 작품의 전범적 의미를 장악하고 있다고 믿을 수 있다. 하지만 역사에 조금이라도 민감한 사람은 이 단수의 의미를 복수의 의미로, 닫힌 작품을 열린 작품으로 변화시킬 수 있다. 의미의 다양성을 말함은 인간적 인습의 상대주의적인 관점에서 연유하는 것도 아니요, 오류로 기울어지는 사회의 경향을 지적하고 있는 것도 아니다. 오히려 그것은 개방을 향해 열려 있는 작품의 체질인 것이다. [주 001] [서인석, 『성서와 언어 과학』(성바오로 출판사), 1984, p.65.]

「 현실은 현실에 대한 어떠한 표현보다도 더 크다. 그러나 경험이 독서보다 반드시 삶에 더 유효하다고 단언할 수 없다는 데에 독서의 신비가 있다. 우리는 우리 삶에 필요 없는 것을 분명하게 한정할 수 없다. 장자(莊子, 기원전 369?~286?)는 필요 없는 것을 배제하고 필요한 것만 포섭하려는 혜자(惠子, 혜시(惠施), 기원전 370?~310?)의 견해에 대하여, 발을 딛고 있는 땅은 서는 데 필요하고, 그 이외의 땅은 서는 데 필요 없다고 하여 나머지 땅을 다 잘라 버린다면 땅을 딛고 서 있을 수도 없게 될 것이라고 비판하였다. 한 사람이 실제로 걸어 본 지역은 한 평생 걸은 길을 다 합친다 하더라도 얼마 되지 않을 것이다. 지리와 지질과 지형에 대한 우리의 담화는 대부분 독서에 의존하고 있다.

둘째, 아도르노에 의하면 에세이는 전체를 가정하지 않는다. 에세이스트에게 전체는 진리가 아니다. 에세이는 지금 여기를 강조하고 부분을 강조한다. 우리는 늘 유한한 상태에 처해 있지만 우리의 본성은 늘 그 유한한 상태를 부정하고 있다. 우리의 삶에서는 이것은 유한이고 저것은 무한이라고 분할할 수 없다. 우리의 삶 속에 유한과 무한이 같이 있다. 우리에게 끝없이 다른 곳을 꿈꾸게 한다는 점에서 본다면 무한은 유한의 내적 동태이다. 어떤 것은 어떤 성질들을 포섭하고 다른 성질들을 배제함으로써 다른 것과 구별되는 바로 그 어떤 것으로 규정된다. 하나하나의 성질들은 다른 성질들과의 관계에 의해서만 그러한 성질로 규정되는 것이다. 인간에게는 수많은 관계의 집합을 응집하는 힘이 있다. 인간에게는 다른 것들과의 관계보다 자기 자신과의 관계가 더 중요하다. 다른 것들과의 관계는 인간의 상태를 구성하지만 자기 자신과의 관계는 인간의 본성을 구성하기 때문이다. 인간은 상태를 본성에 통합하면서 변화한다. 에세이는 눈에 띄지 않게 대조를 이루는 요소들을 색채들의 기능 교환과 유사하게 연합시키고, 구성 요소들을 음악의 논리를 따라 병렬시킨다.

아도르노의 이 말을 문학에 적용해 보자.

맥락의 독서는 책들 사이에 움푹 패인 균열과의 싸움이다. 아무리 애쓰더라도 맥락의 문은 닫히지 않고, 아무리 공을 들이더라도 결과로 나타난 맥락은 결함투성이다. 제외되었거나 망각되었던 책들을 흡수할 수 있는 새로운 맥락 구성 방법을 찾아 구축하고 해체하고 다시 구축하는, 선택과 대치의 놀이가 항상 새롭게 반복될 뿐이다. 그리고 이러한 차이와 관계의 놀이는 언제나 잃어버린 것을 아쉬워하고, 또 감내할 수밖에 없다. 과학이 주어져 있는 대상을 전체로 보고 분할하여 전체와 부분의 관계를 분석한다면 문학은 주어져 있는 부분을 전체화하여 맥락을 구성한다. 맥락의 독서는 언제나 새롭게 다시 시작하는 놀이이면서 동시에 어떠한 책에 대해서도 언론의 자유를 유보하지 않는 놀이이기도 하다. 보물을 찾아 헤매는 강박 관념 대신에 언제 어디서나 솔직하게 자기의 의견을 말하는 자신감이 필요한 것이다.

셋째, 아도르노에 의하면 에세이는 단순한 것에서 출발하지 않고 복합적이고 일상적인 것에서 출발한다. 에세이는 경험을 있는 그대로 묘사하기 위하여 첫걸음부터 다각적 관점을 보유하고 경험으로부터 모호성을 제거하려고 하지 않는다.

우리의 생활을 구성하는 것들은 필연적으로 이러저러한 형태로 존재해야 하는 것은 아니다. 그것은 얼마든지 다른 형태로 존재할 수 있었다. 내 남편은 다른 여자의 남편이 될 수도 있었다. 내 남편을 필연으로 만드는 것은 수학이 아니라 나의 결단이다. 소득과 소비를 계산하는 데는 방정식이 필요하겠지만 사랑과 증오를 처리하는 데는 수학이 필요하지 않을 것이다.

아도르노의 이 말을 문학에 적용해 보자. 문학의 정신은 보편성에서 비켜서는 이단의 정신이다. 확고한 결론을 가지고 있는 사람은 문학을 공부하기 어려울 것이다. 문학의 주체이면서 동시에 문학의 대상이 되는 작가의 마음은 언제나 수련의 주체이고 시험의 대상이기 때문이다. 확고한 결론을 가지고 있는 사람의 마음은 과거로 차 있어서 미래가 들어설 자리가 없다. 사고의 깊이는 사실 속에 어느 정도로 침잠하는가에 따라 결정되는 것이지, 확고하고 의심할 여지없는 추론의 결과로 사실을 얼마나 잘 환원하는가에 따라 결정되는 것이 아니다. 맥락의 궁극적 의미를 파악했다는 오만이나 맥락을 장악하고 고정시키겠다는 환상에서 벗어나, 독자는 읽을 때마다 발견되는 관계들의 새로운 매듭들 가운데 극히 적은 몫을 선택하고, 자기가 읽은 본문들이 교차되는 자리를 한정하여 그 책들을 관통하는 맥락의 줄거리를 구성해야 한다. 한 권의 책을 읽을 때 무의식적으로 개입하는, 그 전에 읽은 책들의 간섭을 의식의 지평에 내놓아야 하는 것이다. 맥락은 어디에서 와서 어디로 가는지를 말하지 않는 수수께끼이고, 책은 맥락의 바다 그 어디에도 닻을 내리지 못하고 떠 흐르는 선박이다. 맥락의 수수께끼를 풀려면 먼저 맥락이란 문서 보관소에 들어가 산만하게 흩어져 있는 책들을 모아 선택하고, 책들과 책들 사이에 난 틈을 상상력으로 메워야 한다.

우리는 맥락을 규칙의 체계로 환원할 수 없다. 책들의 무한한 그물에는 엄밀한 의미에서 규칙의 체계가 없다. 책들과 책들이 얽히고설켜 있는 관계의 실타래 속에서는 의미의 통솔이 아예 불가능해진다. 맥락은 고정되고 안정된 대상이 아니라, 복합적이고 모순적인 과정이기 때문에 그것은 정의될 수 없다. 문화를 한 문장의 정언 명제(定言命題)로 표현하겠다는 것은 어리석은 짓이다.

넷째, 아도르노에 의하면 에세이는 누락되는 것을 두려워하지 않는다. 현실의 균열을 가리는 개념 체계에 반대하고, 에세이는 균열 속에서 균열의 틈을 통하여 생각한다. 불확실한 것에 반대하여 정신을 보호해야 한다는 생각은 에세이의 적이다. 현실에는 반드시 공존하는 두 적대적 힘들 사이의 대립이 들어 있다. 위기와 동요는 현실의 정상적인 과정이다. 역사적 현실에서 본질 파악은 모순 인식 이외에 다른 것이 아니다. 에세이스트는 글이 끝났다고 하여 그 곳에 더 이상 남는 것이 없다는 사태는 결코 있을 수 없음을 스스로 잘 알고 있다. 삶을 조금이라도 반성해 보면 누구나 과학의 그물로 담을 수 없는 경험이 허다하다는 사실을 이해하게 된다. 완결될 수 없고 예상할 수 없는 생생한 경험은 과학이 포착할 수 없는 삶의 구체적 연관들을 드러낸다. 희망과 환멸 속에서 나타나는 개인의 경험은 심리학과 사회학이 분리되기 이전의 생동하는 직접성을 보여 준다.

⌐ 아도르노의 이 말을 문학에 적용해 보자.
⌐ 관계들의 회로를 발견할 때에만 우리는 책의 활기를 되찾을 수 있고, 책 안에 돌아다니는 의미를 파악할 수 있다. 하나의 작품은 동시대의 또는 이전 시대의 작품들과의 연결 관계 속에서만 이해된다. 어느 책도 다른 책들로부터 도망칠 수 없다. 가장 넓은 의미로 사용할 때 맥락은 태초 이래로 씌어 온 모든 책들이 형성하는 광장이다. 맥락을 무한히 큰 책이라고 한다면, 이 지상의 여러 책들은 그 큰 책의 한 장이나 한 절 또는 한 문단이다. 책은 맥락이란 밭에 흩뿌려져 있는 씨앗들이고, 독서는 그 씨앗을 키워서 곡식을 거두는 일이라고 할 수도 있다. 책에서 책으로 이어지는 관계의 회로를 따라가면서 독자는 책들의 의미를 재조정하고 재분배해야 한다. 맥락은 닫혀 진 창고가 아니라 끊임없이 변형되는 광장이기 때문에, 맥락의 정체는 언제나 우리의 손아귀를 빠져 나간다. 맥락이 항상 열려 있기 때문에 맥락의 독서는 시작에서 시작으로 이어지는 놀이가 된다. 독서는 언제나 새롭게 시작하는 창조적 놀이이다. 맥락을 완성하여 고정된 한계 안에 가두겠다는 욕심은 새로운 시작을 두려워하는 인색과 게으름의 표시일 뿐이다. 모든 방면으로 흘러넘치는 맥락의 홍수 앞에서, 인색한 독자는 유일한 의미를 장악하려고 하면서 맥락의 풍부한 광장을 죽은 상품의 창고로 만들고 만다. 무한한 맥락에 대하여 인간이

취할 수 있는 유일한 태도는 겸손이다.

　어떠한 독자도 맥락 전체를 포착할 수는 없다. 하루에 한 권씩 읽는다고 하더라도 1년에 3백 권, 10년에 3천 권 이상을 읽을 수는 없다. 그러나 하루에 한 권씩 읽을 수 있는 책은 아주 드물다. 그러므로 독자는 책들의 실타래에서 하나의 올을 뽑아내는 데 만족하지 않을 수 없다. 독자는 시각의 방향을 정하여 하나의 길을 선택하고, 다른 길을 포기해야 한다. 선택을 통하지 않으면 맥락은 읽을 수 있는 것이 되지 못한다. 독서는 독자가 자기에게 부과하는 한계이며, 이러한 한계 안에서만 맥락의 독서가 가능하게 된다. 걷잡을 수 없이 범람하는 맥락들에 휘말려 길을 잃지 않으려면 어쩔 수 없이 덩굴의 혼잡한 가지들을 쳐내야 한다. 독서는 쳐내 버린 가지들의 희생을 필요로 한다. 이러한 손실과 희생이 없이는 누구도 맥락을 읽을 수 있는 것으로 변형하지 못한다. 책의 경계는 결코 윤곽이 분명한 것이 아니다. 마지막 마침표를 넘어서, 형식과 내용을 넘어서 하나의 책은 다른 책들과 함께 특정한 지도를 형성하고 있다. 책은 우리가 손에 쥐고 있는 평행 육면체가 아니다. 책은 생동감 있게 펼쳐지는 문화의 맥락 속에서 끊임없이 성장하고 변화하는 생명체이다. 전후 맥락을 고려하지 않는 독자는 머릿속에서 책의 의미를 꾸며 내고 그것을 정당화하기 위하여 책의 본문에 인위적인 조작을 가하기 쉽다. 책들은 서로 교차하고 병행하고 배제하면서 다양하고 불연속적인 맥락을 형성하고 있다. 독서란 책을 하나씩 읽어 나가면서 맥락을 짐작하는 방향으로 진행될 수도 있고, 먼저 맥락을 짐작하고 그것에 비추어 책을 읽는 방향으로 진행될 수도 있다. 어느 경우이거나 자기가 읽은 여러 책들을 한자리에 모아서 그것들의 관계와 차이를 머릿속으로 그림 그려 보고 그 그림을 더 확대함으로써 문화의 맥락을 어렴풋하게라도 머리에 떠올릴 수 없다면, 독서는 산 경험의 일부가 될 수 없다. 정직과 관대는 사람에 대해서뿐만 아니라 책에 대해서도 통하는 덕목이다. 겸손하고 자신 있게 책을 읽는 사람이 있고, 무례하고 자신 없게 책을 읽는 사람이 있다. 올바른 독서는 책을 진리의 용기(容器)로 숭배하는 권위주의와 책을 정보의 창고로 이용하는 실용주의의 중간 어디에서 수행될 수 있을 것이다. 인터넷은 정보의 동시성과 개방성을 확대하는 데에 크게 기여했으나 '더 많은 정보'에 대한 강박 관념을 조장한 폐단도 없지 않다. 다양한 정보의 확산으로 인해 수학과 두어 개 외국어의 학습이 학문의 기초가 된다는 상식이 무시되는 경우조차 발생하였다. 권위주의와 실용주의에 대립하는 기초주의의 중요성을 다시 강조하지 않으면 안 된다. 톨스토이(Lev Nikolayevich Tolstoy, 1828~1910)는 '인간에게 얼마나 많은 땅이 필요한가?'라고 질문하였지만, 이제 우리는 '인간에게 얼마나 많은 정보가 필요한가?'라고 질문해 보아야 한다. 음식에 쓰레기가 있고 공장에 폐기물이 있듯 지식에도 찌꺼기가 있다. 온갖 잡다한 정보에 휘말려 우왕좌왕하는 현대의 속물들에 저항하여, 창조적 직관을 함양하는 데 기여하는 인문학 공부가 되어야 할 것이다. 자유롭고 창조적인 독서는 정직하고 관대한 생활의 한 부분이다.

┌ 문학 공부는 책을 진리의 그릇이라고 생각하는 권위주의와 책을 정보의 창고라고 생각하는 실용주의에 반대하고 기초주의에 입각하여 수행되어야 한다. 세상에는 이 책만 읽으면 된다는 유일한 책은 없다. 반면에 필요한 정보를 찾아서 헤매다 보면 정보의 홍수에 밀려 떠내려가다 인터넷 속에서 출구를 잃어버리게 될 것이다. 톨스토이는 '인간에게 얼마만큼의 땅이 필요할까?'라는 문제를 제기하였는데 우리는 음식 쓰레기를 줄이듯 정보 쓰레기를 과감하게 줄여야 할 시대에 살고 있는 것은 아닐까? 과학 공부와 문학 공부는 일반 수학과 두어 개의 외국어를 훈련하는 아주 기초적인 데에서부터 시작해서 과학의 길과 문학의 길이 갈라지는 지점에 이르러 두 길 가운데 어느 하나를 선택하게 하는 방향으로 진행되어야 한다. 🏛

2. 사고와 문장

2-I.

우리의 일상 생활은 밀도를 달리하는 여러 차원의 장소에서 영위된다. 우리는 그 장소의 조건과 구성 요인에 따라 순간마다 그것에 적합한 행동을 결정해야 한다. 부모와 함께 있을 경우의 행동은 애인과 담소할 경우의 행동과 다르며, 일터에서의 활동은 집에서의 활동과 다르다. 대학 생활도 대학이란 장소의 고유 조건에 의해 한정되지 않을 수 없다. 대학의 직능은 기술적으로 이용할 수 있는 지식을 전달하는 데 있다. 산업 사회는 끊임없이 자격 있는 젊은이들을 필요로 하므로, 대학은 사회적 노동의 체계를 보존하고 유지해야 한다는 과제로부터 물러날 길이 없다. 수업이건 연구이건 대학의 활동은 즉시 경제의 과정에 통합되기 마련이다. 대학의 연구 활동은 각종의 정보 자료가 되어 산업 생산, 무기 병참, 복지 후생의 영역으로 흘러들며, 전략적 지식이라는 형태로 경영과 행정의 의사 결정에 영향을 미친다. 산업의 발전을 위한 도구로 기능할 뿐만 아니라, 대학은 유용한 지식을 만들어 내기도 해야 하며, 교육 그 자체의 확대 재생산에도 유념해야 한다. 대학 생활의 대부분은 사회적으로 유용한 과학과 기술의 습득에 바쳐지지 않을 수 없다. 현대 사회에서 연구가 극소수의 학자들에 의하여 독점되는 것은 피할 수 없는 현상이다. 지식의 전문화와 세분화가 돌이킬 수 없을 정도로 진행되고 있기 때문이다. 같은 수학자, 같은 물리학자 사이에도 대화가 단절된 것이 오늘의 형편이다. 미국과 유럽에서 수행되고 있는 실험 계

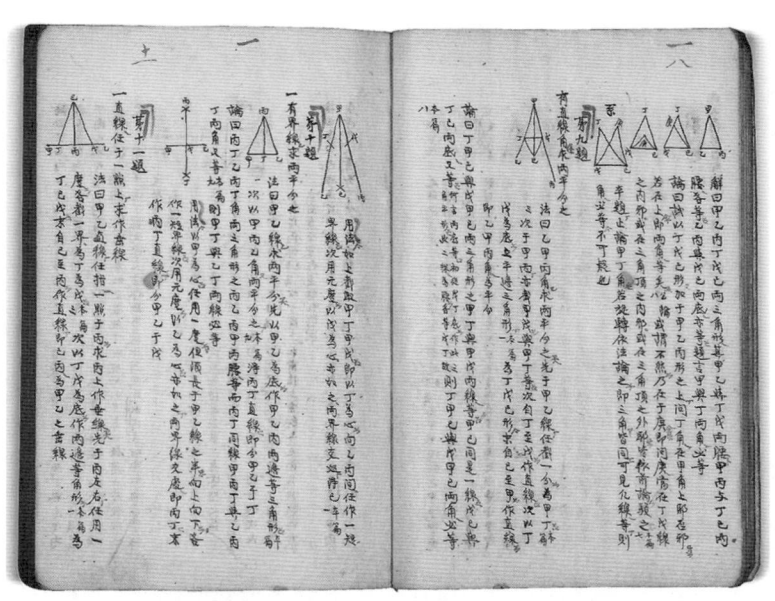

마테오 리치와 서광계의 『기하 원본』 필사본, 숭실대한국기독교박물관 소장.

획을 알지 못하는 경우에 물리학 논문을 쓴다는 것은 무모한 만용일 것이다. 대학 생활의 의미는 독창적인 논문을 쓰는 데 있지 않고, 학문의 기본 개념과 기본 체계를 자기화하는 데 있다. 일상 생활 속에 명백히 용해되어 있지 않은 지식은 아직도 제대로 이해된 것이 아니다. 과학과 기술이 서양에서 형성된 것이므로 우리화하는 데 시간이 필요하다고 주장하는 의견이 있으나 그러한 생각은 이치에 맞지 않는 견해이다. 우리 나라에 서양의 천문학과 지리학이 들어온 것은 17세기 초였으며, 18세기에 이벽(李檗, 1754~1785)이 애독하였다고 하는 『서학범(西學凡)』〔예수회 선교사 알레니(Giulio Aleni, 1582~1649)가 유럽의 학문과 교육 제도를 동양에 소개하기 위해 저술한 책으로 1623년에 북경에서 간행되었고, 1629년 이지조(李之藻, 1571~1630)의 『천학초함(天學初函)』에 다시 수록되었다. 1784년 봄 북경에서 이승훈(李承薰, 1756~1801)이 이 책을 조선에 가져왔다.〕에는 철학·의학·법학·신학·수사학 등 서양 대학의 교과 과정이 소개되어 있다. 이벽과 가까웠던 이가환(李家煥, 1742~1801)은 한문본 『기하 원본(幾何原本)』〔중국에 천주교를 전파한 예수회 선교사 마테오 리치(Matteo Ricci, 1552~1610)와 명나라 말의 학자 서광계(徐光啓, 1562~1633)가 번역한 서양 산학서. 1607년 북경에서 6권으로 간행되었다. 원본은 그리스의 수학자 유클리드(Euclid, 기원전 330~260)가 지은 『기하 원리』이고, 번역 대본은 마테오 리치의 스승이자 수학자인 클라비우스(Christopher Clavius, 1538~1612)가 편찬한 라틴어본 『유클리드 기하학』이다. 이익(李瀷, 1681~1763) 등은 일찍부터 이 책을 접하거나 그 내용에 대해 토론한 것으로 보이며, 1784년에 이승훈이 북경 선교사들로부터 다시 이 책을 얻어 왔다.〕을 백 번이나 읽었다고 한다. 국치 이전 왕조 말기에 나온 잡지들이 수십 권이나 되는데, 거기에는 물리학·화학·생물학·농학 등의 자연 과학이 개론적인 수준에서나마 골고루 해설되어 있다. 3대만 한 지방에 거주하면 전대(前代)를 묻지 않고 그 지방 사람으로 인정해 주는 것이 우리의 관습이다. 근대의 과학과 기술이 우리 나라에 들어온 지가 이미 3백 년이 지났는데, 새삼스럽게 우리화해야 한다고 주장하는 것은 부질없는 소리다. 다만 과학과 기술을 학생들 스스로 자신의 눈과 손에 맞추어 소화하고, 간결하고 명확하게 자기 글로 정돈해 보는 훈련이 필요하다는 사실에 대해서는 아무도 반대할 수 없을 것이다. 대학 생활은 시사적이고 시류적인 경향을 피해야 한다. 폭주하는 시대의 문제들을 생각하면 그러한 경향에도 응분의 이해가 가지 않는 바는 아니나, 대학 생활이 학문의 유행에 의하여 좌우된다는 것은 결코 바람직한 일이 아니다. 현실 비판은 학문 체계와 통합되어야 한다. 노동 문제를 다룰 때에도 스미스(Adam Smith, 1723~1790), 리카도(David Ricardo, 1772~1823), 마르크스(Karl Marx, 1818~1883), 마셜(Alfred Marshall, 1842~1924), 피구(Arthur Cecil Pigou, 1877~1959), 케인즈(John Maynard Keynes, 1883~1946), 스라파(Piero Sraffa, 1898~1983)의 책을 직접 읽는 것이 중심이 되고, 시류적인 책들은 참고 자료로 활용하는 데 그쳐야 한다.

과학과 미학의 하나됨을 추구한, 20세기의 위대한 철학자 화이트헤드(Alfred North Whitehead, 1861~1947)의 생애를 통해서 우리는 바람직한 대학 생활이 어떠한 것이어야 하는가를 짐작해 볼 수 있다. 화이트헤드는 케임브리지 대학에서 25년간 그리고 런던 대학에서 13년간 수학을 가르쳤고, 하버드 대학에서 13년간 철학을 가르쳤다. 각 대학에서 그는 세 권씩의 뛰어난 저서를 써 내었다.

⌐ 『보편 대수론(A Treatise on Uni-versal Algebra)』⁽¹⁸⁹⁸⁾과 『사영 기하학의 공리(The Axioms of Projective Geometry)』⁽¹⁹⁰⁶⁾와 『물질 세계의 수학적 개념들에 대하여(On Mathematical Concepts of the Material World)』⁽¹⁹⁰⁶⁾는 케임브리지 시절의 업적이다.

⌐ 『수학 입문(An Introduction to Mathematics)』⁽¹⁹¹¹⁾과 『자연 지식의 원리 탐구(An Enquiry Concerning the Principles of Natural Knowledge)』⁽¹⁹¹⁹⁾와 러셀(Bertrand Russell, 1872~1970)과 같이 쓴 세 권의 『수학 원리(Principia Mathematica)』⁽¹⁹¹⁰, ¹⁹¹², ¹⁹¹³⁾는 런던 시절의 업적이다.

⌐ 『과학과 근대 세계(Science and the Modern World)』⁽¹⁹²⁵⁾, 『과정과 실재(Process and Reality)』⁽¹⁹²⁹⁾, 그리고 『관념의 모험(Adventures of Ideas)』⁽¹⁹³³⁾은 하버드 시절의 업적이다.

⌐ 영국에서 가르칠 때에 그가 전념한 것은 "수학자들은 원리를 이해하려고 하지 않고 원리를 적용하려고만 한다."는 버클리(George Berkeley, 1685~1753) 주교의 비판에 대답하려는 작업이었다. 버클리 주교는 미분학에서 엄밀성이 없이 무한히 작은 양을 처음에 가정하고 나중에 버린 라이프니츠를 비판하였다. 화이트헤드가 1911년에 지은 『수학 입문』에서 책의 분량에 비하여 지나치게 많은 지면을 함수의 연속과 불연속, 무한 급수의 수렴과 발산에 관한 바이어슈트라스(Karl Theodor Wilhelm Weierstraß, 1815~1897)의 설명에 할당한 이유도 버클리의 비판을 의식한 데에 있었다. 화이트헤드에 의하면, 수학의 발견은 가장 넓은 의미에서 "임의의 한 구체적 계기를 이루고 있는 존재들 사이의

왼쪽부터 화이트헤드, 생화학자 헨더슨(Lawrence J. Henderson), 중세 사학자 헨리 오스본 테일러(Henry Osborn Taylor), 곤충학자 윌리엄 모튼 휠러(William Morton Wheeler). 이들은 하버드에서 만난 인연으로, 특히 헨리 오스본 테일러는 아내와 함께 화이트헤드의 하버드 대학 급여 전체를 평생 익명으로 후원했고, 1924년부터 해마다 세인트 클레멘츠(St. Clements)에 있는 자신의 별장에서 〈철학자의 주말(Philosophers' Weekend)〉이라는 모임을 열었는데, 1932년 10월 8일 열린 모임에서 찍은 사진이다. [『St. Clements : the Chronicle of a Connecticut River Castle』, by Prudence Taylor Palmer and T.J. Palmer, Cobalt, Connecticut : Paper Rock Publishing Company, 1992. p.110에서 재인용.]

여러 관계들에 대해, 동시에 적용될 수 있는 일반적인 추상 조건들 전체는 그 자체 안에 자신의 열쇠를 가지고 있는 패턴의 형식으로 서로 연결되어 있다."는 사실의 발견이다. 수학의 세계를 형성하고 있는, 많지 않은 낱말들과 문장들이 서로 연결되어 있다는 것, 그리고 그러한 관계 속에는 자기 해명의 열쇠가 들어 있다는 것에 관하여 분명히 이해할 수 있게 되면 저절로 삶의 모든 국면에서 존재보다 관계를 중시하고, 불변의 실체 대신에 가변적 과정을 존중하며, 고립된 단위들을 넘어서 상호 연관의 맥락을 바라보는 습관을 견지하게 될 것이다. 64세 이후에 그는 수학의 원리로 세계를 규명하는 모험에 착수하였다.

1880년에 케임브리지 대학의 트리니티 칼리지에 입학한 화이트헤드는 토요일 밤 열 시부터 다음 날 아침까지 계속되는 '사도들의 모임'(the Apostles)에 참여하였다. 그것은 학부 학생들의 모임이었지만, 학내의 과학자와 역사가는 물론이고 주말에 모교를 찾아온 판사나 하원 의원들도 함께 토론을 벌이는 동아리였다. 이 때 화이트헤드는 서양 문화의 고전들을 철저하게 읽었다. 칸트의 『순수 이성 비판(Kritik der reinen Vernunft)』[1781]을 거의 외울 정도로 읽은 것도 이 무렵이었고, "철학사는 플라톤의 주석에 불과하다."는 견해를 확립한 것도 이 시절이었다. 대학 시절에 화이트헤드는 앎을 넘어 참을 추구하는 모험에 일생을 바칠 것을 결심하고 창조의 논리를 구상하였다. 그는 이 시절의 아이디어를 필생의 숙제로 간직하였다. 화이트헤드는 19세기의 과학을 지배한 기계주의적

물질 이론을 그것과 더불어 살 수도 없고, 그것 없이 살 수도 없는 난처한 허구라고 생각하였다. 그는 기계주의의 물질 이론보다 더 적절하게 사물의 본성을 해명할 수 있는 개념 체계를 구상해 내었다. 화이트헤드가 보기에 존재의 본성은 끊임없이 새로운 종합을 생산하는 창조력에 있다. 화이트헤드의 철학은 구체적 경험과 무의식적 느낌을 강조한다. 느낌은 저것을 느끼고, 느낀 것을 이것으로 변형하는 벡터이다. 일시적이고 즉각적인 경험을 떠난 모든 것은 희미한 추상에 지나지 않는다. 화이트헤드에게는 느낌이 곧 궁극적 실재이다. 현실적 존재들의 관계는 과거에서 현재로, 객체에서 주체로 유동한다. 그러나 과거가 현재를 결정한다면 새로운 어떤 것도 나타날 수 없다. 새로운 것은 결코 옛것의 재배열에 그칠 수 없다. 새로움을 창조하는 현실적 존재가 없으면 세계는 존속하지 못한다. 세계와 협조하여 새로움을 창조하는 현실적 존재가 바로 하느님이다. 하느님과 세계는 각기 상대편에 대하여 새로움을 위한 도구가 되어 함께 항상 새로운 영속성을 생산한다. 『과정과 실재』에 등장하는 하느님은 전지 전능한 존재가 아니라 세계와의 사랑 속에서 새로움을 창조하려고 모험하는 존재이다. 화이트헤드의 철학은 미학적 원리에 기초하고 있다. 경험의 조건은 변증법적 적대가 아니라 미학적 대조이다. 인간에 대해서뿐만 아니라 생물과 무생물에 대해서까지 존경의 마음을 가지지 못한다면 누구도 창조에 동참할 수 없다고 생각하는 화이트헤드는, 살아 있는 세계를 타성적 관념으로 규정하려는 시도에 반대하고, 고정된 윤리 체계를 구성하는 대신에 조화를 성취하기 위하여 앎을 딛고 참으로 나아가는 모험을 설계하였다.

2-II.

⌈ 대학의 직능은 지식과 생활을 접합할 수 있게 하는 역사 의식의 함양에 있다. 역사 의식이란 다음의 세 가지 질문에 대답할 수 있는 능력을 말한다.

⌈ 1. 전문화된 지식의 편협성을 넘어서 전공 학문의 방법론적 기본 가정 자체를 비판적으로 검토할 수 있는가?
2. 직업이 요구하는 성질과 태도와 덕목을 구비하고 있는가?
3. 일상 생활의 의사 소통 과정에서 지식의 기본 원리들을 이용하고 있는가?

⌈ 의사가 환자를 치료하다가 사회학의 가치를 인식하고 의학의 생물학적 가설에 대하여 반성한다든지, 경제학자가 역사의 의미에 눈을 뜨고 경제학의 일반화에 내재하는 한계를 반성한다든지 하는 것이 역사 의식의 실례가 된다. 직업적 행동의 기계적이고 자동적인 성격을 반성하지 않으면 살아 있는 문화 전통을 포착할 수 없다. 학습자가 전공의 한계에 대하여 반성할 때 비로소 학문 융합이 효과를 거둘 수 있다. 대학은 전

통을 재생산하고 발전시키고 비판적으로 변형해야 한다는 의무에 충실하지 않으면 안 된다. 지식이 아무리 중요하다고 하더라도 그것은 어디까지나 생활의 일부이며, 직업이 아무리 중요하다고 하더라도 그것 역시 생활의 일부이다. 직업의 영역에 국한하여 살펴보는 경우에도 지식과 무관한 기준이 고려되는 것을 알 수 있다. 한 사회의 생산 체계는 일정한 시기에 자본가와 노동자가 갖추어야 할 성질과 태도에 대한 정보를 마련해 두고 있다. 그러한 덕목을 구비하고 있지 못한 자본가는 부도를 내고, 그러한 정보를 습득하고 있지 않은 노동자는 기업의 체계로부터 탈락된다. 불확실한 상황 앞에서도 당황하지 않고 적절하고 민첩하게 결정할 수 있는 자질이 구비되어 있지 않으면 의사라는 직업에 충실할 수 없으며, 개인의 의향에 구애받지 않고 제도적으로 공적 권위를 수행할 능력이 습득되어 있지 않으면 판사라는 직업에 충실할 수 없다. 간혹 대학을 갓 나온 교사들이 학부모들에게 항의를 받는 것도 대부분의 경우에 지식의 결여와는 무관하다. 대학은 평등하고 자유로운 토론을 통하여 동의에 도달하는 훈련의 장소이다. 토론을 통하여 얻은 원칙이 아니면 용인하지 않으려는 완강한 정신은 대학 생활의 바탕이 되어야 하고, 문제가 제기될 때마다 가능한 결정 방법들을 제안하고 지식의 원리들에 근거한 예증들을 천천히 검토하는 행동이 대학 생활의 중심이 되어야 한다. 백거이(白居易, 772~846)는 글자를 모르는 이웃집 할머니에게 읽어 드려서 그 할머니가 알겠다고 한 글만 발표했다고 하거니와, 일상 생활의 의사 소통에 이용할 수 없는 지식과 기술은 아직 충분히 자기화된 지식과 기술이 아니라는 사실을 강조하지 않을 수 없다.

┌ 소설론을 공부할 때에 서술 관점을 몇 가지 유형으로 나누고, 그 유형에 비추어 소설을 짓거나 읽으려 한다면 그것은 허학이 될 것이다. 몇 사람의 작중 인물에 서술의 초점을 두고 초점을 이동하는 인물 시각 서술은 원고지의 매수를 채우기 위한 수단일 뿐이다. 적어도 100매는 되어야 하는 소설을 쓸 때에 한 인물의 시각으로 원고지 30매밖에 못 채웠다면 작가는 다른 인물의 시각으로 이동하지 않을 수 없다. 작가 주석 서술을 여기저기 삽입하는 것도 매수를 늘리는 방법이다. 인물 시각 서술에서 작가 주석 서술로 서술 관점을 전환하지 않더라도 매수를 채울 수 있는 경우에 작가는 소설 전부를 인물 시각으로 서술할 것이다. 객관 중립 서술은 원고의 분량보다는 지각의 쇄신을 위하여 도입된다. 주석을 모두 배제한 서술 방법은 묘사를 낯설게 하여 독자에게 신선한 느낌을 준다. 소설을 실제로 써 보면서 서술 관점의 이동과 전환과 배합을 배워야 실학이 된다. 일상의 대화에서 남의 말을 주의 깊게 들으며 인물 시각과 중립 진술을 구별해 보는 훈련도 서술 방법을 자기화하는 공부가 될 수 있을 것이다. 특히 진술의 중립성은 감상과 현학으로부터 이야기를 지켜 준다. 감상이란 상한 감정이고, 현학이란 맛이 간 지식이다.

┌ 인간에게 흥미보다 신비로운 힘은 없다. 친구와 재미있게 이야기하고 있는 시간은 유난히 빠르게 지나간다. 누가 시키지 않아도 흥미 있는 일에는 저절로 몰두하게 된다. 만일 대학생

이 자기가 배우는 학문에 흥미를 느낀다면 그것은 가장 바람직한 대학 생활의 조건이 될 것이다. 어떻게 보면 일상 생활 자체가 흥미의 연속이라고 할 수도 있다. 삶은 사물에 대하여 관심을 지니고, 타인에 대하여 염려하는 과정 이외의 다른 것이 아니기 때문이다. 학문에 대한 흥미는 이러한 일상 생활의 관심에 비교할 때 교제 같은 활동과는 동일하게 볼 수 없을 정도로 순수한 것이지만, 지식도 생활의 일부라는 관점에서는 생활의 관심과 통하는 면을 가지고 있다고 인정해도 무방할 것이다. 사람들은 서로 다른 대상에 흥미를 느낀다. 예를 들어, 기술에 대해 흥미를 지닌 사람과 예술에 대해 흥미를 지닌 사람은 전혀 다른 방향의 삶을 구상한다.

1965년 벤구리온(David Ben-Gurion, 1886~1973)은 이스라엘 네게브(Negev)의 사막인 스데 보케르(Sde Boker) 지역에 대학촌을 설립하였다. 과학과 기술로 훈련된 청년들을 사막에 끌어들이는 이 대학촌은 1만 명의 학생과 이들을 가르칠 교수들을 위해 설계되었다. 이 대학촌의 일차적인 목적은 사막 개발 사업에 필요한 기술자를 양성하는 데 있었다. 주로 과학과 기술에 의존하고, 원자재에 크게 의존하지 않는 개발 방법을 결정하여 그 방법에 따라 실제로 사막을 개발하는 것이 이 대학에 부여된 임무였다. 대학과 기업을 하나로 통합하려는 이러한 실험은 직업 체계의 재생산에 성공한 대학의 예로서 기억될 만하다. 그러나 1968년 5월에 프랑스의 대학생들은 학생들의 창조력을 저하시키는 기술 교육에 반대하였다. 그들은 다음과 같이 주장하며 지식 중심의 교육 대신에 예술 중심의 교육을 요구하였다.

"학생들이 자신의 능력을 자각할 수 있도록 학생들에게 더 많은 자유를 주어야 한다. 대학은 지식과 기술을 습득하는 장소가 아니라 책임 있게 생활할 수 있도록 준비하는 장소가 되어야 한다. 학생들이 경쟁심을 억제하고 연대감(連帶感)을 느낄 수 있도록 집단 정신과 창조적 상상력을 함양해야 한다. 인격이라는 전체로부터 그 일부만을 계통적으로 분리하는 일을 당장 중지해야 한다."

대학은 교육의 목적을 획일적으로 설정하려고 하지 말고, 학생들이 보여 주는 흥미의 차이를 최대한으로 존중하려고 해야 한다. 환경과 접촉하면서 인간은 환경의 전체에 대하여 반응하지 않고 환경의 일부를 선택하여 그 일부에 대하여 반응한다. 반응할 환경을 적절하게 선택하지 못하여 흥미의 대상이 너무 산만하게 흐트러지면 정신이 혼동 상태로 떨어진다. 흥미들이 충돌을 일으키면 대학 생활이 불행하게 된다. 흥미들은 조화롭게 활동할 수 있도록 선택되고 조직되지 않으면 안 된다. 기회가 결여되어 불행한 경우보다 정신이 혼란하여 불행한 경우가 더 많은 법이다. 흥미를 조절하려 할 때에 취하는 방법에는 억압하는 길과 타협하는 길이 있는데, 억압은 대체로 피하는 것이 좋다. 도덕적 자아를 유지하려고 무의식의 욕망을 억압하면 참다운 흥미가 환기되지 않는다. 여러 흥미들을 타협시키면서 학문에 대한 흥미를 함양하는 것이 더 좋은 방법이다. 최선의 대학 생활은 적극적인 흥미를 최대 한도로 활동하게 하는 상태이고, 최악의 대학 생활은 아무 데도 흥미를 느끼지 못하는 상태이다. 무기력하고 타성적인 생활을 스스로 위로하여 지식인의 고민이라고 하는 것은 일종의 자기 기만이다. 학문에 대한 흥미를 기르기 위해서 대학생은 세 가지 기초 실력을 갖추려고 노력해야 한다.

① 고등학교에서 수학을 충실하게 훈련하지 못하고 대학에 들어와 학습에 애로를 느끼는 학생들은 화이트헤드의 『수학 입문』 같은 책을 통하여 우선 수학의 기본 개념을 확실하게 체득해야 한다.

② 세 개의 외국어에 대하여 말하고·듣고·읽고·쓰는 최소한의 능력을 단기간에 조직적으로 개발해야 한다. 영어·독일어·프랑스어를 제외하더라도 에스파냐어〔스페인어〕·러시아어·중국어·아랍어들은 모두 아우타르키〔autarky : 폐쇄 경제(closed economy), 자급 자족의 의미로 한 나라가 그 국가 영토 내의 생산물만으로 국민의 생활 필수 물자를 자급할 수 있는 상태〕를 형성할 수 있는 사회 경제적 배경을 지니고 있다. 이러한 언어를 사용하는 나라들에 비하여 한국은 그들의 언어를 통하지 않으면 지식과 상품을 그들과 교환할 수 없는 처지에 있다.

③ 인턴 과목을 확대하여 농촌과 공장에서 일하는 삶의 결을 체험하게 해야 한다. 이론과 실천의 분리는 한국 사회가 안고 있는 큰 병폐이다. 학생들은 판단하고 비판하기에 앞서 이 나라의 구석구석을 있는 그대로 보아야 한다. 대학생들에게는 지식을 현실의 불 속에서 단련할 수 있는 정열이 필요하고, 이 나라의 어디에 가서 누구를 만나더라도 함께 어울려 살 수 있는 능력이 필요하다. 대학생들은, 한 손으로 유럽의 기하학과 물리학을 분석하고, 한 손으로 무너져 가던 토지 문제를 분석

하면서 주자학의 번쇄주의에 반대하여 공자(孔子, 기원전 551~479)의 수사학(洙泗學)['유학(儒學)'을 달리 이르는 말. 공자가 산둥 성(山東省)에 있는 수수(洙水)와 사수(泗水) 사이에서 제자들을 모아 가르친 데서 유래한다.]을 근원적으로 되살리려 하였던 정약용(丁若鏞, 1762~1836)의 생애에서 배우는 바 있어야 할 것이다.

2-III.

한 학기에 두 번, 1년에 네 번 보는 시험에 대비하여 따로 날짜를 정하여 공부하는 것은 졸렬한 학습 방법이다. 대학 생활의 전부가 답안 작성과 소논문 쓰기의 준비로 채워져서 삶과 글쓰기를 구별할 수 없게 되는 것이 바람직하다. 날을 정하여 밤을 넘기며 공부하면 건강을 해치게 된다. 먹는 것과 자는 것을 고르게 하면 최소한의 건강은 유지되게 마련이다. 자는 시간과 먹는 시간을 제외하면 나머지 시간 전체가 학습에 동원될 수 있다. 대학생들은 어디서나 공부할 수 있고, 어디서나 글을 쓸 수 있도록 훈련되어야 한다. 버스를 기다리면서 강의 들은 내용을 되살펴 볼 수도 있고, 카페에서 친구와 의심나는 문제를 상의해 볼 수도 있다. 혼자서 읽을 때는 안 풀리던 문제가 친구들과 함께 읽으면 풀리는 경우가 허다하다. 공부를 잘하려면 고독하고 독특한 생활을 해야 한다는 생각처럼 그릇된 것은 없다. 공부를 잘하면 잘할수록 친구들과 넓고 깊게 사귈 줄 알게 되어야 실학이다. 실학을 공부한 대학생은 이 세상의 어떤 사람하고라도 어울려 살 수 있을 것이다.

　대학 공부에는 사전들과 교과서가 반드시 필요하다. 학습 능력은 사전을 참조하는 빈도와 일치한다. 교과서는 교수가 학습에 적합하다고 생각하여 선정한 책이다. 교과서는 처음부터 끝까지 최소한 다섯 번 이상 읽어야 한다. 대학 시절에 우리에게 한문을 가르쳐 주신 김춘동(金春東, 1906~1982) 선생님께서는 『시경(詩經)』을 삼천 번이나 읽으셨다. 기초가 되는 책의 수가 늘어난 우리 시대에 과학 공부나 문학 공부를 예전 한문 공부하듯 할 수는 없겠으나 시대가 변해도 기본 개념의 구조가 몸에 밸 정도로는 여러 번 읽어야 한다는 것은 변함없는 공부의 정도가 아닐 수 없다. 수강 신청을 신중하고 체계 있게 한 학생은 교과서들 사이에도 체계가 서게 되어 달리 문헌을 구입하지 않더라도 전공 학문의 기본 서적을 두루 갖출 수 있게 된다. 남보다 먼저 성취하고 싶은 욕심에 교과서를 무시하고 다른 책부터 읽는 학생은 희망과는 반대의 결과에 이르게 된다. 강의에 참석하지 않고 집에서 책을 읽으면 더 많이 공부할 수 있다는 생각은 머리 좋은 학생들이 흔히 걸려드는 함정이다.

　교수들이 서로 다른 만큼 그들의 강의도 서로 다르다. 진도가 빠른 강의가 있으며, 진도가 느린 강의가 있다. 따라가기 쉬운 강의가 있고, 따라가기 어려운 강의가 있다. 어떤 강의거나 학문 자체에 대한 흥미가 아니라 교수의 인상을 기준으로 삼고 강의에 임하는 것은 어리석은 짓이다. 인기 교수는 대체로 좋은 학자가 아니다. 교수가 강의한 내용을 세부까지 완전히 이해하는 학생은 거의 없다고 해도 과언이 아니다. 익숙한 내용의 강의라 하더라도 자기의 문장으로 신중하게 재구성하고, 이론의 전개 과정 또한 재구성하여 강의 내용으로부터 확장될 수 있는 영역까지 숙고해 본다면, 그러한 사고 활동 자체가 훌륭한 공부임을 깨닫게 될 것이다. 강의를 들을 때에 지켜야 할 원칙은 교수의 말을 이해하고 스스로 분석하면서 자기 자신의 문장으로 바꾸어 기록해야 한다는 것이다. 강의가 끝날 때마다 공책의 왼쪽에 강의의 대요를 간단히 적어 놓는 것이 좋다. 그러한 적요(摘要)가 앞 시간의 강의와 다음 시간의 강의를 연결해 줄 수 있기 때문이다. 핵심 되는 진술이나 암시적인 낱말도 공책의 난외(欄外)에 적어 둔다. 노트 필기는 시간이 허용하는 한도 안에서 요점의 윤곽을 충실하게 기록하되, 문법이나 문장에는 신경을 쓰지 말고 약기(略記)한다. 때맞춰 필기하지 못한 부분은 그대로 놓아두었다가 강의를 다 듣고 난 후에 빈자리를 채우고, 강의 중에 잘 이해하지 못한 부분은 시간이 끝나자마자 필기한 내용을 재검토하여 명확하게 해결해야 한다. 필기한 내용에 교과서를 참고하여 보충하고, 자신의 설명을 첨가하는 일도 잊지 말아야 한다.

대학 생활에서 노트 필기 못지않게 중요한 작업이 교과서 읽기이다. 독서는 책에 실린 내용을 소극적으로 수용하는 행위가 아니다. 읽기는 현재 읽고 있는 정보를 자기가 이미 가지고 있는 인지의 체계 위에다 다시 세우는 능동적이고 역동적인 활동이다. 독서는 책 속에 있는 숨은 구조를 찾아내는 활동이고, 경험적으로 주어진 표현을 재료로 삼아 의미와 사상을 구성하는 활동이다. 한 권의 책은 결 고운 융단처럼 동시적인 파노라마를 제시한다. 한 권의 책은 하나의 동시적 전체를 이루고 있으므로 그 일부만 분리해 낼 수 없다. 우리는 언제나 한 권의 책을 처음부터 끝까지 다 읽으려고 노력해야 하며, 한 부분만 추려 읽지 말아야 한다. 전체를 모르고 부분들을 알려는 것은 부분들을 모르고 전체를 알려는 것과 마찬가지로 불가능한 일이므로 우리는 책 전체를 이해하려고 노력하지 않으면 안 된다. 한 권의 책에는 여러 층의 하위 단위가 포함되어 있다. 교과서는 몇 개의 장으로 나누어져 있고, 장은 여러 개의 문단으로 구성되어 있으며, 문단은 수많은 문장으로 짜여 있다. 장과 문단과 문장은 모두 생각의 단위들이다. 독서는 문장을 하나하나 읽어 나가는 과정이지만, 책의 이해는 문단들의 얼개를 파악하는 과정이다. 문단이란 한 가지 질문의 답으로 묶일 수 있는 사상의 단위이다. 문단의 요지를 찾는 일은 독서의 기초가 된다. 교과서 읽기는 문단마다 그 옆에 간략히 요지를 적어 놓는 일로부터 시작된다. 문단의 의미에 대하여 스스로 질문하고, 문단에 내재하는 의미의 통일성을 발견하는 것이 독서의 핵심인 것이다. 문단마다의 뜻을 파악한 다음에는 장 단위로 다시 한 번 읽으면서 문단들이 모여서 형성하는 의미를 포착해야 한다. 문단들이 짜임새 있게 더 큰 의미 체계로 통합되는 과정은 기호나 도표로 요약되기도 한다.『미시 경제학』교과서를 읽는 학생은 총수익과 총비용, 한계 수익과 한계 비용을 설명한 문단들 옆에 요지를 간단히 정리해 놓고 나서 한계 수익 곡선과 한계 비용 곡선의 교차점을 나타내는 도표에 동그라미를 쳐 놓아야 할 것이다.

아무리 분명하게 정리되어 있다 하더라도 생각에는 형태가 없으므로 머릿속에 있는 관념을 객관화하는 데는 어려움이 따른다. 알고 있는 내용을 문장으로 조리 있게 표현하려면 평소에 설명하고 논증하는 훈련을 해 두어야 한다. 문장의 정확성은 그 문장을 생성한 인격의 가치를 평가하는 척도가 된다. 언어가 정확하다는 것은 삶의 중요한 목표이다. 언어가 정확하지 않으면 아무것도 유효하게 전달할 수 없기 때문이다. 바른 문장을 쓸 수 있다는 것은 인격 연마의 결과라고 할 수 있으며, 문장의 훈련은 인간성 교육의 시작이라고 할 수 있다. 답안을 작성하거나 소논문을 쓸 때에는 특히 다음과 같은 낱말들에 주의해야 한다.

1. **시간** : 때, 지금, 요즈음, 동안에, 전에, 후에, 사이에, 부터, 까지, 마다, 처음에는, 다음에는, 드디어, 마침내
2. **공간** : 곳, 위, 아래, 속, 겉, 곁, 앞, 뒤, 북쪽, 왼쪽, 꼭대기, 가운데
3. **원인** : ―면, ―니까, ―야, ―거든, 왜냐하면, 때문에, 까닭에
4. **결과** : 그러므로, 그래서, 따라서
5. **반복** : 같은, 비슷한
6. **차이** : 더, 덜, 다른, 달리, 한편, 반대로
7. **부분** : 나누어진다, 분류된다, 구별된다, 가지이다, 갈래이

다

8. **전체** : 보통, 모든, 각각, 결코, 언제나, 일반적으로, 전체적으로

⌐ 이러한 낱말들을 적절하게 사용하지 못하면 문장이 모호해진다. 시험 답안과 소논문의 생명은 정확한 문장에 있으므로, 수식어는 금물이고 형용사도 적은 것이 좋다. 대학에서 배우는 학문에는 원리·법칙·가설 등의 추상 명사와 투자 승수·가속도 계수 등의 전문 용어가 많이 나오는데, 이러한 낱말들도 조심해서 정확하게 사용해야 한다. 핵심 낱말들은 흔히 서로 연관되어 있다. 하나하나의 낱말이 아니라 낱말밭 또는 낱말들의 묶음을 기억하고 있어야 한다. 한국·중국·일본의 전문 용어들을 대조하여 우리말의 결에 적합한 용어를 만들어 내는 일도 학생 시절부터 시도해 보아야 한다.

⌐ 문장과 문단을 유기적으로 연관시킴으로써 글 전체의 판국에 정합성(整合性)이 갖추어지면 답안 또는 소논문이 완성된다. 답안이나 소논문은 통일성 있는 형태를 보여 주어야 한다. 학습한 내용을 정리한 수준의 답안이나 소논문은 아무리 잘 간추려져 있다 하더라도 교수의 기대에 부응하지 못한다. 문장 하나하나가 자신의 언어로 재구성되어 있으며, 자기 나름의 새로운 해석과 나아가서는 정중한 비판까지 포함되어 있는 답안과 소논문을 요구하는 것이 교수들의 공통된 희망이다. 공부의 목적은 앎이 아니라 참에 있으며 만년 후에도 참은 앎 바깥에 존재할 것이라는 사실을 학생과 선생은 함께 인식하

고 있어야 한다. 문제를 학문적인 차원에서 정확하게 이해함과 동시에 생활 세계 속으로 옮겨서 파악할 수 있으며, 전통적인 패러다임과 다른 시각으로 질문할 줄 아는 학생이야말로 바람직한 대학생이라고 할 수 있다. 학문과 사회는 옛 질문에 대해 새롭게 대답하는 사람에 의해서가 아니라, 질문 자체를 새롭게 제기하는 사람에 의해서 발전한다.

우리는 글쓰기를 전쟁에 비유해 볼 수 있다. 전쟁에 과학적인 장비와 원활한 병참 체계가 필요하듯이 글쓰기에도 정확한 지식과 엄격한 훈련이 있어야 하며, 전쟁에 대중의 동원이 필요하듯이 글짓기에도 글을 이해해 주는 독자가 필요하며, 나폴레옹은 총으로 싸우지 않고 병사들의 발로 싸웠다고 했지만, 글쓰기에도 지식만이 아니라 몸소 겪는 체험이 필요하다. 한 지점에 한 방울도 남김 없이 화력을 집중해야 하듯이 글의 핵심을 향해 집중할 수 있어야 하며, 분산 고립된 적을 공격한 후에 집결된 적을 공격하듯이 용이한 내용을 먼저 논술하고 심오한 내용을 나중에 논파해야 한다. 그리고 글쓰기는 전쟁처럼 저돌맹진(猪突猛進)〔멧돼지처럼 아주 빠른 속도로 돌진하는 것〕과 호의준순(狐疑浚巡)〔여우처럼 의심하고 주저하여 우물쭈물하는 것〕의 과오를 피할 줄도 알아야 한다.

2-IV.

⌈ 인간의 사회 생활을 말하기·듣기·읽기·짓기의 순환적 행동이라고 전제한다면, 그러한 순환에 장애가 되는 것이 소외와 억압이라고 할 수 있다. 그렇다고 장식적인 언어 재주가 요구되는 것은 아니다. 소외를 극복하고 대화의 변증법을 회복하기 위해서는 말하기·듣기·읽기·짓기의 토대가 되는 언어 구조에 대한 믿음을 획득해야 한다. 인간 전체의 공동 공간을 신뢰해야 한다. 침략주의에 짓눌려 신음하던 기억은 우리에게 군사 능력이 곧 사회 보존의 핵심임을 가르쳐 주었고, 허약한 통치의 혼란이 남긴 상처는 우리에게 확고한 규제 능력이 사회 형성의 필요 조건임을 또한 가르쳐 주었다. 그러나 사회의 본질은 그러한 군사 능력과 규제 능력보다 더 깊은 곳에 살아 있는 인간의 욕망과 관련지어 탐구되어야 한다. 인간 정신의 욕망이 단순한 잠재 상태에서 벗어나 다종다양한 형태로 분화되어 솟아오르고, 다시 그러한 욕망이 분화 상태를 극복하고 몇 갈래로 통합되는 과정이 의사 소통의 그물이다. 각 개인이 자기의 구체적인 요구를 드러내고 사회 전체의 요구가 구체적인 형태로 분화되면, 의견의 차이를 용인하는 원칙과, 조정하고 양보하는 원칙과 다수결의 원칙에 기초한 비판적 토론의 영역이 확대됨으로써 국가 단위의 의사 소통 상황이 형성된다. 결국 의사 소통이 사회를 사회답게 형성하는 것이다.

⌈ 사학자 안재홍(安在鴻, 1891~1965)은 '다스린다'의 어원을 '다 사뢴

다'로 추정하였다. 정치란 다 말하게 하고 갈피 짓는 일이라는 해석은 재미있는 견해이다.

┌ 의사 소통이란 문장 또는 문장의 집합이 담당하는 직능이다. 위에서 언급한 세 가지 원칙은 의사 소통의 원칙이거니와, 인간이 생성하는 문장에는 야구의 규칙과 비슷한 약속이 있다. 야구 경기가 야구의 규칙과 분리되어 진행될 수 없듯이 문장을 생성하고 해독하는 행위도 문장의 규칙에서 독립하여 수행될 수 없다. 문장의 규칙은 문장의 외부에서 문장에 가해지는 명령이 아니라, 문장의 내부에서 문장을 형성하는 약속이다. 존 설(John Rogers Searle, 1932~)은 선택·책임·진지·최소 노력을 약속의 조건이라고 하였다. 약속하는 사람들은 서로에게 좋은 방향으로 진지하게 선택하며, 선택에 대하여 책임감을 느끼고 되도록 용이한 방도로 약속을 지킬 수 있도록 노력한다. 개인적 약속이나 정치적 약속이나 문법적 약속이나 다 이러한 조건들을 충족시켜야 한다는 것이다. 촘스키(Noam Chomsky, 1928~)의 이기 원리와 태만 원리도 개인과 사회에 두루 통하는 내용이다. 촘스키에 의하면, 언어 단위들은 현재의 환경보다 조금이라도 더 편한 환경으로 이동하며, 가만히 있어도 무방한 경우에는 결코 이동하지 않는다.

┌ 인간이 사용하는 문장에는 두 가지 상반되는 현상─논리적 현상과 비논리적 현상이 나타난다. 흔히 문장에서 논리적 현상을 강조하고 비논리적 현상을 배제하려 하나 그것은 지나치게 소박한 태도이다. 논리적 현상과 비논리적 현상은 같은 뿌리에서 돋아난 두 가지이기 때문에 우리는 둘 중의 어느 하

나를 제거할 수 없다. 문장의 비논리적 현상이 글자 그대로 무의미한 순환 상태에 떨어지는 경우도 있다. 웅변술을 배우려는 학생이 수업 과정을 마치고 최초의 소송 사건에서 이기면 수업료를 지불하기로 소피스트와 계약을 맺었다. 수업 과정을 마치고도 오랫동안 학생이 누구에게도 소송을 제기하지 않으므로 소피스트는 수업료를 지불하지 않는 학생을 고발하고, 이기면 재판에 따라 돈을 받아야 하고, 지면 계약에 따라 돈을 받아야 한다고 주장하였다. 그러자 학생은 이기면 재판에 따라 돈을 안 내도 되고, 지면 계약에 따라 돈을 안 내도 된다고 반박하였다. 이것은 말장난에 그치는 비논리적 문장의 예이다. 그러나 비논리적 문장은 무의미 속의 의미를 표현하고, 은폐된 부조리를 적발할 수 있다. 비논리적 문장이 논리적 문장보다 더 예리하고 신랄하고 진지하게 허위를 지적할 수 있다. "내가 아무것도 모른다는 것을 나는 알고 있다."라는 소크라테스의 유명한 문장은 논리적 규칙에 어긋난다. 논리적으로 보면 앎과 모름은 반의어이므로 지와 무지는 한 문장 안에 병렬될 수 없다. 문장의 비논리성에도 불구하고 소크라테스의 말은 관습적인 지식의 축적을 비판하는 정열적 호소가 된다. 문장의 비논리적 현상은 대립적인 내용들을 분리하고 구별하는 논리적 현상과 달리 대립적인 내용들을 결합하고 교환한다. "인간은 오류와 싸우기 위해 오류를 찾아 내야 한다. 이것은 인간의 사명이다. 그러나 진리와 오류는 비슷해서 혼동을 일으키므로 인간은 흔히 진리를 살해해 왔다."는 문장도 진리와 오류의 상호 작용을 통해서 대립 속의 통일과 통일

속의 대립을 나타낸다. 문장의 논리적 현상은 시간과 공간, 원인과 결과, 반복과 차이, 부분과 전체라는 네 가지 맞 짝 개념에 근거한다. 사고의 영역은 매우 광범위하여 그 구체적인 내용을 하나하나 지적할 수는 없으나, 인간이란 동물이 서로 유사한 만큼 인간의 사고에 공통된 형식적 특성이 내재되어 있다는 사실은 부정할 수 없을 것이다. 불교에서는 부분과 전체를 별상(別相)과 총상(總相)이라고 하고 반복과 차이를 동상(同相)과 이상(異相)이라고 한다.

인간이 태초에 수평선을 바라보고 그것과 직각을 이루고 있는 수직선을 그어 공간을 계산하기 시작한 이래, 아인슈타인(Albert Einstein, 1879~1955)이 빛의 속도를 척도로 삼아 서로 다른 속도로 움직이는 물체의 시간·거리·질량을 계산한 20세기에 이르기까지 시간과 공간은 인간 사고의 가장 큰 주제가 되어 왔다. 달이 지구를 선회하는 것은 지구와 달 사이에 그 거리의 제곱에 반비례하는 힘이 작용하고 있기 '때문'이라는 뉴턴의 설명으로부터 전자(電子)의 질량과 속도와 위치를 규정하는, 전 상태의 확률과 후 상태의 확률의 관계에 대하여 "공이 어떠한 크기의 장소를 차지하는지는 논할 수 있으나 전자가 얼마나 넓은 장소를 차지하는지를 논하는 것은 걱정과 무서움이 얼마나 많은 공간을 차지하는가 하는 질문처럼 무의미하다."고 비유한 제임스 진즈 경(Sir James Hopwood Jeans, 1877~1946)의 지적에 이르기까지 원인과 결과는 인간 사고의 중심 테마가 되어 왔다. 우리 사회가 불황의 긴 터널로 들어서게 된 원인은 중공업의 성격을 바르게 인식하지 못한 데 있다. 중공업을 조성하던 1970년대 후반에도 우리는 불황을 경험했다. 중공업은 일단 가동되면 막대한 이윤을 낼 수 있으나 투자의 규모가 크기 때문에 비용이 드는 시기와 수익을 거두는 시기 사이에 상당한 기간을 필요로 한다. 투자는 했는데 이윤은 얻지 못한 바로 이 기간에 대통령 시해와 광주 학살이 일어났다. 중공업이 자리를 잡고 일용할 기계가 일용할 양식처럼 생활의 일부가 되는 동안 확대되는 경제만 경험하면서 우리는 두 가지 기본적인 사실을 망각했다. 첫째, 투자가 소득에 작용하는 승수가 커지는 것은 경제의 규모를 확장하지만, 어떤 순간에 투자가 축소되면 커진 승수만큼 국민 소득도 몇 곱절로 축소되지 않을 수 없으리라는 위험을 깊이 고려하지 않았다. 둘째, 달러가 없으면 석유와 기술을 사올 수 없는 무자원국에서는 달러가 일용할 양식의 일부라는 사실을 외면하고 외환에 대해 안이하게 대처했다. 자연 현상처럼 원인을 분명하게 한정할 수는 없다 하더라도 원인과 결과의 분석은 자연 현상의 해명만 아니라 사회 현상의 해명에도 꼭 필요한 절차이다.

자료를 비교하고 대조하여 부분으로 전체를 추측하는 방법이 통계이다. 통계는 평균과 표준 편차[편차 제곱 평균의 제곱근 풀이]로 부분과 전체의 관계를 측정하는 방법이다. 자료가 정규 분포를 따르는 경우, 평균으로부터 표준 편차만큼 떨어져 있는 범위는 전체의 68%이고 표준 편차의 두 배만큼 떨어져 있는 범위는 전체의 95%이다. 1,000개의 중소 기업을 대상으로 조사하여 그 표본 집단의 평균으로 한국 중소 기업 전체(모집단)의 평균을 추정할 때는 표준 오차[루트 1,000분의 표준 편차]를 사용한다.

1,000개 중소 기업 주식의 월 평균 수익률이 1.8%라면 한국 중소 기업 전체에 대한 이 수익률의 95% 예언 적중 구간이 표준 오차의 1.96배 사이에 있다고 추정하는 것이다.

┌ Y가 일어났다는 제약하에서 X가 일어날 조건부 확률은 X가 혼자 일어날 확률과 다르다. 공격수가 부상당했다는 제약 아래 어느 축구팀이 승리할 확률은 그러한 제약이 없을 때 그 축구팀이 승리할 확률과 다르다.

$$P(X|Y) = \frac{P(Y|X)P(X)}{P(Y)}$$

┌ 증거 Y가 일어났다는 제약 아래 가설 X가 일어날 확률은 다음 네 가지 확률들과 연관되어 있다.
1. 가설 X가 일어났다는 제약 아래 증거 Y가 일어날 확률
2. 가설 X의 사전 확률
3. 대안 가설 Z가 일어났다는 제약 아래 증거 Y가 일어날 확률
4. 대안 가설 Z의 사전 확률
└

┌ 러브레터는 사랑하는 남자가 보낸 것일 수도 있고 친구가 장난으로 보낸 것일 수도 있으며, 개가 나를 핥는 것은 나를 좋아해서 하는 짓일 수도 있고 사람을 보면 누구나 핥는 그 개의 버릇일 수도 있다. 그러므로 가설들이 일어났다는 제약 하에서 증거 Y가 일어날 확률은 가설과 대안 가설들을 함께 고려해서 계산해야 한다. $P(Y) = P(Y|X)P(X) + P(Y|Z)P(X)$⋯⋯ 가능한 대안 가설들 하나하나가 일어났다는 제약

하에서 증거 Y가 일어날 확률을 구하여 더하면 증거 Y의 사전 확률이 되는 것이다.

┌ 사회 언어학자 라보프(William Labov, 1927~)는 상류층, 중류층, 하류층이 주로 이용하는 백화점에 가서 그들의 발음을 비교하고 대조하여 모음 다음에 나오는 r을 발음하는 것이 미국 중간 계급의 특징이라는 사실을 발견하였다. 표준 규범을 존중하지 않는 것이 상류층과 하류층의 공통된 특징이라는 현상은 언어 이외의 영역에서도 확인할 수 있을 것이다.

┌ 음악에서 하나하나의 소리에는 아무런 의미가 없다. "ㅍㄴㅅㄱ"이라고 써 놓으면 우리는 여기서 아무런 뜻도 알아챌 수 없다. 그러나 누가 "ㅍㄴㅅㄱㅍㄴㅅㄱ"하고 두 번 반복하고 다시 "ㅍㄴ"을 쓴다면 우리는 다음에 "ㅅㄱ"이 오리라는 것을 기대할 수 있게 된다. 그런데 "ㅍㄴㅅㄱ"이 반복되다가 "ㅍㄴㄹ"이 나오면 문제가 발생한다. "ㄹ"이란 소리가 전혀 기대할 수 없었던 것이었기 때문이다. 이렇게 되면 이 기대하지 못했던 소리 다음에는 어떤 소리가 나올까 하는 의문이 생긴다. 음악의 구조는 소리들의 반복과 차이가 일으키는 기대감의 충족과 지연과 이탈의 체계이다.

┌ 멘델레예프(Dmitri Ivanovich Mendeleev, 1834~1907)는 원소들의 차이와 반복되는 성질을 주기율표로 정리하였다. 반복과 차이를 통하여 드러나는 체계는 한정된 전체이다. 멘델레예프는 개별 원소를 별개로 관찰하고 원소들이 보여 주는 반복과 차이를 기술하였다. 그는 수소에서 염소까지 15개의 원소를 카드에 적고, 그것들을 원자량의 순서로 늘어놓은 후에 가장 가벼운 수

소를 따로 떼어 놓았다. 그리고 리튬에서부터 가로로 베릴륨, 붕소, 탄소, 질소, 산소, 플루오르의 순서로 배열하였다. 여덟 번째에 리튬과 유사한 성질을 지닌 나트륨이 나타났다. 나트륨에서 시작하여 마그네슘, 알루미늄, 규소, 인, 황, 염소의 순서로 배열하였다. 같은 작업을 계속하니 다음에 다시 알칼리 금속인 칼륨이 나타나 칼슘, 스칸듐, 티탄, 바나듐, 크롬, 망간의 순서로 배열되었다. 1869년에 알려져 있던 63가지 원소를 비교하고 대조하면서 멘델레예프는 티탄을 붕소와 알루미늄의 아래에 놓으려다가 그 성질이 탄소, 규소와 비슷한 것을 보고 "이 자리에는 티탄보다 원자량이 작은, 아직 발견되지 않은 원소가 있다."고 예측했는데, 그 자리는 스칸듐의 발견으로 채워졌다. 그 이후 무려 40개의 원소가 발견되었으나 멘델레예프의 예측에서 벗어난 원소는 하나도 없었다.

⌐ 시공(時空)·인과(因果)·동이(同異)·다일(多一) 즉 시간과 공간, 원인과 결과, 반복과 차이, 부분과 전체는 인간 사고의 공통된 특징이므로 우리가 일상 생활에서 사용하는 문장 속에 매우 자주 나타난다.

⌐ 논리적인 문장에 익숙해지려면 문단 훈련(paragraph practice)과 짧은 글(short composition) 연습을 반복해야 한다. 문단은 보통 8~12개 정도의 문장으로 구성되어 있고, 짧은 글은 대체로 4~8개의 문단으로 구성되어 있다. 문단은 분명하고 구체적인 하나의 중심 생각을 포함해야 하며, 전일성(全一性)을 갖추고 있어야 한다. 짧은 글은 짧은 글대로 말하려는 내용이 명료하게 제시되어야 하며, 전국성(全局性)을 구

비하고 있어야 한다.

1. 왕조 말기의 개항기(1876~1897)와 광무 연간(1897~1907)과 구한말(1905~1910)의 특징을 기술하고 갑오민란(1894)의 역사적 위상을 논술하라.
2. 자기가 사는 집의 위치를 약도 없이 글만 보고 찾아갈 수 있도록 상세히 적어 보라(집 앞에 꽃집이 있다면 다른 꽃집들과 대조되는 그 꽃집의 특성을 묘사하라).
3. 일용할 양식이 필요한 농업 사회가 일용할 양식과 일용할 기계가 필요한 공업 사회로 바뀐 원인을 찾아 보라.
4. 교육 불평등은 백 년 후의 우리 사회에 어떠한 결과를 초래할 것인가?
5. 못 살겠다고 말하는 사람들의 담화에 반복해서 등장하는 낱말들을 모아 보라.
6. 고급 아파트 단지가 있는 길거리의 재활용 쓰레기와 공단 근처에 있는 길거리의 재활용 쓰레기의 차이를 조사하라.
7. 현실의 계기는 무한하므로 현실의 모든 국면에 개입하는 것은 불가능하다. 교육 현장에서 평등 공리를 실행할 수 있는 범위와 정도를 한정해 보라.
8. 중동 여자의 교육 환경과 노동 조건을 아랍인의 특수한 관점과 사회 과학의 보편적 관점에서 분석해 보라.

3. 교양 교육으로서의 글쓰기 프로그램

철학과 일곱 자유 학과(Philosophia et septem artes liberales). 가운데 원에 여왕의 모습을 한 철학이 앉아 있다. 왕관의 세 얼굴은 윤리학, 논리학, 심리학을 표상한다. 그 아래 책상 앞에 앉은 두 남성은 소크라테스(Socrates)와 플라톤(Platon)이다. 바깥의 일곱 학문은 12시 위치에서 시계 방향으로 문법, 수사학, 변증법, 음악, 산수, 기하, 천문이며, 원 밖의 네 남자는 시인과 마법사다. 란츠베르크의 헤라트(Herrad von Landsberg) 수녀가 쓴 『기쁨의 정원(Hortus deliciarum)』에 수록된 삽화, 12세기.

3-I. 기초 교육

교양 과목이란 '로마의 가장 박식한 사람(Vir Romanorum eruditissimus)' 바로(Marcus Terrentius Varro, BC 116~27)가 쓴 『신자유 학문(Disciplinarum libri novem)』에서 처음으로 논의되었다고 전해 온다. "바로는 일반적으로 자유 학과에 관해 최초로 포괄적인 저서를 쓴 사람으로 인정되고 있다. 현존하지 않는 그의 저서는 문법, 수사학, 변증법(논리학), 기하, 산수, 점성술(천문학), 음악, 의학, 건축 등 여러 학문에 대하여 두루 논의한 것으로 알려져 있으며 이 중에서 처음 일곱 가지는 '일곱 자유 학과'로 지정되어 17세기까지 고등 교육의 기본 과목으로 교육되어 왔다."[주 002] [윌리엄 보이드, 『서양 교육사』(교육과학사), 이홍우 등 옮김, 1994, p.108.] 문법, 수사, 논리의 3학에는 아리스토텔레스(Aristoteles, 기원전 384~322)의 영향이 보이고 산수, 기하, 천문, 음악의 4과에는 플라톤(Platon, 기원전 429?~347?)의 영향이 보인다. 로마 사람들은 자기 고유의 터전에서 자라지 않은 것을 자기 것으로 만들어야 했다. 외래의 단어들뿐 아니라 전혀 낯선 다른 종류의 사유 방식까지 배워 익히고 이미 다른 사람들이 생각해 놓은 엄청난 양의 내용을 자기 자신의 것으로 동화시키기 위해서는 표준 교과를 만들 필요가 있다고 생각했다. 북쪽에서 로마 제국 안으로 밀고 내려온 젊은 민족들도 동일한 필요에 직면했다. 그들은 고대로부터 내려온 지혜의 보고뿐 아니라 교회 교부들의 전승들까지 자기 것으로 만들어야 했고, 수백 년 동안 변함없이 지속된 학습 과정의 기초로서 표준 교과를 지정했다.

한국 유학은 사서 삼경(四書三經)을, 한국 불교는 사집(四集)〔서장(書狀), 절요(節要), 선요(禪要), 도서(都序)〕 사교(四敎)〔기신론, 금강경, 원각경, 수능엄경〕 대교(大敎)〔화엄경〕를 기본 서목(書目)으로 정하여 교육했다. 1세기에 시작한 중국의 불경 번역은 당나라 중엽에 그 때까지 번역된 불경들을 철저하게 재검토하고 새롭게 번역하기 시작하였다. 10세기에 이르러 더 이상 번역할 경전도 없어졌고 더 이상 고쳐 번역할 경전도 없어졌을 때 중국인의 새로운 창조력이 폭발하였다. 선(禪)은 다름 아닌 불교를 거쳐 나온 도교였고 송학(宋學)은 불교를 거쳐 나온 유학이었다. 중국 문화는 불경 번역을 끝내면서 불교에서 떠나 불교를 자기 전통의 작은 부분으로 포섭해 버렸다. 중국 문화는 천 년의 여행을 거쳐서 자기 집으로 돌아왔다. 노자(老子, 기원전 6세기경)의 말대로 "가장 먼 여행은 귀향〔遠則反(원즉반)〕"이었던 것이다. 고려도 1236년부터 1251년까지 16년에 걸쳐 『고려 대장경(高麗大藏經)』을 제작하였으나 고전 중국어를 중국 사람들만큼 습득하는 데는 어려움이 있었을 것이고, 마침 주희(朱熹, 1130~1200)가 『예기(禮記)』에서 『대학(大學)』과 『중용(中庸)』을 뽑아 내어 사서를 기본 과목으로 설정하는 것을 보고 고려에서도 승려 교육의 표준 교과를 사교와 대교로 한정했다. 동양이나 서양이나 세계를 체계적으로 이해할 수 있게 하는 통합 지식을 교양 과목이라고 한 것이다.

현대의 경우에 문학·역사·철학 그리고 수학·물리학을 3학 2과라고 할 수 있을 것이다. 플라톤과 아리스토텔레스를 공부하거나 『시경』과 『서경(書經)』을 공부할 때에는 학습 내용이 이미 주어져 있었기 때문에 표준 교과를 정하기가 용이했지만, 현대의 학문은 질풍처럼 바뀌고 있으므로 학습 내용이 항상 불안정하고 따라서 교육 방법도 항상 쇄신되지 않으면 안 된다. 그러나 17세기의 과학 혁명과 20세기의 상대성 이론·양자론은 반드시 교육 내용에 포함되어야 할 것이고 모국어와 외국어 능력, 자연 과학과 사회 과학의 연구 방법 등이 교양 과목에 추가될 수 있을 것이다. 비트겐슈타인(Ludwig Wittgenstein, 1889~1951)이 말했듯이 수학은 수학자들이 하는 일이고 물리학은 물리학자들이 하는 일이다. 기지에서 미지로 나아가는 수학자와 물리학자의 연구에 초점을 맞추지 않고 수학 교과서와 물리학 교과서 또는 수학 사전이나 물리학 사전의 내용을 수학이나 물리학이라고 한다면 수학과 물리학은 나날이 쇄신되는 탐구가 아니라 폐쇄된 지식의 체계가 되어 버린다. 진정한 의미의 수학은 수학 교과서와 수학 사전을 수정하는 창조적 파괴 행위라고 해야 할 것이다. 그러므로 학생들에게 지식 체계를 가르치는 것보다 연구 방법을 가르치는 것이 교육적으로 볼 때 적절하다. 현재 한국 대학의 교양 교육은 학생들이 고등학교에서 배운 'Knowing That'을 'Knowing How'로 바꿈으로써 학생들이 "사실은 재미있는 것이었는데 그 때는 몰랐었구나!" 하는 느낌을 가지도록 하는 데 그 목적이 있다. 원리를 다루는 과목이거나 단계를 다루는 과목이거나 괴로운 지식을 즐거운 지식으로 전환하는 데 교양 교육의 목표를 두어야 할 것이다.

「고려대학교와 서울대학교의 교양 과목은 두 학교가 모두 하버드 대학교의 '핵심 교육 과정(core curriculum)'을 참고했기 때문에 그 틀에 차이가 없다. 2007년 두 학교 핵심 교양의 분야와 과목 수는 다음과 같다. (앞에 있는 것이 고려대학교의 핵심 교양이다.)

문학과 예술 21 세계의 문화 17	문학과 예술 24
역사의 탐구 14 윤리와 사상 10	역사와 철학 22
사회의 이해 16	사회와 이념 25
과학과 기술 27 정량적 사고 7	자연의 이해 23

서울대학교의 분류가 더 간단하고 체계적이라고 하겠으나 다만 수학과 통계학과 논리학을 묶는 분야 명칭이 추가되어야 할 것이다. 논리학은 사고의 형식을 가르치고 통계학은 자료의 의미를 가르친다. 현대 사회의 모든 국면이 자료의 통계에 의존하기 때문에 통계학은 일상 생활에 가장 밀착되어 있는 학문이다. 평균과 표준 편차의 개념을 분명하게 인식하지 못하면 예외적인 현상을 전형적인 현상으로 잘못 해석할 염려

가 있다. 통계학은 학생들에게 '19세기의 한국에서 실학자는 당시 한국 지식인의 몇 %나 되었을까'라는 질문을 해 보게 할 것이다. 지금까지 어떤 사학자도 이러한 질문을 제기해 본 적이 없다. 집합론과 논리학은 엄밀한 사고를 훈련하게 하고 대상을 체계적으로 분석할 수 있게 하므로 학문을 직업으로 택하고 싶어 하는 학생들에게 필요한 과목이다. 교양 교육에서 수학·통계학·논리학의 비중을 높여서 학생들이 그 가운데 한두 과목을 반드시 선택하도록 해야 할 것이다. 개념으로부터 자료로 가는 경제학보다 자료로부터 개념으로 가는 통계학을 배워야 학생들이 추상과 구체를 혼동하지 않게 될 것이다. 추상과 구체를 혼동하는 것은 문화적 후진국 지식인의 특징이다. 그들은 프랑스에만 통하는 개념을 한국에 억지로 적용하려 한다. 한국의 자료에 근거하여 그 자료에 맞는 개념을 만들어 낼 능력이 없기 때문이다.

대학은 평등하고 자유로운 토론을 통하여 합의에 도달하는 훈련의 장소이다. 토론을 통하여 얻은 원칙이 아니면 용인하지 않으려는 완강한 정신은 대학 생활의 바탕이 되어야 하고, 문제가 제기될 때마다 가능한 결정 방법들을 제안하고 제가 아는 기본 지식의 원리들에 근거한 예증들을 천천히 검토하는 행동이 대학 생활의 중심이 되어야 한다. 일상 생활의 의사 소통에 이용할 수 없는 지식은 아직 충분히 자기화된 지식이라고 할 수 없을 것이다. 교양 교육은 전부가 토론 수업으로 진행하는 것이 마땅할 것이다. 그렇게 하려면 교과서를 꼭 필요한 최소한의 지식으로만 구성하고 토론 수업에 알맞게 재편성해야 할 것이다. [주003] [교내 연구비의 배정은 학장의 권한이므로 내가 학장으로 있을 때에는 위와 같은 이유에서 교재 개편에도 교내 연구비를 배정했다. 그 이후 등재지에 실리는 논문에만 교내 연구비를 배정하도록 규정이 바뀌었는데, 교내 연구비를 교재 개편에도 배정할 수 있게 하는 것이 교육적으로 의미 있는 일이라는 것이 나의 생각이다.]

3-II. 외국어 교육

한국인이 외국어로 인해서 고생을 한 것은 어제오늘의 일이 아니다. 1395년에 예문 춘추관(藝文春秋館) 대학사 정총(鄭摠, 1358~1397)이 조선 왕의 자격을 인정하고 조선 왕의 도장을 달라는 글을 가지고 중국에 갔다. 그 글을 본 명나라 태조는 문체가 경박하고 문법에 맞지 않는 글이라고 하면서 정총을 가두고 글을 지은 정도전을 잡아 보내라고 하였다. 1396년 2월에 조선 정부는 "가만히 살펴 보건대, 저희 나라는 바다 밖 궁벽한 데 거하여 말소리가 중국과 같지 않아 반드시 통역에 의지하여 겨우 말의 뜻을 익힙니다. 어찌 감히 고의로 희롱하고 모욕하여 트집의 실마리를 일으켰겠습니까?"[주004] [『태조실록』 권(卷)10 장(張)97.]라는 글을 올려 사죄하였다. 1397년 3월에 명나라 태조는 "이후로는 중국 말을 아는 사람만이 사신으로 와야 하며, 깊이 생각하고 두고두고 염려하여 문사(文詞)로 화를 얽지 말라."[주005] [『태조실록』 권(卷)11 장(張)102.]고 지시하였다. 요즈음도 외국과의 계약에 한국의 정부처럼 실수가 많은 나라는 거의 없다. 무기 거래의 계약을 위해 필요한 변호사를 국내에서 구하지 못했을 정도로 외국어에 정통한 전문가가 드물었던 것이 그간 우리의 실정이다. 교양 교육으로서의 외국어 교육은 외국어를 잘하게 하는 데 목적이 있지 않고 외국어 때문에 손해를 보지 않게 하는 데 목적이 있다. 통역을 사이에 두더라도 잘못 전달되는지 아닌지는 파악할 수 있을 만큼 외국어를 배워 두어야 한다. 형식적인 회화가 아니라 과학·역사·철학·예술 등에 관한 내용을 대화로 주고받을 수 있도록 가르쳐야 할 것이다. 외국어 교육의 목표는 "유창하게"가 아니라 "전달 가능하게"가 되어야 한다. 현재 우리 나라의 대학에서 교육하고 있는 외국어는 다음과 같다.

Ⓐ 영어·중국어·일본어 : 다수의 학생들이 배우는 외국어
Ⓑ 독일어·프랑스어·러시아어·에스파냐어〔스페인어〕·이태리어·아랍어 : 소수의 학생들이 배우는 외국어
Ⓒ 희랍어·라틴어·히브리어 : 신학 대학에서 배우는 외국어
Ⓓ 산스크리트어·팔리어·티베트어 : 불교 대학에서 배우는 외국어

다수의 학생들이 배우는 영어와 중국어와 일본어의 교육은 일반 교육과 전문 교육을 함께 수행해야 한다. 이에 반하여 Ⓒ과 Ⓓ의 교육은 목사, 신부, 승려, 철학자, 신학자, 불교학자 등을 위한 전문 교육이다. Ⓑ의 교육도 소수 정예의 연구자와 통·번역가를 위한 전문 교육에 초점을 맞춰야 할 것이다. 일반 교육을 고려하지 않아도 된다는 것은 교육 내용과 교육 방법을 처음부터 특별하게 한정할 수 있다는 점에서 학습과 교

육의 방향을 설정하는 데 유익하다. 요컨대 프랑스에 다녀와야 보들레르(Charles Baudelaire, 1821~1867)를 연구할 수 있다는 말이 나오지 않도록 학부에서부터 철저하게 전문 교육을 시행하는 것이 가능하다.

⌐ 외국어 성적은 점수가 아니라 합격/불합격으로 평가하고 대학에서 개설하는 과목 이외에 다른 대학에서 개설하는 과목을 수강하게 함은 물론이고 학원에서 배우고 수료증을 받아온 과목까지도 통과시키는 방안을 고려해 볼 수 있다. 토플, 토익, 각종 능력 시험을 활용하여 면제의 대상을 확대하는 것이 효과적인 교육 환경을 조성하는 데 유리할 것이다. 외국어는 각자가 자신의 필요에 따라 배우는 것이기 때문이다.

3-III. 기초 교육실

⌐ 모든 학과가 교양 과목을 개설할 필요는 없을 것이다. 교양 과목은 교양 과목대로 어느 정도의 구조화가 필요하다. 기초 교육의 지도를 그려야 하고 그 지도가 힘을 가져야 한다. 통합적 이해력과 무관한 과목(와인 강좌, 골프 강좌 등)은 평생 교육원에서 담당하게 해야 할 것이다. 학습자 중심 교육이라는 말이 있는데 학생들을 절대적인 존재로 인정하고 교육을 삶의 준비가 아니라 삶 자체로 보아야 한다는 의미에서는 타당한 말이지만 학생이 원하는 것만 가르쳐야 한다는 의미로 해석

한다면 그것은 부당한 말이다. 세상에는 싫어도 배워야 할 기본 지식 체계가 있기 때문이다. 학생들이 싫어해도 개설해야 할 과목이 있듯이 학과가 싫어해도 개설해야 할 과목도 있다. 대학에서 학과의 장벽처럼 넘기 어려운 것도 없다. ⟨Cross-cultural Negotiations⟩ ⟨International Strategy⟩ ⟨Environmental and Life Sciences⟩ ⟨Psychoanalysis and Culture⟩ 같은 과목은 중앙에서 개입하여 학과 간, 대학 간의 가로지르기를 가능하게 할 수밖에 없다. 서구에서 인문학의 기초 학문으로 이용되는 정신 분석을 교양 과목으로 가르치는 대학이 거의 없다(서울대학교에 ⟨정신 분석과 문학⟩이란 과목이 하나 있다). 의과 대학 정신과 교수들의 반대도 작용한 결과로 정신 분석을 인문학으로 공부한 학자들은 설 자리를 찾지 못하는 것이 우리의 현실이다.

⌐ EASA(European Architecture Students Assembly)의 예를 따라 'Self Organization Students Networks'를 구상해 볼 수도 있다. "교수로부터 학생에게"가 아니라 "학생들 사이에서" 교육이 진행되는 것이다. 예를 들어 ⟨AIDS/HIV의 경제학⟩이란 과목을 개설할 수 있다. 학생들이 ① 목표나 계획 없이 일단 모여 토론한다. ② 발전의 방향이 보이면 그 벡터를 살려 학습 내용을 설계한다. ③ 필요한 교수들을 선택하여 토론에 참가하게 한다.

⌐ 일종의 자율 교육이고 자치 교육인 셈인데 실험적으로라도 개설해 볼 필요는 있다고 생각한다. 이 경우에는 평가도 물론 자기 평가이다. [주 006] [일본 아키타(秋田)에 있는 국제 교양 대학(国際教養大学) [Akita International University]에서 만난 불가리아의 건축가 스타니셰프(Georgi Stanishev)에게서 들은 내용이다.]

⎡ 지식 경제를 위해서도 과도한 지식의 교육은 회피해야 할 것이다. 교과 과정과 교수 요목을 표준화하고 실습 인턴 과목과 NGO 관련 과목을 편입하는 데도 중앙 관리가 필요할 것이다. 교과목마다 표준 실러버스(syllabus)가 작성되어 있어서 강의를 맡는 사람이 바뀌어도 일정한 교육 내용을 유지할 수 있게 해야 할 것이다. 요컨대 학과나 대학은 고립된 섬이 아니라 대륙의 일부라는 인식이 필요한 것이다. 대학이 사회에서 가장 보수적인 제도라는 비판은 결코 대학에 명예가 되는 것은 아닐 것이다.

⎡ 철학과와 사학과가 없는 대학교의 경우에는 어쩔 수 없겠으나, 종합 대학교에서 교양 교육원을 독립시키는 것은 대학의 4분의 1이 별개의 조직으로 운영되어 대학 교육과 대학 행정의 통합성을 해치게 될 염려가 있다. 교양 전임을 따로 써서 생기는 폐단은 서울대학교에서 심하였으나 고려대학교도 경험하였고 그 결과로 교양학부를 없애게 된 것이다. 연세대학교는 학부제를 과별 모집으로 전환한 후에 학부 대학의 존폐를 두고 고심하고 있다. 학과에 소속되지 않은 1학년을 맡아 가르치겠다는 학부 대학의 존립 이유는 없어졌으나, 2018년 현재 수학, 물리, 화학, 생물, 체육, 컴퓨터, 심리학, 세계사, 글쓰기 등에 29명이나 되는 전임 교수를 뽑아 놓았기 때문에 폐지하기 어렵게 되었다는 것이다. 교양 영어르 가르치는 29명의 외국인 교수들도 학부 대학에 소속되어 있는데, 한국 영어 교육학의 발전을 위해서는 교양 영어 교육도 한국인 교수들이 담당하는 것이 바람직하다.

기초 교육은 각 학과의 참여에 의해서 전공 교육과의 연계하에 수행되어야 한다. 기초 교육실 또는 교양 교육실은 교무처의 한 기구로 설치되어야 하며 각 대학에서 학과장 회의를 통하여 선출된 기초 교육 위원들에 의해서 운영되어야 한다. 회의의 토론 내용과 토론 결과는 학교 신문에 공개되어야 하고 교무 회의의 최종 승인을 받은 후에 시행되어야 한다. 교수 협의회에도 교양 과목의 교육 목표와 교육 방법 그리고 분야별 불균형 여부에 대하여 심의하는 기구를 따로 설치할 필요가 있다.

3-IV. 글쓰기 교육

모국어와 교육은 글쓰기를 중심으로 전개하는 것이 효과적이다. 모국어로 글쓰기를 가르치려면 먼저 '모국어란 무엇인가'라는 물음에 대하여 깊이 생각해 보게 해야 한다. 한국어는 세 개의 층으로 구성되어 있다. 밑층은 몇만 년 동안 한국 사람이 써온 토박이 말켜이다. 처음 들어도 단박에 그 뜻이 느낌과 함께 전달되는 말이 그것이다. 가운데 층은 들어온 지 2천 년쯤 되는 선진(先秦) 중국어 층이다. 5%도 안 되는 지배 계급만이 쓰던 말들 중에는 아직도 우리말이 안 된 것들이 있지만 상당수의 말은 우리말로 녹아들어와 있다. 위층은 일본 사람들이 일본식 한자로 만든 신조 학술어들인데 그 대부분이 서양

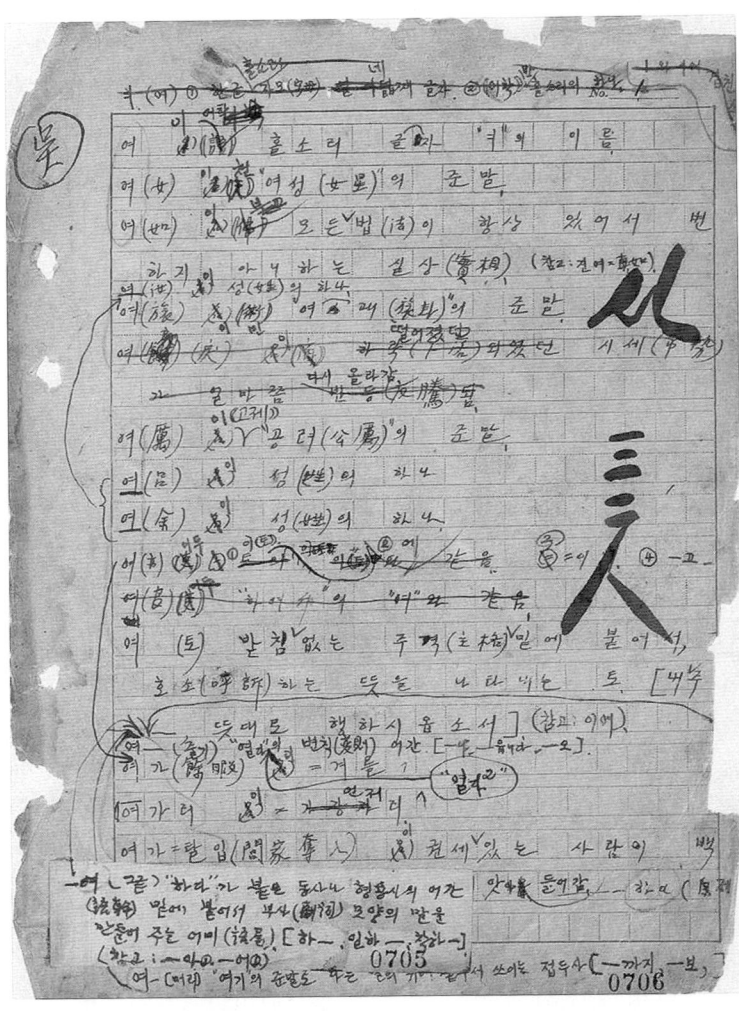

『조선말 큰 사전』 편찬 원고, 1929~1942년, 국가지정기록물 제4호, 독립기념관 소장.

말을 번역한 것으로서 우리말 안에 들어와 있기는 하지만 물 위에 기름이 뜨듯 겉도는 단어들이다. 우리말에서는 조사로 밖에는 안 쓰이는 '보다'를 부사로 쓰는 것이나 쓸데없이 피동 표현을 자주 쓰는 것도 일본식 문장 구성이다. 모국어란 우리말 중에서 토박이 말켜에 닿아 있는 부분을 일컫는 명칭이다. 독일어 'vorlaufende Entschlossenheit'를 일본식으로 번역한 '선구적 결단성(先驅的 決斷性)'은 결코 모국어가 될 수 없는 단어이다. 둘째로 모국어는 대중의 말, 즉 민중 언어를 가리키는 명칭이다. 특수한 사람들만 쓰는 말은 모국어가 될 수 없다. 돈이 있건 없건, 나이가 많건 적건, 지위가 높건 낮건 두루 통하는 말, 쉽고 정확하게 주고받을 수 있는 말을 모국어라고 하는 것이다. 모국어 글쓰기 교육은 무엇보다 먼저 학생들에게 우리들의 이 모국어가 얼마나 어려운 역사의 도정을 거쳐서 우리에게 태어날 때부터의 선물로 주어진 것인가를 알려 주는 일부터 시작해야 한다.

휘황한 전등 불빛이 낮과 같은 대도시 서울의 한복판에서, 다만 조선어 사전 편찬실만이 침침칠야에 잠기어 희미한 불빛으로 까물거리기를 몇 해나 하였으며, 석탄의 연기가 천공을 가리는 장안에서 오직 사전 편찬실만이 식은 난로로 엄동을 지내기 한두 번이 아니었으나, 시들어 가는 배달 겨레의 얼을 불러일으키기 위하여, 찬연한 민족 문화의 유지 발전을 위하는 단심으로 온갖 어려움을 참고 견디었으며, 고달픈 살림살이 가운데에도 언제나 웃음소리가 들리었던 것이다.[주 007] 〔한글학회,「편찬의 경과」,『큰 사전』(을유문화사), 1947, p.1.〕

⌐ 당시에 조선어학회 회원들은 총독부의 방해를 막아 보려고 새벽마다 남산 신궁을 청소하였지만 누구도 그들의 행동을 친일이라고 하지 않았다. 서양의 르네상스라는 것을 희랍 문화의 소생이라고 보는 사람이 있는데, 그것은 전혀 그릇된 견해이다. 중세 천년 동안 플라톤과 아리스토텔레스는 죽은 적이 한시도 없었다. 르네상스라는 것은 라틴어를 밀쳐 내고 토박이 말을 소생시킨 시대를 가리키는 것이다. 16세기에 프랑스에서는 몽테뉴(Michel Eyquem de Montaigne, 1533~1592)가 나오고 독일에서는 루터(Martin Luther, 1483~1546)가 나와서 프랑스 말과 독일어를 살려 내었다. 한문을 밀쳐 내고 토박이 말을 살려 냈다는 점에서 본다면 우리는 지금 프랑스나 독일의 16세기 어름에 있는 셈이다. 박병채(朴炳采, 1925~1993) 선생은 인류 문화에 기여한 것이 없는 말들 가운데 하나가 한국어라고 말씀하신 적이 있는데, 지금 생각해 보아도 한문 유산을 제외하고 볼 때 세계 문화에 한몫을 차지할 만한 한글 업적이 몇이나 될 것인지 적이 의심스럽다. 희랍의 경우에는 2,500년 전에 나온 아리스토텔레스의『수사학』에 문장을 정확하게 쓰는 방법이 자세하게 기술되어 있다.

⌐ 일반적으로 글로 쓴 것은 읽기 쉽고 말하기 쉬워야 하는데, 이 둘은 같은 것이다. 그런데 접속어나 절의 수가 많

거나 헤라클레이토스의 저술들처럼 구두점을 찍기가 쉽지 않은 경우에는 그것이 불가능하다. 그의 저술들에 구두점을 찍기가 쉽지 않은 것은 특정한 낱말이 그것에 앞서는 낱말에 속하는지 뒤따르는 낱말에 속하는지 분명하지 않기 때문이다. 그는 자기 저술의 첫머리에서 "비록 언제나 이 진리는 존재하지만 사람들은 알지 못한다."고 말하는데, 여기서 "언제나"가 "존재하다"에 속하는지 아니면 "알지 못한다"에 속하는지 분명하지 않다. 또 다른 어법상의 오류는 두 낱말을 각 낱말 모두에 적합한 낱말로 연결하는 데 실패할 때 발생한다. 이를테면 소리와 색깔에 대해 말할 때 "보다"라는 말은 둘 다에 적용되지 않으므로 쓸 수 없지만 "감지하다"라는 말은 쓸 수 있다. 의도하는 바를 처음부터 말하지 않고 문장을 끝마치기도 전에 문장 중간에 다수의 세부 사항을 삽입할 때도 뜻이 모호해진다. "나는 그와 이야기하고 나서 떠날 참이었는데, 이런저런 일이 이러저러하게 일어났다."고 말하지 않고, "나는 그와 이야기하다가 이런저런 일이 이러저러하게 일어난 뒤 떠날 참이었다."고 말하는 경우가 그렇다.[주 008] [아리스토텔레스, 『수사학/시학』(도서출판 숲), 천병희 옮김, 2017, p.266.]

「영독불은 모두 400년 이상 써 온 언어이기 때문에 문체가 안정되어 있고 그 말의 토박이들에게 모국어 노릇 하는 데 부족함이 없다. 일본만 해도 11세기 초에 이미 『겐지 모노가타리(源氏物語)』가 나와 천 년이 넘도록 일본어 문학을 해 왔기 때문에 문체의 안정성으로 볼 때 한국어와 비교가 되지 않는다. 그러므로 모국어 글쓰기에는 학생들로 하여금 자신이 쓴 글을 순한문체로 바꿔 써 보게 하거나 토박이 말투로 바꿔 써 보게 하는 훈련이 꼭 필요하다. 한문체와 토박이 말투를 시험해 보는 동안에 그 학생은 자기에게 어울리는 자연스러운 문체를 발견하게 될 것이기 때문이다. 그 뜻과 소리가 또렷이 잡히지 않고 어름어름한 구석이 있는 말은 모두 일본식 신조 학술어와 연관성이 있는 말이라는 것을 확실하게 알아야 한다. 정신에 안개가 자욱하게 끼어 있기 때문에 어름어름한 말을 쓰고서 오히려 풍치고 자랑하고 떠벌리는 것이다. 통일됐을 때를 생각해 보더라도 토박이 말켜에 닿을 수 있는 말을 찾아 쓰고 그 수효를 늘리지 않으면 안 된다. 일본의 것과 서양의 것에 맹목적으로 의존하게 되면 학생들은 기초적이고 근본적인 것을 제 머리로 생각해 보려고 하지 않고 남의 것을 흉내내면서 유식하다고 풍치는 속물적 현학 취미에 떨어지게 된다. 현재의 한국은 창작보다 번역이 더 많이 팔리고 창조자보다 해설자가 더 많은 문화적 후진국이 아닌가. 해설자 아닌 학자가 도대체 있기는 한 것인지조차가 의심스러운 형편에 있는 것이 우리 문화의 현상이다. 기초도 없고 주추도 없이 서양의 신기한 이론들만 수입하고 모방하여 장식하는 글들이 행세하는 꼴은 마치 거품 경제의 한 면을 보는 듯하다. 화이트헤드는 그런 행동을 구체성을 잘못 놓는 오류라고 비판하였다.

「모국어 글쓰기 교육은 학생들이 자기의 근본 문제를 아주 기초적인 데서부터 스스로 고민하고 반성하여 제 힘으로 얻어 낸 깨달음을 적어 낼 수 있도록 가르치는 일이 되어야 한다. 아무리 작은 것이라도 제가 제 힘으로 깨친 것만이 힘을 가질 수 있다. 고민하고 반성하는 것은 생각하는 것이고 생각하는 것은 보는 것이다. 보는 것은 주어진 것에 매어 있다. 사고는 자료 다음에 오는 것이다. 자료 없이 혼자서 사고하는 것은 망상이거나 몽상이다. 보는 것은 어떤 주어진 것을 대상으로 설정하고 문제 삼는 것이다. 인간은 자기 자신만이 아니라 세계에 대해서도 거리를 두고 세계를 대상으로 놓을 수 있다. 주어져 있는 것은 스스로 자신을 드러내고 있다. 보는 것은 주어져 있는 것의 드러남을 포착하는 행위이다. 생각을 아는 것은 사물을 아는 것이 아니다. 주어진 것의 드러남을 잡지 않고 주어진 것에 대한 누구의 생각을 적는 것은 보는 것이 아니다. "본다는 것은 기본적인 특성이 있는데 그 첫째는 바라본다는 행위의 주체가 나 즉 자기 자신이라는 사실이다. 그것은 자기 자신이 하는 일이다. 다른 사람 또는 세상 사람들이 해 주는 것이 아니라 바로 자기 자신이 스스로 그리고 직접 하는 것이다."[주009] [김태규, 『형이상학의 역사』(도서출판 한글), 2009, p.14.] 현대의 사조도 일단 배제하고 자기 눈으로 보아야 한다. 남의 눈으로 보는 것은 자기 눈으로 보는 것과 다르다. 그러나 본다는 것은 하나의 시야에 구속된다. 여기서 보는 것과 저기서 보는 것이 다르고 이전에 보는 것과 이후에 보는 것이 다르다. 두루 보는 것은 인간에게 허용되지 않는다. 두루 보려면 나는 나의 시야를 다른 사람의 시야와 접합하지 않을 수 없다. 다른 사람이 말해 주지 않으면 나는 다른 사람이 본 것을 알 수 없다. 다른 사람이 본 것으로 내가 본 것의 모자라는 자리를 채울 수 없으면 나는 내가 본 것에 갇혀 있을 수밖에 없다. 그러나 다른 삶의 말을 듣는 것도 내가 듣는 것이다.

한걸음 더 나아가서 본다는 것은 하나의 시야를 가진다. 왜냐하면 인간의 눈 자체가 하나의 시야를 갖고 있기 때문이다. 그리하여 우리 시야 속에 있는 것만을 볼 수 있다. 우리 시야를 벗어나 그 밖에 있는 것을 우리는 전혀 볼 수 없다. 시야 밖에 있는 것은 그것이 있다 해도 검토할 수 없다. 또한 사람마다 시야가 다 다르다. 이런 제한은 인간 조건 때문에 뒤따라 나온 것이다. 그러므로 내가 보지 못한 것에 대해 그것이 없다고 단정하지 말아야 한다. 우리 시야를 벗어나 그 밖에 주어져 있는 것을 우리가 받아들이고 수용할 수 있기 위해서는 다른 사람의 시야에 의존할 수밖에 없다. 본다는 것은 다른 사람이 말하는 것을 듣는 것과 공존한다. 듣는 것 이것을 일컬어 대화라 한다. 듣는 것의 도움이 필요 없다고 하면 이데올로기가 된다. [주010] [김태규, 앞의 책, pp.15-16.]

모국어 글쓰기 교육은 글쓰기의 형식을 가르치는 것이 아니라 인생과 사물에 대하여 학생들과 토론하는 것이다. 글쓰기를 가르치는 사람은 형식주의에서 벗어나 글의 내용을 현실과 세계로 개방해야 한다. 가르치는 사람과 배우는 사람이 함께 어떻게 살아야 하는가에 대하여 진지하고 성실하게 고민하고 반성할 때 모국어 글쓰기 교육은 치유와 성장의 상담이 될 수 있을 것이다. 모국어 글쓰기 교육은 백인 중산층의 규범을 표준으로 가르치지 말아야 한다. 직선적이고 직접적이고 연역적인 서양 사고와 순환적이고 간접적이고 귀납적인 동양 사고를 비교한 사람도 있으나, 그러한 구분은 현실의 무게를 감당하기 어려운 공론이 되기 쉽다. 학생들에게 논리의 규칙을 지키도록 가르치는 대신에 자기 삶의 역사적·사회적 맥락을 적극적으로 고려하도록 가르쳐야 할 것이다. 역사적 맥락 속에서 자기의 시각을 구성하여 표현하려면 서구의 지배적 규범에 맞추지 않아야 하듯이 한국적인 것을 따로 설정하여 그것을 써야 한다는 사고 방식에서도 벗어나야 한다. 독특한 한국 문화가 있다고 가정하고 그것에 대해 쓰게 하는 글쓰기는 그릇된 이데올로기를 재생산하게 될 것이다. 대부분의 한국 문화론은 한국의 지배 집단에게 유리하도록 구성된 담론에 불과하다. 모국어 글쓰기 교육은 서구주의와 조선주의로부터 동시에 벗어나는 교육이 되어야 하고 더 나아가서 인습적인 자기 중심주의로부터도 벗어나는 교육이 되어야 한다.

현재 고려대학교와 성균관대학교를 비롯한 일부 대학에서 하듯이 글쓰기를 〈사고와 표현〉이란 명칭으로 바꾸어 철학과, 사학과 등이 참여하도록 하는 것은 사고와 표현을 분리하여 표현 이전에 사고가 따로 있다고 가정한다는 점에서, 다시 말하면 내용과 형식을 분리해서 생각하는 19세기식 능력 심리학(Faculty Psychology)을 전제한다는 점에서 타당하지 않다. 철학자나 사학자가 가르쳐야 할 전문 지식이 있고 그 지식을 문장으로 옮기는 것을 가르치는 표현 방법이 따로 있다는 생각은 사실에 어긋난다. 전문가의 지식이 시민의 의견보다 중요하다는 생각도 사실에 부합하지 않는다. 1930년대의 공황을 해결하기 위해 나온 케인즈의 경제학은 케인즈의 책을 가지고 공부한 대학원생들이 교수가 된 1950년대에 와서야 전문가들의 지식이 되었고 그 때는 이미 케인즈의 '저축–투자의 소득 결정 이론'으로는 해결할 수 없는 스태그플레이션이 새로운 문제로 제기되고 있었다. 정부가 어떤 계획을 추진할 때 지역민들이 그 계획에 반대하면 정부는 그들을 전문 지식을 무시하는 지역 이기주의라고 매도하는데, 정부의 계획과 지역민의 반대는 정책의 요소로서 동등한 의미를 가지고 있다고 보아야 할 것이다. 정부의 계획대로 시행되는 정책보다 정부의 계획과 지역민의 반대가 조정되고 타협되는 과정을 거쳐서 시행되는 정책이 더 정당한 정책이다. 국가는 통계로 처리할 수 없는 일을 하지 못한다. 노동 허가서를 받지 못한 외국인 노동자는 통계에 잡히지 않으므로 정부가 볼 때에 그들은 비존재이다. 한국에서 일하고 돈 받고 결혼하고 아이 낳고 사는 사람들을 정부는 존재하지 않는 유령으로 취급하는 것이다. 국가 공무원이나 그들에게 정책 자료를 제공하는 전문가들에게 비존재로 취급되는 사람들이 비존재가 아니라 존재라는 사실을 시민들은 인식하고 있다. 교양 교육으로서의 글쓰기는 시민들의 자연스러운 생각과 느낌을 기록하게 하는 것이지 전문 지식을 기록하게 하는 것이 아니다. 무엇보다 중요한 것은 한국의 철학책들이 예외 없이 일본 말로 가득 차 있다는 사실이다. 일본 말로 되어 있기 때문에 학생들이 철학을 싫어하고 어려워하는 것이다. 철학과 국어 국문학이 함께 글쓰기를 가르치려면 가르치는 사람들 각자가 먼저 자기의 전공 학문의 전제와 한계에 대하여 반성하고 철학과 출신 교수자는 모국어의 중요성을, 그리고 국문과 출신 교수자는 철학의 중요성을 절감하지 않으면 안 된다.

> 어떠한 인간이든지, 한정된 지식밖에는 얻을 수 없고 잠재 능력에 대해서도 한정된 훈련밖에 받을 수 없다. 하지만 지성과 개성 간의 최상의 균형 유지를 목표로 전진해 간다는 즐거운 희망을 안고 우리가 나아갈 수 있는 세 개의 중요한 길이 있다. 그 첫째는 문학적 교양의 길, 둘째는 과학적 교양의 길, 셋째는 기술적 교양의 길이다. 이 세 방법 중 그 어느 하나도 다른 두 개를 배제했을 때는 지성 활동도 개성 활동도 중대한 결함을 초래한다. 그렇지만 단지 이 세 과정을 기계적으로 혼합한 것이라면 그것은 상호 연관성도 없고 도움도 되지 않는 정보의 단편 만들기라는, 나쁜 결과를 낳을 것이다. 우리는 앞에서 이미 전통적인 문학적 교양의 장점 중 하나로 부분과 전체의 상호 연관성에 주목한 바 있다. 교육의 문제는 문학적 영역이건 과학적 영역이건 기술적 영역이건 간에 그 중심이 되는 중요성을 유지하면서 한 영역의 교육 과정에 다른 두 영역에 있는 것을 불어 넣어서 연관시키는 데 실패하지 않도록 하는 것이다. [주011] [화이트헤드, 『교육의 목적』(궁리출판), 오영환 옮김, 2004, pp.135-136.]

⌈ 공동 교육은 외부에서 틀을 만들어 강요될 것이 아니라 교수자들 내부에서 반성을 통하여 형성되어야 할 것이다. 연구자가 자기 분야의 전제와 한계에 대하여 반성하지 않는다면 학제 연구는 불가능할 것이다. 경제학자가 계량적인 연구의 한계를 반성하고 수치로 환원할 수 없는 역사 데이터에 관심을 가지게 될 때 그는 비로소 역사가와 공동으로 하는 프로젝트에 참여할 수 있게 될 것이다. 반성을 매개로 하지 않는 분야 융합은 기존 지식의 응용에 그치기 쉽다. 연구와 교육은 이미 있는 연구 성과를 계승하는 것이라기보다는 기존 지식에 대하여 의문을 제기하는 것이라고 할 수 있다. 모국어를 사랑하지 않는 철학 선생들이 모국어 글쓰기를 가르치면 학생들은 모국어도 모르게 되고 철학도 모르게 될 염려가 있다.

3-V. 결론

⌈ 이 논문은 '교양 과목'으로서의 '글쓰기 프로그램'이 바람직한 교육적 효과를 산출하기 위해서 필수적으로 요청되는 방법과 그 교과 내용을 이루어야 할 것에 대해 고찰한 것이다. 이 방법과 내용을 도출하기 위해서 고대 그리스와 중국, 현대 이전의 한국에서 그 '교양 교육'이 어떤 교과들을 중심으로 이루어져 왔는지를 우선적으로 살폈다. 현대의 학문이 매번 거듭하여 변환되고 있으므로 학습 내용이 항상 불안정하

고 따라서 교육 방법도 항상 쇄신되지 않으면 안 된다는 사실을 지적하고자 했다. 이러한 현대 학문과 지식의 조건에서 '교양 교육'을 위한 가장 중요한 전제는 바로 'Knowing That'을 'Knowing How'라는 목표로 전환해야 한다는 것이다. '교양 교육'의 목표는 학생들이 공부하는 즐거움과 그것이 우리 현실적 삶과 어떻게 연결되어 있는지를 절감하게 하는 데에 있기 때문이다. '교양 교육' 전부는 '토론 수업'으로 진행되는 것이 마땅하다. 어떤 문제가 주어질 때마다 가능한 결정 방법들을 창안하고 기본 지식의 원리들에 근거한 예증들을 활용할 수 있는 능력을 배양하는 것이 '교양 교육'의 근본 목적이기 때문이다.

⌐ '교양 교육'으로서의 '외국어 교육'은 외국어를 잘하게 하는 데 목적이 있지 않고 외국어 때문에 불필요한 손실을 줄이는 데에 목적이 있다. 따라서 형식적인 '회화'가 아니라 '과학', '역사', '철학', '예술' 등에 관한 내용을 대화로 주고받을 수 있도록 가르쳐야 한다. '교양 과목'은 그것대로 어느 정도의 구조화가 필요하다. 기초 교육의 지도를 그려야 하고 그 지도가 힘을 가져야 한다. 기초 교육은 각 학과의 참여에 의해서 전공 교육과의 연계 하에 수행되는 것이 가장 바람직하다. 기초 교육실 또는 교양 교육실은 교무처의 한 기구로 설치되어야 하며 각 대학에서 학과장 회의를 통하여 선출된 기초 교육 위원들에 의해서 운영되어야 한다.

⌐ 모국어로 이루어지는 '글쓰기 교육'은 무엇보다 먼저 학생들에게 우리들의 모국어가 얼마나 어려운 역사의 도정을 거쳐

서 우리에게 태어날 때부터의 선물로 주어진 것인가를 알려주는 일부터 시작해야 한다. 모국어 글쓰기에는 학생들로 하여금 자신이 쓴 글을 순한문체로 바꿔 써 보게 하는 훈련이 꼭 필요하다. 한문체와 토박이 말투를 시험해 보는 동안에 그 학생은 자기에게 어울리는 자연스러운 문체를 발견하게 될 것이기 때문이다. 또한 그 뜻과 소리가 또렷이 잡히지 않고 어름어름한 구석이 있는 말은 모두 일본식 신조 학술어와 연관성이 있는 말이라는 것을 확실하게 인지하도록 해야 하기 때문이다. 모국어 글쓰기 교육은 학생들이 자기의 근본 문제를 아주 기초적인 데서부터 스스로 고민하고 반성하여 제 힘으로 얻어 낸 깨달음을 적어 낼 수 있도록 가르치는 일이 되어야 한다. 아무리 작은 것이라도 제가 제 힘으로 깨친 것만이 실제적인 힘을 가질 수 있기 때문이다.

모국어 글쓰기 교육은 글쓰기의 형식을 가르치는 것이 아니다. 글쓰기를 가르치는 사람은 형식주의에서 벗어나 글의 내용을 세계로 개방해야 한다. 가르치는 사람과 배우는 사람이 함께 어떻게 살아야 하는가에 대하여 진지하고 성실하게 고민하고 반성할 때 모국어 글쓰기 교육은 치유와 성장의 상담이 될 수 있을 것이다. '교양 교육'으로서의 글쓰기는 시민들의 자연스러운 생각과 느낌을 기록하게 하는 것이지 전문 지식을 기록하게 하는 것이 아니다.

4. 시간과 역사

┌ 하나의 의식이 존재하다가 소멸하고 다음 의식이 앞 의식을 이어서 존재하다가 소멸하면서 의식의 흐름은 끊임없이 지속한다. 의식의 흐름 속에서 시간은 순간순간 새롭게 발생하고 소멸한다. 의식의 흐름 속에는 존재하고 소멸하는 의식뿐 아니라 의식의 존재와 소멸을 의식하는 의식도 흐르고 있다. 사물을 지각하는 경우에 의식의 흐름에는 사물과 사물에 대한 의식이 함께 흐를 것이나, 의식의 존재와 소멸을 의식하는 경우에는 의식의 흐름 속에 의식과 의식에 대한 의식이 함께 흐를 것이다. 그러나 의식되는 의식에 대하여, 의식하는 의식은 뒤 의식이므로 의식의 대상이 되는 의식은 엄밀한 의미에서 본다면 지금은 없는 과거의 의식이다.

┌ 새롭게 발생했다 소멸하는 의식은 근원적 소여(所與)가 일어나는 순간의 의식을 가리킨다. 의식 속에 객체가 있기 시작하는 순간에 우리에게 직관되는 원시 인상(Urimpression)을 우리는 현금(現今)이라고 한다. 원시 인상은 객체 생산의 절대적 단초이다. 우리는 지각으로 현재를 직시한다. 지각이 그 무엇을 현재로 조정(措定)〔일정한 대상을 상정·규정하는 일〕한다. 우리는 끊임없이 새로운 현금을 맞이하며 살아간다. 엄밀하게 따지면 이 현금은 하나의 점으로 나타났다 사라진다고 해야 하겠지만 실제로는 일련의 지속 시간이 우리에게 현금으로 지각된다. 예를 들어 멜로디를 지각할 때, 이 순간에 들리는 음과 방금 들린 음을 구별하여 전자만을 지금으로 지각한다고 해야 하겠지만 우리는 멜로디 전체를 지금으로 지각한다. 일련의 음들이 계속해서 들리는 동안에 우리는 그 음들을 하나의

관련체로서 의식한다.

⎯ 멜로디를 구성하는 최후의 음이 종결되면 그 때에 멜로디 전체가 현금에서 과거로 물러난다. 멜로디는 현실적인 것에서 관념적인 것으로 변용된다. 의식은 현금 점들의 연속이며 동시에 변용(Modifikation)의 연속이다. 지각만이 아니라 기억·회상·기대·재현 등과 같이 관념(ideell)에 속한다고 해야 할 의식 내용들도 근원적인 현금, 다시 말하면 현실(aktuell)적인 현금이 된다. 과거 의식은 회상하는 현금이고, 미래 의식은 기대하는 현금이다. 원시 인상은 과거 파악으로 변용되지만, 과거 파악은 원시 인상과 마찬가지로 생생하게 지금 있는 현금이다. 현금은 끊임없이 의식 속에 솟아올라 왔다가 끊임없이 과거로 가라앉는다. 새로운 음이 나타났다고 하여 조금 전에 들리던 음이 사라지는 것은 아니다. 그것은 사라지지 않고 나의 과거 파악 속에 간직된다. 현재 음이 과거 음으로 변용되면 그것은 현금 점에 의하여 구성되는 음 감각으로부터 탈락하지만 아직 한동안 응시하는 나의 시선 앞에 세워둘 수 있다. 한 음의 지속이 지나가더라도 그 음은 얼마 동안 과거 파악(Retention)에 의하여 있었던 것으로 현재 의식된다. 비록 그 강도는 약해졌다 하더라도 여운과 잔상 또한 현재 지각되는 원시 인상이라고 보아야 한다.

⎯ 음의 자극은 끝났다 하더라도 이전의 자극이 아직 감각 기능에 영향을 미쳐서 생생한 강도는 약해졌으나 여운이 아직도 현실적인 음 감각을 일어나게 하고 있기 때문이다. 파악된 음은 지금 새로 주어지는 것이 아니라 일찍이 있었던 것이다. 과

거 파악은 과거 표상을 전제한다. 원시 인상이 과거 파악으로 넘어갈 때, 과거 파악 안에 재현되는 음 내용은 과거이지만 그 음을 일찍이 있었던 것으로 의식하고 그 음의 시간적 위상을 파악하는 과거 파악은 생생하고 역력하게 현실적으로 현전하는 현금이다. 현재 지각은 지금 주어지고 있는 음 내용을 지각하는 현재 직관이고, 과거 파악은 회상된 과거 음을 파악하는 원시 회상, 다시 말하면 "일찍이 있었다."는 그 음의 시간적 성격을 지금 회상하는 과거 직관이다.

파악된 음 내용은 지나간 음을 회상하고 재현한 것이지만, 과거 직관은 이제 비로소 처음으로 일어나는 원시 의식이다. 우리는 과거 직관을 원시 인상 속에서 찾아낼 수 없다. 과거 파악은 과거성을 직관하는 시간 의식이다. 과거 파악은 지속 대상을 생산하거나 재생산하지 않고 이미 생산된 것을 의식하면서 그것에 '이미 금방 지나간 것'이라는 각인을 찍는다. 원시 회상은 현실적으로 과거성을 구성한다. 원시 회상에서 구성되는 과거성은 재현적인 것도 아니고 관념적인 것도 아니다. 현재 지각의 본질은 현금을 직접 직관하는 데 있고, 원시 회상의 본질은 현금에 대하여 '이전'이라고 하는 독특한 것을 직접(원시적으로) 직관하는 데 있다. 하나의 원시 인상이 과거 파악으로 변용되면 원시 인상은 현금의 성격을 상실하고 다음 순간의 새로운 현금에게 자리를 물려준다. 그것은 이제 원시 인상의 현금이 아니다. 현재 직관과 과거 직관은 동시에 주체와 객체로 대립할 수 없다. '원시 인상'이 '원시 회상'으로 변용되지 않고 현금으로 남아 있으면서 동일한 순간에 새로운 현금과 서로 만나서 마주 설 수 없기 때문이다. 현재 직관과 과거 직관의 사이에는 대립의 형식이 아니라 계기(繼起)의 형식이 있을 뿐이다. 현재 위상이 과거로 물러나면서 과거 파악을 불러일으키고, 새로운 현재 위상이 과거 위상에 연속된다.

과거 파악은 의식의 흐름 속에서 구성되는 지속체가 아니고 시간의 과거 위상에 대한 순간 의식이다. 과거 음은 재현된 의식 내용이지 현실적으로 주어지는 의식 내용이 아니다. 그러나 이 과거 음이 지금 시간 계열에서 점유하는 위상을 직관하는 과거 파악은 생생한 현금이다. 과거 파악들은 계열을 이루어 의식의 흐름을 구성한다. 의식의 흐름 속에서 과거 파악들은 과거 파악의 과거 파악, 과거 파악의 과거 파악의 과거 파악……으로 계속되며 전-현 공재(前-現共在)한다. 최초의 과거 파악은 새로운 지금, 새로운 원시 감각과 연속적-순간적으로 결합되어 있다. 과거 파악 계열의 두 번째 국면은 새로운 지금에 대한 원시 감각이며 지나간 지금에 대한 과거 파악이다. 그 계열의 세 번째 국면은 또한 새로운 지금에 대한 원시 감각이며 두 번째 원시 감각에 대한 과거 파악과 최초의 원시 감각에 대한 과거 파악이 공재하는 과거 파악이다. 끊임없이 자기 자신과 합치-통일하는 세로 방향의 지향성이 흐름의 경과 속에서 구성된다. 과거 파악이란 결국 의식의 흐름에서 임의의 한 위상을 지나간 위상들 모두의 순간-계속체로 발견하는 과거 파악이다.

여기에서 고려해야 할 점은 어떤 과거 파악에 관한 과거 파악은 직접적으로 과거 지향된 것에 관련해서 지향성을 가질 뿐만 아니라 두 번째 단계의 과거 파악 작용 속에서 과거 지향된 것에 관련해서도, 그리고 마지막으로 여기에서 철저하게 객관화되는 근원적 자료에 관련해서도 지향성을 가진다는 사실이다. [주012] [에드문트 후설, 『시간 의식』(한길사), 이종훈 옮김, 1996, p.165.]

하나의 위상들은 각각 앞 위상을 파악하여 의식 안에 보유하고 있으므로 간접적 지향의 연쇄를 통하여 지나간 파악의 계열 전체가 의식의 흐름 속에 간직된다. 하나의 종적 지향성이 의식의 흐름을 꿰어 뚫고 형성되는 것이다. 과거 파악으로 인해서 우리는 지나간 위상을 객체로 사념할 수 있다. 지나간 위상이 우리의 응시 속에 유보되어 있기 때문에 우리는 우리의 시선을 지나간 위상으로 향하게 할 수 있다.

'있다', '있었다', '나타난다', '일어난다'와 같이 개별 객체나 개별 과정의 지속에 연관된 낱말은 시간을 구성하는 의식의 흐름에는 해당하지 않는다. 시간을 구성하는 작용은 시간의 형태로 규정될 수 없다. 객관적 시간은 의식에 내재하는 지속체로서 대상의 변화와 경과의 형식이다. 그러나 대상을 시간의 형식으로 구성하는 작용은 나타났다 사라졌다 하는 사물이 아니다. 개별적 객체들은 객관적 시간의 흐름으로 고정되고 진행되고 경과된다. 그러나 시간을 구성하는 의식의 흐름은 있었다 없었다 하는 우연의 흐름이 아니라 고정을 모르는

에드문트 후설(Edmund Husserl, 왼쪽)과 마르틴 하이데거(Martin Heidegger), 장크트 메르겐(St. Märgen)에서, 1921년.

절대 주관의 흐름이다. 후설은 시간을 구성하는 절대 주관을 현상 이전의 시간성(praphanomenale Zeitlichkeit)이라고 불렀다. 시간을 구성하는 절대 흐름은 스스로 드러나는 밑흐름으로서 또 하나의 다른 흐름을 필요로 하지 않는다. 절대 주관은 매순간 현재를 발원시키는 밑흐름이고, 모든 지속과 모든 변화를 일으키는 시간의 지평이다.

⌐ 의식과 무관하게 존재하는 사물은 없다. 달리는 기차에서 먼 산을 바라볼 때 산의 모습은 순간마다 변화한다. 우리는 흔히 우리의 의식 외부에 동일한 산이 있다고 생각하지만, 그 산은 실제로 순간순간의 지각 내용을 연결하고 통합하여 우리가 구성한 것이다. 이전에 지각되었던 것은 이전에 지각되었던 것으로서만 현전하지 않고 지금 지각되고 있는 것으로서도 현전한다. 생생하게 지금 지각되는 것만이 현재로 정립되지 않고 그것과 함께 이전에 지각된 것까지도 현재로 정립된다. 현실적으로 지금 있는 것이 아님에도 불구하고 지금에 걸쳐 있는 것이 가능하기 때문에 우리는 하나의 멜로디를 단일한 시간 객체로 의식하게 되는 것이다. 지나간 음들을 의식 속에 보유하는 과거 파악의 계열은 파악된 과거를 지향할 뿐 아니라 간접적으로 앞선 과거 파악에서 파악된 과거를 지향함으로써 끝내는 '원시 소여'를 지향한다.

⌐ 우리는 비시간적 질료와 시간적 형식이라는 두 가지 계기에서 대상을 파악한다. 비시간적 질료는 '무엇'이라는 유적 계기이고, 시간적 형식은 '이것'이라는 개별적 계기이다. 하나의 음 C는 의식의 흐름의 일부가 되어 끊임없이 변화하지만,

시간의 어떠한 위상에서나 일정한 질과 일정한 강도의 동일음으로 매번 겹쳐져서 나타난다. 그러나 이 질료의 동일성은 대상의 개성적 계기를 구성하지 못한다. 개성적 계기는 질료에서가 아니라 질료가 의식의 흐름에 나타날 때 점유하는 시간의 위상에서 구성된다. 한 송이의 장미는 색채와 형태와 향기 등의 질료만이 아니라 "지금 여기 있는" 장미라는 시간의 위상을 통하여 개성을 드러낸다. 시간이 경과하면서 모습은 변화하지만 객체는 동일한 것으로 고정된 감각 질료를 지닌 채 시간의 흐름 위에 떠 흘러가고 있다. 하나의 의식 현상이 현재에서 과거로 변화하면 현재였던 과거는 과거의 현재가 되나, 새로 나타나는 현재에 대하여 과거가 되었다 하더라도 고정 불변한 자기 동일성을 보유한다. 대상은 의식의 흐름 속에서 단일한 지속체로 구성되는 것이다.

의식 내용과 의식 작용은 모두 의식 안에서, 다시 말하면 시간 안에서 구성된 것이다. 의식 내용은 감각 인상의 단일성으로 구성되고, 의식 작용은 시간 위상의 다양성으로 구성된다. 새로 나타나는 시간 지평은 처음으로 구성되는 지속체이고, 재생되는 시간 지평은 시간 위상의 질서를 전제로 하여 재현되는 지속체이다. 재생되는 시간 지평의 각 시간 위치들은 임의로 변경될 수 없이 객관적으로 고정된 시간의 질서이다. 객체의 지각에는 객체의 시간 지평, 즉 전후 관계가 내포되어 있다. 과거나 현재나 미래를 지향하는 의식 작용에 비하여 시간을 구성하는 절대 주관은 절대로 의식 내용이 될 수 없고 절대로 객관 대상이 될 수 없다. 또 하나의 밑흐름을 필요로 하지 않는 이 밑바닥의 의식이 시간을 구성한다. 의식 내용과 의식 작용은 절대 주관에 의하여 구성된 것이지만, 절대 주관은 스스로 구성하는 것이지 어떤 다른 것에 의하여 구성된 것이 아니다.

의식 작용은 '…에 대한 의식'이고, 어떤 것과의 관계를 지향하는 체험이다. 의식의 흐름 안에서 어떤 것에 대한 표상이 구성되기 때문에 의식을 초월하는 대상은 결국 의식에 내재하는 객체의 투영이다. 의식과 의식이 서로 이어져, 가고 오고 돌면서 가지가지 대상을 나타나게 하고 사라지게 한다. 우연적인 감각 내용은 끊임없이 변용하면서 의식의 지향성에 의하여 감각 내용 속에는 일찍이 없었던 일반적인 의미를 획득한다. 의식 작용이 항상 동일한 내용을 지향하기 때문이다.

후설은 데카르트와 칸트를 따라 인식의 과정을 경험 단계와 선험 단계로 나누었다. 하나의 대상으로부터 될 수 있는 대로 많은 이미지들을 구상하고, 그 이미지들을 겹쳐서 중복되는 형태를 추출하는 것이 경험 단계이다. 이것이 의식의 외부에서 주어진 질료를 자유롭게 변경해 보는 사고 실험이다. 하나로 겹쳐진 이미지의 형태를 질료로 삼아 의식의 흐름 속에서 의미 작용(노에시스)이 의식 내재적 의미체(노에마)를 구성하는 것이 선험 단계이다. 눈에 보이는 삼각형을 이리저리 겹쳐 보며 삼각형의 형태를 생각하는 것만으로는 삼각형의 원리를 알아 낼 수 없다. 피타고라스의 원리는 선험적 환원에 의해 의식에 내재하는 불변체로서 의식의 흐름 속에서 구성된 의미체이다.

⌐ 그러나 데리다(Jacques Derrida, 1930~2004)는 의미가 생생하게 현전할 수 있는 가능성 자체가 어떤 타자성(他者性)에 의존한다고 보았다. 낱말도 아니고 개념도 아니고 구조도 아니고 역사도 아닌 어떤 근원적 어긋남이 존재자를 있게 하고 현상을 나타나게 하고 있다는 것이다. 이 근원적 어긋남을 데리다는 공간의 차이와 시간의 지체를 통하여 같음과 다름을 인식할 수 있게 한다는 점에서 원초 기록이라고 하였다. 근원적 어긋남은 뒤늦게 나타나는 효과로서만 알려지는 원인 없는 결과이고, 언제나 자신을 자신으로부터 달리 하는 절대적 타자성이다. 어떠한 해석도 의미의 잔존과 의미의 저항을 없앨 수는 없다. 데리다의 세상은 서로 상충되는 이질적 원리들로 가득 차 있다. 데리다에 의하면 인간은 누구나 여러 개의 언어를 동시에 말하고, 여러 개의 텍스트를 동시에 생산하기 때문에 보편적 의미체를 구성하려는 후설의 시도는 좌절의 궤적을 그리지 않을 수 없다. 인간의 기록 치고 어긋남의 기록 아닌 것이 있을 리 없다는 것이다. 데리다는 사막을 걷는 자의 강인한 윤리를 근원적 어긋남에 맞세우려고 하였다.

⌐ 사르트르(Jean-Paul Sartre, 1905~1980)에 의하면 세상은 존재로 가득 차 있다. 존재의 세계에는 오직 긍정적인 사실과 판단이 있을 뿐이다. 우리는 "술잔은 꽃병이 아니다."라고 말하지만, 그 때 '아니다'는 두 사물의 성질을 바꾸지 않고 두 사물의 관계를 보여 줄 뿐이다. 즉자태(en-soi)에게는 내적 부정이 없다. 즉자태는 무와 아무런 관계가 없다. 즉자태에는 무가 들어 있지 않다. 그러나 "나는 건강하지 않다."는 진술의 경우에 '않다'

는 건강의 결여를 나의 본질적인 핵심으로 특징짓는다. 이러한 결여는 인간 존재의 출현과 함께 이 세계에 나타난다. 존재 이전에도, 존재 이후에도, 존재 외부에도 무는 없다. 무는 결여와 부정의 근거로서 존재의 가슴 속에서, 존재의 심장 안에서 한 마리의 벌레처럼 존재를 파먹고 있다. 무는 무화 작용도 할 수 없다. 무는 무화하지 않고 무화된다. 무 자체도 아니고 즉자태도 아닌 어떤 것이 무를 불러온다. 무를 세계에 도래하게 하는 존재는 다름 아닌 인간이다(L'homme est l'être par qui le néant vient au monde).

인간은 자기 앞에 놓여진 존재의 덩어리를 잠시도 없애 버릴 수 없다. 인간이 변화시킬 수 있는 것은 존재가 아니라 존재와의 관계이다. 인간이 하나의 존재자를 판국 밖에 놓는다는 것은 이 존재자에 대한 관계에서 자기 자신을 판국 밖에 둔다는 것이다. 자기 자신을 판국 밖에 두면서 인간은 그 존재자로부터 이탈하여 나온다. 우리는 인간의 의식 속에서 자기로부터의 탈출을 엿볼 수 있다. 인간에게는 존재의 인과 계열로부터 이탈할 수 있는 가능성이 있다. 이것이 곧 인간의 자유이다.

의식의 지향성은 의식하는 것과 의식되는 것, 지향하는 것과 지향되는 것의 상호 관계에서 성립한다. 의식은 주격과 대격의 분열을 피할 수 없는 것이다. 나는 나의 주체로부터 분리되어 있다. 내가 나의 주체로부터 분리되어 있지 않다면 자기 기만은 있을 수 없을 것이고, 참됨이 인간의 이상일 필요도 없을 것이다. 참됨이란 내가 그것이어야 할 것임에도 불구하고 그것으로 되지 못하고 있는 그런 것으로 돌아가려는 행동이다.

자기가 자기를 의식하는 것, 자기가 자기에게 현전하는 것(la presence à soi)은 자기 속에 틈이 벌어져 있음을 전제한다. 자기가 자기에 대하여 현전한다는 것은 자기라는 존재가 완전한 하나의 존재가 아니라는 증거가 된다. 현전은 분리를 전제로 하는 것이기 때문이다. 자기와의 일치를 그 극한에서 본다면 자기는 소실되고 동일한 존재만이 존재할 것이다. 인간은 동일성을 하나의 대상으로 설정함으로써 동일성에서 탈출하여 자기를 문제로 제기한다. 대자태(pour-soi)는 자기 자신 밖에 있다. 인간이 자기를 자기로부터 분리하여 그 사이에 거리를 둔다고 할 때, 그 거리가 바로 무이다. 분열을 운명으로 하는 불행한 의식이 무의 유일한 근거이다. 인간 존재는 이 불행을 극복할 도리가 없다. 반성은 반성된 의식을 정립하는 하나의 인식이다. 내가 어떤 대상을 정립하는 것은 나 자신이 그 대상임을 부정하는 것이다. 대상은 나에게 '나 아닌 것'으로 현전한다. 이 '나 아님'을 철저하게 관철하려고 하는 것이 바로 인식의 목적이다. 인간의 인식은 주객 융화를 허용하지 않는다.

사물들은 모든 비교와 모든 구성에 앞서서 우선 의식에 대하여 '의식 아닌 것'으로서 현전한다. 대자태로부터 부정이 세계에 도래하는 것이다. 대자태는 부정에 의하여 자기를 사물 아닌 것으로 구성한다. 인식의 권한은 인식의 대상이 아닐 수 있는 권한이다. 우리가 존재를 인식할 때, 우리에게 부딪쳐 오는 것은 인식되는 존재뿐이다. 인식하는 자는 파악되지 않으며 존재하지 않는다. 인식하는 자는 절대적으로 순수한 부정이다. 대자태는 즉자태를 '드러내는 공허' 이외의 다른 것이 아니다. 인식은 존재를 만들어 내는 것도 아니고 존재에 무엇을 덧붙이는 것도 아니다. 존재는 인식된다고 하여 추호도 풍부해지지 않는다. 인식은 존재로 하여금 거기에 있는 그대로 나타나게 할 뿐이다. 사르트르에 의하면 인식이란 존재가 대자태에게 현전하는 것이다. 대자태는 존재의 현전을 실현하는 '아무것도 아닌 것(rien)'이다. 인식은 존재의 속성도 아니고, 기능도 아니다. 대자태는 공간도 아니고, 물질도 아니고, 세계도 아니다. 대자태는 방도 아니고 책상도 아니지만, 이 '아님'을 통하여 방과 책상을 현시한다. 부정성이라는 대자태의 내적 규정이 존재를 거기에 있는 그대로 나타나게 한다. 존재에 대하여 물음을 제기하는 물음 속에는 이미 부정의 가능성이 전제되어 있는 것이다. 사르트르의 능동적 선택에 대하여 들뢰즈(Gilles Deleuze, 1925~1995)는 수동적 종합을 마주 세워 인간의 시간에 내재하는 양면성을 제시하였다.

> 아무리 기억의 능동적 종합이 습관의 (경험적인) 수동적 종합 위에 정초하고 있다 해도 이것은 오로지 또 다른 수동적 종합, 곧 기억 자체의 고유한 (선험적인) 수동적 종합에 의해서만 근거지어 질 수 있다.[주013] [Gilles Deleuze, 『Différence et Répétition』(Paris : Presses Universitaires de France), 1968, p.110.]

> 선택이 시간 구성의 계기라는 사르트르의 말에 그렇다고 할 만한 진실이 들어 있다면, 다른 미래조차도 능동적 선택이 아

헤르베르트 마르쿠제(Herbert Marcuse), 미국 캘리포니아 샌디에이고 대학 재임 시절 학생들과 함께, 1960년대 말.

니라 수동적 종합의 결과라는 들뢰즈의 말에도 아니라고 하기 어렵다고 할 만한 진실이 들어 있다. 인간은 자신의 기대를 선택할 수 없고 기대의 방향을 결정하는 과거 자체를 인식할 수 없다. 과거의 수동적 단절과 미래의 능동적 선택을 구별하는 것은 상당히 어려운 일이다. 재혼하기 위하여 이혼한 사람보다 이혼당해서 재혼한 사람이 더 많을 것이기 때문이다. 다른 미래를 여는 것이 단절이 아니라 선택이라고 하더라도 인간의 선택에는 언제나 부조리가 포함되어 있기 때문에 인간이 구성한 시간도 구멍들이 여기저기에 나 있는 조각 모음이 될 수밖에 없을 것이다.

집단 주체가 형성하는 역사는 개별 주체가 구성하는 시간보다 더 많은 모순을 가지고 있다. 위기와 동요는 역사의 예외적 혼란을 드러내는 우연이 아니라 역사의 정상적 본질을 드러내는 필연이다(In socio-historic terms, it means that crisis and collaps are not accidents and external disturbances, but manifest the very nature of things).[주014] [Herbert Marcuse, 『Reason and Revolution』(Boston : Beacon Press), 1960, p.148.] 역사적 현재는 피와 땀과 먼지로 가득 차 있는 고통스러운 세계이다. 현재는 언제나 유한하지만, 유한한 현재가 소멸하면서 다른 유한한 현재로 변형되는 과정은 무한하다. 현재의 끊임없는 소멸은 현재의 끊임없는 부정이다. 유한한 세계와 무한한 세계가 있는 것이 아니라 유한성과 무한성이 하나의 세계 안에 있다. 무한한 부정이 유한한 현재의 내적 동태이기 때문에 현재의 본질은 질적·양적 규정을 넘어서 나아가는 무한한 운동에 있다. 현재의 본질은 모든 규정을 자기 실현의 계기로 통합해 들이는 역동적 과정 자체이다. 그러므로 본질은 원래부터 있었던 불변체가 아니라 집단적 주체가 현재를 변형해 나아가는 실천의 과정이다. 개인은 개인 이외에 아무것도 아니라고 본다면 역사적 현재의 구조를 변형할 수 있는 주체를 상정할 도리가 없다. 역사적 현재의 개별적 계기들은 그 본래의 내용에서 전체와 얽혀 있기 때문에 개별적 계기들을 현재의 구조에서 분리하여 고정시키거나 고립시킬 수 없다. 부분에서 전체로 올라가면서 역사적 현재의 본질을 파악하는 반성 논리와 전체에서 부분으로 내려가면서 역사적 현재의 가능성을 파악하는 개념 논리는 서로 매개하며, 낡은 것 안에 통일되지 않은 채로 존재하던 여러 요소를 단순하고 적극적으로 통일함으로써 현실의 객관적 전개를 재생산한다.

역사적 현재 안에 이미 주어져 있는 것들은 전체로서나 한 부분으로서나 항상 부적합한 상태에 있다. 우리가 사실이라고 하는 것들은 그것 자체를 넘어서 아직 실현되지 않은 것에 이르는 과정의 한 계기에 지나지 않는다. 낡은 형태 안에 있는 사태는 그 자체로서 참다운 것이 아니라 낡은 형태의 부정을 통하여 출현하는 새로운 사태의 조건이 됨으로써만 참다운 것이다. 주어진 질서가 소멸하고 다른 질서로 변화하는 과정은 어떠한 경우에도 낡은 질서의 자기 쇄신일 뿐이다. 헤겔(Georg Wilhelm Friedrich Hegel, 1770~1831)은 고찰하는 대상의 규정된 관계들을 모르고 공허한 가능성에 집착하는 자들을 얼뜨기 정치가라고 비판하였다.

⌐ 역사적 현재의 객관적 가능성은 현존하는 힘과 현존하지 않는 힘의 대립이 아니라 공존하는 두 적대적 힘들 사이의 대립을 통하여 실현된다. 모든 사람이 제 집을 가지는 세상은 추상적 도시 계획을 통해서가 아니라 집 있는 사람들과 집 없는 사람들의 상호 인정을 위한 투쟁을 통하여 실현된다. 부정적 국면은 조화로운 세계의 내적 교란이나 우연한 약점이 아니라 역사적 현재의 본질에 속하는 것이다. 역사적 현재의 필연적 본질을 파악하려면 무엇보다 먼저 위기와 동요를 포용해 들여야 한다.

⌐ 존재하는 것이 필연적으로 이러저러한 형태로 존재해야 하는 것은 아니다. 그것은 얼마든지 다른 형태로 존재할 수 있다. 그러나 모든 규정을 본질에 근거하여 통일하는 집단적 주체는 이러한 우연성을 역사적 현재의 필연적인 과정에 통합할 수 있다.

⌐ 헤겔은 존재나 무와 같은 모호한 낱말을 사용하는 데 대해서 처음부터 반대하였다. 존재와 무는 정의하거나 규정할 수 없는 낱말들이다. 모든 사물은 존재하지만 존재는 어떤 사물이 아니다. 규정할 수 없고, 사물이 아니라는 의미에서 존재와 무는 동일하다고 말할 수밖에 없다. 존재와 무는 말하거나 생각해 봐야 쓸데없는, 공허한 낱말에 지나지 않는다. 그러므로 헤겔은 그의 변증법을 "현존재 즉 규정된 존재"의 해명에서 시작하였다. [주015] [Michael Inwood, 『A Hegel Dictionary』(Oxford : Blackwell), 1992, p.93.]

⌐ 어떤 것은 어떤 성질들을 포섭하고 다른 성질들을 배제함으로써 다른 것과 구별되는 바로 그 어떤 것으로 규정된다. 하나

하나의 성질들은 다른 성질들과의 관계에 의해서만 그러한 성질들로 규정되는 것이다. 현존재란 수많은 관계들의 집합을 응집하는 힘이다. 현존재에게는 다른 것들과의 관계보다 자기 자신과의 관계가 더 중요하다. 다른 것들과의 관계는 현존재의 상태(Beschaffenheit)를 규정하지만, 자기 자신과의 관계는 현존재의 본성(Eigenschaft)을 규정하기 때문이다.

┌ 현존재는 상태를 본성에 통합하면서, 다시 말하면 다른 것들과의 관계를 자기 자신과의 관계에 통합하면서 변화한다. 헤겔은 수식으로 표현되지 않는 지식은 엄밀한 인식이 아니라는 견해를 경멸하였다. 비약하지 않는 자연의 생성과 소멸은 한결같이 점진적인 과정이므로, 자연에는 형식적 합리성이 적용될 수 있다. 그러나 역사에는 평탄한 진보가 있을 수 없으므로 역사적 현재의 변형에는 형식적 합리성이 적용될 수 없다.

┌ 사회 생활의 구체적인 자료에서 출발하지 않고 고정된 원칙에서 출발하는 실천의 논리는 현실의 변화를 따라가지 못하게 되고 만다. 예를 들어 지금까지 한국의 여성주의자들은 서양 이론의 해설가들에 지나지 않았다. 그들은 한국의 현실에서 문제를 찾지 않고 서양 사람들이 제기한 문제를 그대로 수용하였다. 지구 단위의 시각이라면 중동의 여성 문제를 집중적으로 분석해야 했고, 한국의 경우에는 먼저 『한국의 여성 지도』를 작성하는 작업에서부터 여성 운동을 시작해야 했다. 어떤 여성주의자들의 글에도 거제도에 살고 있는 자궁암 환자의 치료 실태는 나오지 않는다. 여성 운동은 각 도별로 여성

의 인구 비례, 연령 분포, 교육 환경, 주거 환경, 육아 환경, 고용 사정, 의료 상황, 건강 상태, 여성 범죄, 여성 금융 등에 대한 자료를 수집하고 그 자료들에 기초하여 평등 공리의 실현 방향을 설정해야 한다. 구체적인 자료를 근거로 삼지 않고 서양의 특수성을 보편성으로 착각하는 태도는 현실의 한복판을 뚫고 넘어서서 질문하는 대중 운동의 실천 원칙이 아니라 현실의 세부를 무시하는 사고의 고공 비행이 되는 수가 많았다. 모두가 마르크스를 이야기하던 시절에도 시간으로 측정한 불변 자본과 가변 자본과 잉여 가치의 비율이 화폐로 측정한 불변 자본과 가변 자본과 이윤의 비율로 어떻게 전형되는가를 한국의 중공업과 경공업에서 자료를 모아 해명한 연구는 없었다. 구체적인 자료에 근거하지 않았으므로 차이와 분화가 드러나지 않는 이론의 공허한 군주적 통일을 회피할 수 없었다.

5. 과학과 예술

전쟁 중에 BBC 라디오에서 중학생들에게 강의한 내용을 책으로 정리한 C. 데이루이스(Cecil Day-Lewis, 1904~1972)의 『청소년을 위한 시 이야기(Poetry for You)』는 1944년에 처음 나와 1967년에 21쇄를 찍었으니 베스트셀러라고 할 만한 시론서이다. 이 책에서 데이루이스는 수선화를 보는 두 가지 방법에 대해 이야기한다.

① 나르시수스 슈도나르시수스 : 화경(花莖)은 비어 있고 두 개의 능선(稜線)을 가지고 있으며 그 정점 가까이 막질(膜質)의 엽초(葉鞘)와 하나의 꽃을 가지고 있음. 밀선(蜜腺)은 그 가장자리가 깔죽깔죽하고 곱슬거리며 악편(萼片)과 화판(花瓣)에까지 이르고 있음.

② 하늘 높이 떠도는 한 조각 구름처럼 외로이
　　골짜기와 언덕 위를 헤매다가
　　나는 문득 보았네, 수없이 많은
　　황금빛 수선화가 한 무리로 어울려
　　호숫가 나무 숲 그늘에서
　　미풍에 팔락이며 춤추는 것을

①의 설명은 분석적이다. 그것은 우리의 감각으로 느끼는 다른 모든 사물들과 완전히 구별되는 별개의 사물로서 수선화를 관찰하고 구성 요소들을 분류하여 그것이 어떻게 구성되어 있는가를 기록한다. ②의 설명은 수선화를 다른 많은 것

들—나무들, 호수, 미풍, 고독(적어도 이 무수한 황금빛 수선화를 보기 전까지는 한 조각 구름처럼 외로웠다고 말하니까)과 관련시키고 있다. 시와 과학의 차이를 이루는 것은 느낌이 포함되었는가의 여부에 달려 있다. 과학은 단지 사물을 분석하는 일에만 관련되는 것이 아니고 또한 사물들을 서로 관련시켜 그것들의 배후에서 작용하는 자연 법칙을 발견하려고 한다. 과학자는 사실들을 서로 관련시키기 위하여 이론과 관찰과 실험을 사용하는 반면 시인은 그 자신의 느낌과 정서를 사용한다. 과학자가 수선화를 기술할 때 정서를 사용한다면 잘못된 일일 것이고 시인이 그렇게 하지 않는다면 그것 또한 잘못된 일일 것이다. [주 016] [C. Day-Lewis, 『Poetry for You』(London : Basil Blackwell), 1961, p.10.]

과학 문장은 뜻겹침을 배제하는 데 반하여 문학 문장은 뜻겹침을 포섭한다고 말할 수도 있다. 예이츠(William Butler Yeats, 1865~1939)의 시 「조용한 처녀(Maid Quiet)」도 자연에 대해 무엇인가를 말해 주는 시이다. 그러나 이 시에 나오는 자연이 무엇인가를 산문으로 풀어서 설명하기는 쉽지 않다.

  팥빛 모자 까닥이며
  조용한 처녀 어디를 가나?
  별들을 깨운 바람이
  내 피 속에 불고 있네.
  그녀 가려고 일어설 때

내 어찌 태연할 수 있으랴?
번개를 부르는 소리
이제 내 가슴에 파고드네.

Where has Maid Quiet gone to,
Nodding her russet hood?
The winds that awakened the stars
Are blowing through my blood.
O how could I be so calm
When she rose up to depart?
Now words that called up the lightning
Are hurling through my heart.[주017] [W. B. Yeats, 『The Collected Works vol.I』(Stratford-on-Avon : Shakespeare Head Press), 1908, p.33.]

우선 한 행에 액센트가 세 개 들어 있는 세 음보 행을 기조로 하지만, 액센트가 두 개 들어 있는 두 음보 행이 나오는 등 시의 구조가 혼합 음보로 짜여 있다는 것에서 이 시의 운율이 규칙적인 운율법을 따르지 않는다는 것을 알 수 있다. depart와 heart 이외에는 각운이라고 할 수 있는 단어도 찾기 어렵다. 그러나 hood와 blood, lightning과 hurling, blowing과 blood 같은 단어들이 가로세로로 얽혀 각운, 두운, 중간운의 기능을 하면서 미묘한 소리 효과를 빚어낸다. 이 시에서 규칙적인 운율법은 배후의 유령으로만 작용하고 있지만 이 시의 소릿결은 규칙적인 운율에 못지 않게 시의 의미를 결속해 주고 있다고 말할 수 있다. 이야기는 단순하기 그지없다. 한 노인이 앉아 있는 소녀를 바라보고 있는데 그녀가 일어나서 어디론가 가 버린다. 그 이외에는 아무런 일도 일어나지 않는다. 그런데 폭발할 듯한 생명력을 조용하게 누르고 앉아 있는 소녀가 우주를 다스리는 여신이 된다. 노인에게는 소녀의 성질이나 양태가 아니라 소녀가 현존한다는 것 그 자체가 우주적인 사건이다. 그녀로 인해서 지금까지 따로 놀던 별과 바람과 피가 서로 통하여 작용하게 된다. 그것들은 각각 우주의 질료인 고체와 기체와 액체를 대표한다. 빛을 내는 별은 고체이면서 기체이고 흐르는 바람은 기체이면서 액체이고 붉은 피는 액체이면서 기체이다. 소녀의 생명력이 노인의 메말라가는 피와 하늘의 별을 한데 묶어 노인의 정신으로 하여금 자연의 리듬에 맞춰 춤출 수 있게 한다. 이 시의 비유는 유사성을 비교하는 이미지가 아니라 우주적 원소들의 상호 작용을 조명하는 이미지이다. 시는 자연에 대하여 운율과 비유로 말한다. 그런데 현대시의 운율과 비유는 무엇인가를 말하면서 무엇인가를 감추는 하나의 질문이다. 운율과 비유는 현대시 속에는 서로 의존하고 서로 침투하며 서로 반발하고 서로 유인한다. 운율을 통해 시간이 압축되고 비유를 통해 공간이 겹쳐짐으로써 개인의 경험이 인류의 경험으로 확대된다. 아름다운 소녀들은 우리의 주변에 늘 있지만 바람과 별과 피가 한 자리에 모이게 하는 소녀를 만나는 것은 늘 있는 사건이 아니다. 운율과 비유에는 우리를 경험의 구속으로부터 해방시켜 주는 힘이 깃들어 있다. "별들을 깨운 바람이 내 피 속에 불고 있네"

라는 조명하는 이미지는 비교하는 이미지로 번역되지 않는다. 우리는 이 시의 비유를 "마치 바람이 별들을 깨운 것처럼 그와 같이…"라고 바꿔 쓸 수 없다. 이 비유는 바람과 별과 피의 유사성이 아니라 별과 바람, 바람과 피, 피와 별의 상호 작용에 근거하고 있기 때문이다. 유사성의 비유는 이미지를 주는 말과 이미지를 받는 말이 정해져 있는 데 비하여 상호 작용의 비유는 비유를 구성하는 모든 말이 이미지를 주는 말이면서 이미지를 받는 말이다. 조명하는 이미지의 의미 자질들은 전자장(電磁場)처럼 퍼져나가면서 다른 의미 자질들과 부딪쳐 새로운 의미를 창조해 낸다. 새로운 의미에는 늘 물음표가 들어 있다.

"에세이는 근대 초기에 데카르트가 확립한 네 개의 규칙에 대한 항의이다."라고 규정한 아도르노의 수필론에는 '예술이란 무엇인가'라는 질문에 대한 고심이 들어 있다. [「수필의 형식(Der Essay als Form)」, 『문학 노트(Noten zur Literatur)』(Frankfurt am Main : Suhrkamp), 1958.] 나는 데카르트의 네 가지 규칙에 대한 항의가 수필의 특징이면서 미술의 특징이기도 하다는 사실을 해명하는 것으로 자연과 예술의 관계에 대한 논의를 풀어나가고자 한다.

확실하고 분명한 인식을 얻기 위하여 조금이라도 의심이 가는 모든 것을 거짓된 것으로 여기고, 이렇게 한 후에도 의심할 수 없는 어떤 것이 남는가 보아야 한다고 생각한 데카르트는 단순한 성질들을 확실하고 분명하게 파악하는 지성의 통찰력

THE FIRST SIX BOOKS OF
THE ELEMENTS OF EUCLID
IN WHICH COLOURED DIAGRAMS AND SYMBOLS
ARE USED INSTEAD OF LETTERS FOR THE
GREATER EASE OF LEARNERS

BY OLIVER BYRNE
SURVEYOR OF HER MAJESTY'S SETTLEMENTS IN THE FALKLAND ISLANDS
AND AUTHOR OF NUMEROUS MATHEMATICAL WORKS

LONDON
WILLIAM PICKERING
1847

영국 빅토리아 시대의 공학자이자 수학자인 올리버 번(Oliver Byrne)이 쓰고 펴낸 컬러 『유클리드 기하학(First Six Books of Euclid's Elements)』, 1847년. 바우하우스나 데 스틸의 모더니즘 양식을 예언하는 듯한 삼원색의 컬러 그래픽으로 설명한다.

이 지식의 체계를 형성할 수 있는 네 개의 규칙을 설정하였다. 네 가지 규칙을 제대로 지키기만 하면 누구나 쓸데없이 헤매지 않고 참된 인식에 도달할 수 있다는 것이다.

수학과 미술은 다 같이 자연을 대상으로 하여 실험하는 작업이라고 할 수 있다. 수학과 미술에 공통으로 가장 많이 나오는 형태는 세모와 네모와 동그라미이다. 수학과 미술은 모두 시각 단위에서 출발한다. 이데아가 본다는 의미의 동사 이데인($\iota\delta\epsilon\iota\nu$)의 명사형이라는 데서도 짐작할 수 있듯이 수학과 미술은 볼 줄 아는 기술이다. 수학과 미술의 출발점은 시각 단위이다. 도표를 사용하지 않으면 삼각 함수도 미적분도 증명할 수 없다. 그러나 수학이 개별성에서 시작하여 보편성으로 끝나는 데 반하여 미술은 개별성에서 시작하여 개별성으로 끝난다. 미술은 감각에서 출발하여 끝까지 감각의 차원을 떠나지 않는다. 그림은 어디까지나 내가 본다는 사실을 관철하려고 한다. 그러나 내가 본다는 것은 내 시야를 넘어서서 보지 못하기 때문에 다른 사람의 시야를 받아들임으로써 다른 사람에게도 통하도록 두루 보려고 하는 노력이 포함되어 있다는 점에서 미술은 개별성에서 출발하여 보편적 개별성 또는 유적 개성을 향하여 나아간다고 말할 수 있다. 수학도 개별적 형태에 대한 감각 인상에서 출발하지만 수학은 개별성으로부터 보편성으로 초월한다. 수학의 목표는 보편적 개별성이 아니라 보편성 자체이다. 수학자와 미술가가 하는 일은 자연을 탐구하는 것이라고 할 수 있겠으나 그들의 작업은 서로 반대

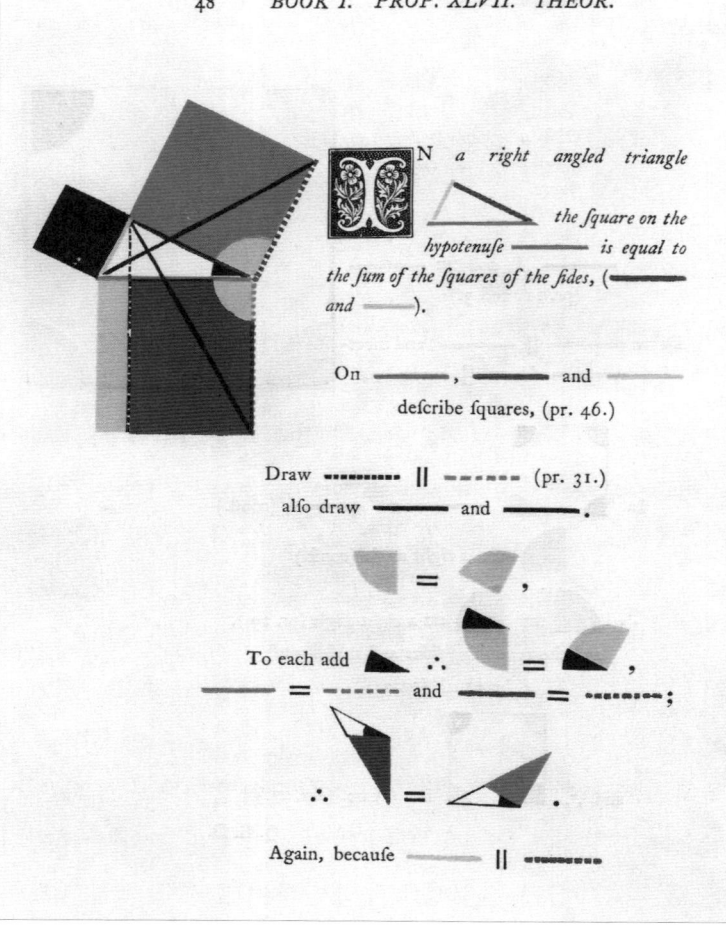

영국 빅토리아 시대의 공학자이자 수학자인 올리버 번(Oliver Byrne)이 쓰고 펴낸 컬러『유클리드 기하학(First Six Books of Euclid's Elements)』, 1847년. 바우하우스나 데 스틸의 모더니즘 양식을 예언하는 듯한 삼원색의 컬러 그래픽으로 설명한다.

방향을 향하고 있다. 수학 문제를 푸는 사람은 데카르트의 네 가지 규칙을 사용할 수 있으나 그림을 그리는 사람은 그 네 가지 규칙을 위반할 수밖에 없다.

⌐ 미술은 수학처럼 삼각형과 사각형을 시각 단위로 사용하지만 미술이 발견하려고 하는 것은 자연의 법칙이 아니라 자연의 개성이다. 그림은 여러 가지 힘들이 서로 밀고 끌고 어긋나는 공간이기 때문에 우리는 그림에서 하나의 제일 원리를 찾을 수 없다. 그림은 우리에게 확실하고 분명한 인식을 요구하지 않는다(그림 그리는 사람은 데카르트의 첫째 규칙을 지키지 않는다).

⌐ 반듯한 종이는 아무런 힘도 지니고 있지 않다. 구겨지거나 찢어졌을 때 그 종이는 비로소 힘을 얻는다. 하나의 힘이 다른 힘과 만날 때에만 우리는 그 힘들을 느낄 수 있기 때문이다. 그림이란 결국 있는 것과 없는 것의 상호 작용에 의하여 형성된 공간이므로 그 공간은 전체를 가정하지 않는다. 요하네스 이텐(Johannes Itten, 1888~1967)은 노자를 이끌어 공간의 이러한 성질을 해명하였다.

⌐ 서른 개의 바퀴살이 굴통에서 만난다.
그러나 그것들 사이에 있는 빈 공간이 바퀴의 본질이다.
질흙을 빚어서 그릇을 만든다.
그러나 그것 안에 있는 빈 공간이 질그릇의 본질이다.
창을 내고 문을 뚫어 집을 짓는다.
그러나 그것 안에 있는 빈 공간이 집의 본질이다.

물질은 쓰임새를 나타내고
비물질은 사물의 본질을 나타낸다.

┌ Thirty spokes meet in the hub,
   but the empty space between them is the essence of the wheel.
   Pots are formed from clay,
   but the empty space within it is the essence of the pot.
   Walls with windows and doors form the house,
   but the empty space within it is the essence of the house.
   The principle:
   Matter represents the usefulness
   Non-matter the essence of things. [주 018] [Johannes Itten, 『Design and Form』 (London : Thames and Hudson), trans. Fred Bradley, 1975, p.13.]

┌ 三十輻共一轂 當其無 有車之用 [삼십복공일곡 당기무 유거지용]
   埏埴以爲器 當其無 有器之用 [선치이위기 당기무 유기지용]
   鑿戶牖以爲室 當其無 有室之用 [착호유이위실 당기무 유실지용]
   故有之以爲利 無之以爲用 [고유지이위리 무지이위용]

┌ 이해하기 쉽게 번역되어 있으나 『노자』 11장의 마지막 문장은 두 구절이 동격으로 나열되어 있는 것이 아니므로 굳이 이(利)를 쓰임새로 번역하려면 용(用)도 쓰임새로 번역하여 "물질의 쓰임새는 비물질의 쓰임새에 말미암는다"라고 번역해야 할 것이다(물질의 편리는 비물질의 작용에 의존한다는

의미이다). 유영모(柳永模, 1890~1981)는 다음과 같이 번역하였다.

> 서른 낱 살대가 한 수레 통에 몰렸으니
> 수레를 쓸 수 있음은 그 없는 구석에 맞아서라.
> 진흙을 빚어서 그릇을 만드는데
> 그릇을 쓸 수 있음은 그 없는 구석이 맞아서라.
> 창을 내고 문을 뚫어서 집을 짓는데
> 집을 쓸 수 있음은 그 없는 구석이 맞아서라.
> 므로 있는 것이 좋음이 되는 건
> 없는 것을 씀으로써라. [주019] [유영모, 『노자 에세이』(무애), 1992, p.82.]

그림을 그리는 일은 여러 가지 힘들이 서로 의존하고 서로 침투하는 공간을 형성하는 작업이고 그림을 보는 일은 그 공간에 참여하는 작업이다. 그림 전체에 온몸으로 침잠하는 사람은 그림을 부분으로 분할할 수 없다. 우리가 그림에서 경험하는 감각 인상들 하나하나가 서로 다른 힘을 지니고 있다. 같은 돌이라도 그것이 물 위에 떨어지느냐, 눈 위에 떨어지느냐, 흙 위에 떨어지느냐에 따라 다르게 경험된다. 조금 이지러진 동그라미는 완전한 동그라미들 사이에 있으면 이상하게 보이지만 많이 이지러진 동그라미들 사이에 있으면 정상으로 보인다. 그림은 이러한 힘들의 상호 작용에 의하여 형성된 동적 체계이다. 화가는 자신의 눈높이를 중심축으로 삼아 자연 안에 작용하고 있는 시각 단위들의 힘들을 경험하여 동적 체계로 변형한다. 시각 단위들은 우리 신체의 위에 있거나 아래에 있거나 왼쪽에 있거나 오른쪽에 있거나 우리의 신체 앞으로 나오거나 우리의 신체로부터 뒤로 물러난다. 같은 점이라도 그림 안에서의 위치에 따라 다르게 경험되는 것이다. 만일 두 개 이상의 점이 그림 안에 나타나면 그 점들은 서로 당기거나 서로 물리침으로써 구심력 또는 원심력을 함축하게 된다. 점들의 크기와 빛깔이 변화할 때에는 감각 인상의 경험도 변화한다. 부정이 긍정을 전제하듯이 그림 안에 나타나 있는 색채들은 그림 안에 나타나 있지 않은 다른 색채들을 전제한다. 나타나 있지 않은 잠재적 색채들도 그림 안에서 구체적으로 작용하고 있다. 우리가 그림 안에서 경험하는 모든 감각 인상은 대립의 통일에 근거하여 형성된다. 나타남은 나타남과 숨겨짐의 통일이고 숨겨짐도 숨겨짐과 나타남의 통일이다. 힘들이 그림 안에서 올라가고 내려오고 들어가고 나오고 교차하고 회전하고 있을 뿐 아니라 동적 체계인 그림 자체가 하나의 움직이는 힘밭〔力場(역장, field of force)〕이다. 그림이 식물이나 동물처럼 살아 있을 수는 없다. 그러나 그림은 그 나름의 생명을 가지고 있다. 우리는 그림 안에서 물질이 농축된 에너지라고 하는 사실을 경험할 수 있다.

원근법을 사용한 그림은 하나의 고정된 관점에서 조직하여 이차원의 캔버스에 삼차원의 깊이를 부여한다. 그림을 그리는 사람은 눈높이에 맞추어 그은 수평선 위에 놓일 수 있는 여러 점들 가운데 하나의 점을 선택하여 그것을 소실점으로 삼고 그림의 시각 단위들을 배치한다. 그림을 보는 사람은 그 소실점에 자신의 눈높이를 맞추려고 노력해야 하지만 그림을 그리는 사람의 눈높이가 그림을 보는 사람의 눈높이와 항상 일치하는 것은 아니다. 그림에서 삼차원의 공간을 읽어 내려면 우리는 원근법을 형성하는 하나의 고정된 관점과 우리 자신의 신체를 중심으로 하는 또 하나의 관점을 종합해야 한다. 하나의 고정된 관점은 그림의 공간 배치를 용이하게 해 준 대신에 인간의 자연스러운 경험을 여러 면으로 억제하였기 때문에, 인간의 시각 경험을 존중하는 여러 가지 원근법이 나타나게 되었다. 눈높이에 따르는 수평선의 양쪽에 두 개의 소실점을 설정할 수 있고 수평선에 그은 수직선 위에 또 하나의 소실점을 설정할 수 있으므로 우리는 1점 투시 원근법 이외에 2점 투시 원근법과 3점 투시 원근법을 사용할 수 있다. 2점 투시 안에 또 1점 투시를 설정하는 경우와 수평선과 수직선 대신에 대각선을 기본축으로 설정하는 경우와 두 개 또는 세 개의 수평선을 설정하는 경우까지 고려하면 원근법의 종류는 그림의 종류만큼 다양하다고 말할 수 있을 것이다. 그러나 고정된 관점을 포기한 그림에도 고정된 관점은 배후의 유령으로 작용하고 있다. 근접, 유사, 연속, 폐쇄는 감각 인상들이 상호 작용하는 방법들이다. 서로 가까이 닿아 있는 시각 단위들은 무엇인가? 서로 비슷한 시각 단위들은 무엇인가? 어떠한 시각 단위들이 잇달아 있는가? 하나의 시각 단위들은 다른 시각 단위들로부터 어떻게 격리되어 자신을 폐쇄하고 있는가? 우리는 근접해 있는 시각 단위들을 하나로 결합하여 경험한다. 우리는 유사한 크기, 유사한 방향, 유사한 색채들도 한데 모아 경험한다. 우리의 눈은 그림 안에서 일정한 차이를 보이며 연속되는 시각 단위들을 따라 움직인다. 우리의 눈은 그림 안에서 점과 점의 사이를 선으로, 선과 선, 색채와 색채의 사이를 형태로 폐쇄한다. 우리는 우리의 신체를 중심으로 삼고 그림을 볼 수밖에 없다. 이것이 우리의 자연스러운 시각 경험이기 때문이다. 우리는 비슷한 모양을 다르게 볼 수도 있고 다른 모양을 비슷하게 볼 수도 있다. 우리는 시각 단위의 크기를 우리 신체의 크기와 비교하여 경험하며 우리 자신의 취미에 따라 시각 단위들을 익숙하게 받아들이기도 하고 낯설게 받아들이기도 한다.

⎡ 그림은 시각 단위들을 바로 그렇게 배치하고 싶어 하는 욕망의 표현이다. 욕망을 분할할 수 없듯이 우리는 끊임없이 유동하고 있는 그림의 시각 단위들을 분할할 수 없다. 우리는 그림의 시각 단위를 파악하는 감각 인상에서 단순한 것과 복잡한 것, 용이한 것과 난해한 것을 구별할 수 없다. 그림을 그리는 사람이나 그림을 보는 사람은 가장 명료한 것 같았던 시각 단위가 수수께끼로 변하는 것을 수없이 체험한다. 미술은 전체를 가정하지 않고 분할을 요구하지 않는다(화가는 데카르트의 둘째 규칙을 따르지 않는다).

⎡ 모든 시각 단위들은 빛과 그림자의 상호 작용에 의하여 시각 단위로 규정된다. 그림의 동적 체계는 빛이 튀기고 끊기고 바뀌는 과정이다. 시각 단위들이 천천히 밝아지거나 천천히 어두워지면 그림 안에 부드러운 곡선이 생기고 시각 단위들이 갑자기 밝아지거나 갑자기 어두워지면 그림 안에 날카로운 각이 생긴다. 그림자가 어떻게 드리우는가에 따라 시각 단위

들의 움직임이 달라지는 것이다. 빛이 위에서 비치는가, 아래서 비치는가, 앞에서 비치는가, 뒤에서 비치는가에 따라서 시각 단위들은 서로 다른 감각 인상으로 경험된다. 하나의 고정된 조명으로 시각 경험을 축소시키지 않으려고 빛과 그림자를 앞으로 나오게 하거나 뒤로 물러나게 조절하는 그림도 있다. 빛과 그림자의 상호 작용은 그림 속에서 색채들의 상호작용과 겹쳐진다. 기본 색채는 빨강·파랑·노랑이다. 빨강과 파랑이 섞이면 보라와 빨간 보라와 파란 보라가 생기고, 파랑과 노랑이 섞이면 초록과 파란 초록과 노란 초록이 생기고, 노랑과 빨강이 섞이면 주황과 노란 주황과 빨간 주황이 생긴다. 색채는 원래 자연의 빛깔이다. 파랑은 하늘의 빛깔이고 초록은 풀의 빛깔이고 주황은 오렌지의 빛깔이고 하양은 눈의 빛깔이다. 초록과 보라가 섞이면 올리브색이 되고 주황과 초록이 섞이면 황토색이 되고 보라와 주황이 섞이면 밤색이 된다. 색채들은 밝기와 깊이를 달리함으로써 무한하게 다양한 효과를 낼 수 있다. 색채는 우리에게 시각 인상을 줄 뿐 아니라 촉각 인상도 경험하게 한다. 우리는 색채로부터 거칠거나 부드럽고 차갑거나 따뜻하고 무겁거나 가벼운 느낌을 받는다. 한 걸음 더 나아가 색채들은 우리를 기쁘게 하거나 슬프게 하고, 명랑하게 하거나 우울하게 하고, 들뜨게 하거나 가라앉게 하고, 한가롭게 하거나 초조하게 한다. 같은 모양이라도 색채에 따라 커지기도 하고 작아지기도 하며 앞으로 나오기도 하고 뒤로 물러나기도 한다. 빨강/초록, 파랑/주황, 노랑/보라와 같은 반대 색채의 대조 효과는 색채의 상호 작용을 특별히 잘 보여 준다. 하나의 색채는 가까이 있는 색채는 물론이고 멀리 있는 색채까지 자기에게로 이끌어 들이면서 색채의 상호 작용을 통하여 그림 공간의 포화 상태를 추구한다. 아무리 빈 공간이 많이 남아 있는 그림이라고 하더라도 그것이 잘된 그림이기만 하다면, 우리는 그 그림을 더 받아들일 것이 아무것도 없는 꽉 찬 공간으로 경험하게 된다.

그림 안에 나타나는 형태들은 개별적 자율성을 지니고 있지만, 그 형태들의 테두리를 형성하는 선은 움직이면서 형태와 형태를 겹치고 이어 주고 부딪치게 한다. 그림을 보는 사람의 눈길은 그러한 선이 움직이는 대로 따라가게 마련이다. 눈길을 움직이지 않으면서 사물들 사이의 거리와 간격을 파악할 수는 없다. 색채들의 상호 작용은 그림 안에 불연속적인 움직임을 만들어 낸다. 선과 색채의 움직임은 그림 안에 있는 모든 형태들에 잠재적인 움직임을 부여한다. 시각 단위들의 움직임은 리듬, 즉 질서와 혼돈의 상호 작용을 형성한다. "리듬은 독특한 규칙성을 지닌 음악의 박자와 같이 고저와 강약과 장단의 특징들을 반복할 수 있다. 그러나 그것은 또한 연속적으로 자유롭게 흐르는 불규칙적 운동일 수도 있다."[주020] [Johannes Itten, 『Design and Form』(London : Thames and Hudson), trans. Fred Bradley, 1975, p.98.] 단조로운 규칙은 리듬을 형성하지 못하고 오히려 시각 단위들의 조화를 방해하기 때문에 그림의 리듬은 어느 정도의 혼돈을 필요로 한다. 혼돈이 없으면 질서도 없고 불연속성이 없으면 연속성도 없다. 리듬은 긴장과 이완, 집중과 분산, 질서와 혼돈의 통일, 다시 말하면 대립의 통일이다. 리듬의 규칙성에 의하여 우리는 우리 눈의 신경 근육을 쉬게 할 수 있으며, 리듬의 불규칙성에 의하여 우리는 우리 눈의 신경 근육을 깨어 있게 할 수 있다. 규칙과 질서는 눈을 휴식하게 하고 모순과 혼돈은 눈을 활동하게 한다. 눈에는 활동과 휴식이 다 필요하다. 규칙적인 반복은 그림을 보는 사람에게 눈이 활동할 시간의 간격을 예측할 수 있게 한다. 우리는 모순과 조화, 혼돈과 질서, 활동과 휴식의 상호 작용을 매거하거나 통관할 수 없다. 그림에 전적으로 참여하는 행동은 항상 새롭게 쇄신되는 창조적 활동이기 때문이다. 그림은 단순한 것에서 출발하지 않고 복합적인 것에서 출발하므로 그림에는 방정식이 적용되지 않는다(그림은 데카르트의 셋째 규칙에 대한 위반이다).

예술이란 구체적인 사실들에 의하여 실현되는 하나하나의 가치들에 주의를 돌리기 위하여, 그 사실들을 배열하고 정돈하는 선택 작용이다. 예를 들면, 노을진 저녁하늘을 잘 보려고 몸이나 눈의 위치를 일정하게 고정시키는 것도 하나의 간단한 예술적 선택 작용이다. 예술적 습관은 생생한 가치들을 즐기는 습관이다.〔주 021〕〔Alfred North Whitehead, 『Science and the Modern World』 (Newyork : The Free Press), 1953, p.200.〕

미술은 일반적인 개괄(매거와 통관)을 천박하게 생각하고 현실의 균열을 매끄럽게 가리는 개념 체계에 반대한다(미술은 데카르트의 넷째 규칙에 대한 위반이다). 스페인 혁명의 불길이 타오르던 1937년 4월 26일에 프랑코(Francisco Franco, 1892~1975)

를 지원하는 독일 공군이 바스크(Basque, Vasco) 지방의 게르니카 (Guernica-Lumo) 마을을 폭격하였다. 그 당시 스페인 공화국에 머무르고 있던 피카소(Pablo Picasso, 1881~1973)는 전람회에 출품한 벽화를 급히 〈게르니카(Guernica)〉(oil on canvas, 349.3×776.6cm, 1937)라는 작품으로 변경하였다. 이 그림 안에 등장하는 시각 단위들은 모두 극도로 왜곡되어 있다. 입과 입술은 찌그러져 있고 콧구멍은 이지러져 있다. 이것은 고통과 분노의 자연스러운 표현이다. 흘러내리는 눈물은 작렬하는 폭탄과 같다. 선들은 격정에 전율하며 그림 밖으로 달아나려고 하고, 형태들은 날카로운 사이렌 소리처럼 겹쳐지고 부딪친다. 시각 단위들의 촉감도 살아 있는 인간의 신체를 찢는 대검처럼 그림의 표면을 깨뜨린다. 그러나 이 그림의 격렬한 시각 단위들은 상호 의존하고 상호 침투하면서 하나의 동적 체계를 형성하고 있다. 〈게르니카〉를 보는 사람은 누구나 질서와 혼돈의 상호 작용, 즉 현실의 모순을 경험할 수 있다. 이 그림의 진정한 기초는 전쟁과 평화의 모순에 있다. 〈게르니카〉에는 학살하는 자들을 거절함으로써 학살이 없는 시대를 앞당기는 힘이 들어 있다.

지성을 사변적 지성과 실천적 지성으로 나누고, 실천적 지성의 활동을 다시 윤리적 활동과 기술적 활동으로 나눔으로써, 토마스 아퀴나스(Thomas Aquinas, 1224/25?~1274)는 행동의 선을 추구하는 윤리와 작품의 선을 추구하는 기술을 구별하였다. 기술 그 자체는 윤리에 의존하지 않는다는 것이다. 기술이란 원래 인간의 생활에 필요한 작품을 만드는 능력이나, 기술이 기능에 종속되지 않고 제작자의 직관에 순종하여 자족적 질서를 만들어 내면 그러한 작품을 우리는 예술이라고 부른다.

쓰임새가 중지되는 곳에서 시작하는 순수 미술을 대표하는 것은 회화와 조각이다. 조각가는 돌과 쇠로 반복, 차이, 강조, 음영 등의 방법을 통하여 삼차원의 형태를 구성한다. 삼차원의 형태에 반응하는 능력이 결여된 형맹(形盲)이 많기 때문에 조각은 모든 예술 가운데 가장 이해하기 어려운 분야에 속한다. 대부분의 사람들은 위험을 피하는 것 이외의 형태 반응을 훈련해 본 적이 없다. 삶을 극도로 단순화하고 일체의 비본질적 요소들을 모두 생략한 조각은 우리가 생활 속에서 늘 보지만 주의하지 않고 지나가는, 솔직하고 직접적인 형태를 보여 준다. 조각 작품을 만드는 작업은 강인한 정신력을 요구하는 육체 노동이다. 몇 세기를 지나서도 지속되는 재료를 다루면서 조각가는 아직 태어나지 않은 사람들이 자기 조각을 보고 느낄 기쁨에서 보람을 찾는다.

목판화, 석판화, 동판화, 에칭, 세리그라프〔Serigraph : 공판(孔版), 실크스크린(silk screen)〕 등 인쇄 과정을 통해서 제작되는 판화는 순수 미술의 한 분야이지만 기능 예술 쪽으로 한 걸음 나아간 지점에 있다고 할 수 있다. 반대로 기능 예술들 가운데 장인(匠人)의 기술은 순수 예술과 가까운 지점에 있다고 할 수 있다. 장인은 어떠한 부분에 적합한 재료의 고유성을 살려 낼 줄 아는 사람이다. 그에게는 대용품이 통하지 않는다. 의장(意匠)과 구성에 특별히 공을 들이는 장인의 제작품에는 작업 자체에 대한 장색〔匠色, handicraftsman, 손으로 물건을 만드는 일에 종사하던 사람〕의 사랑이 배어

조각 장인의 공방. 피렌체 상공업 길드를 위한 오르산미켈레(Orsanmichele) 성당을 장식하기 위해 제작된 부조 조상이다. 1416년경.

월터 크레인(Walter Crane), 런던 뉴 갤러리에서 개최된 〈미술 공예 전시 협회(Arts & Crafts Exhibition Society)〉 입장권, 1890년. 예술가와 장인이 서로 손을 맞잡고 있다. 영국 빅토리아 앨버트 미술관(Victoria and Albert Museum) 소장.

있다. 제작비가 대량 생산에 비하여 적기 때문에 장인은 모험과 실험을 피하지 않고 새로운 형식과 새로운 기술을 창의적으로 시도한다. 장인의 실험 결과는 후에 대량 생산에 채용된다. 기계 제품의 대량 생산이라는 사회 현상은 장인 제작과 다른 문제를 제기한다. 동일한 부품에 여러 가지 장치를 부가하여 같은 세부 조직으로 다양한 기능을 발휘하게 할 수 있기 때문이다. 세부를 조금만 변화시키면 다양성이 증대된다는 것은 다양의 통일이란 미학적 개념이 기계 제품에도 적용될 수 있다는 사실을 말해 준다.

중세 미술의 핵심이 성당 건축이라면 현대 미술의 핵심은 산업 디자인이다. 회화와 조각은 이제 대중으로부터 고립된 사건이 되었다. 현대 문화를 파악하려면 의복, 자동차, 찻잔 등을 순수 예술 작품보다 먼저 보아야 한다. 회화와 조각이 전달하는 의미를 이해하려면 많은 노력과 오랜 훈련이 필요하다. 그러나 단 하나의 요점을 단순하게 주장하는 광고를 이해하는 데는 노력과 훈련이 필요하지 않다. 중세의 교황들이 자기의 명성을 높이기 위하여 천재 미술가들을 고용한 것처럼 현대의 재벌들은 기업 이미지를 창조하기 위해서 광고 부서에 탁월한 디자이너들을 고용한다. 광고의 아름다움은 정확성과 명확성에 있다. 각 부분이 명료하게 자기를 주장하면서 공간상의 균형과 변화가 정확한 조화를 강조한다. 물체와 숫자와 활자가 서로 다른 것을 강조하면서 함께 모여 질서 있는 통일성을 보여 준다. 아름답지 않은 광고는 선전이라는 제 기능을 제대로 발휘하지 못한다. 유행 잡지에 실린 사진들 중에는 모델의 인기가 지나가고 옷과 모자가 대중에게 버림받은 후에도 오랫동안 아름다움을 간직하고 있는 작품이 있다. 재능 있는 모델들은 사진기 다루는 방법을 잘 알고 있다. 문제는 모델들의 창의적인 상상력을 살려 낼 수 있는 사진가가 많지 않다는 데 있다. 인간의 겉모습을 묘사하는 데 그치지 않고 인간의 심층 현실에 침투할 수 있는 인물 사진도 많지 않다. 우아하고 품위 있고 섬세하고 아름다운 인물 사진은 극히 드물다. 전쟁 사진은 전쟁의 비극을 보여 주면서 동시에 어떠한 비극도 파괴할 수 없는 인간의 신비에 대해서도 말해야 한다.

⌐ 은폐되지 않는 형식이 은폐된 형식보다 아름답다. 화장이 본바탕을 숨기지는 못하기 때문이다. 후미를 밖으로 뻗어 낸 자동차는 치맛자락을 펼치기 위해서 주석 허리받이를 대던 시절을 생각나게 한다. 그릇이 멋진 모습을 하고 있는 것은 좋은 일이다. 그러나 그릇의 성질과 무관한 꾸밈은 그릇의 아름다움을 손상시킬 따름이다. 그릇의 아름다움은 그릇의 기능에 말미암는다. 그릇의 가장 훌륭한 장식은 다름 아닌 음식 자체이다. 모든 장식은 통제되고 억제되어야 한다. 오래가는 매력은 단순과 절제에서 나온다. 전등은 전등이고 조각은 조각이다. 전구 받침의 기능은 전구를 안전하게 받쳐 주는 데 있다. 전구 받침을 조각처럼 꾸미는 것을 어리석은 짓이다.

⌐ 현대인은 생각하기를 두려워한다. 이것이 우리 시대의 근본적인 병폐이다. 대중이 자기의 이성을 신뢰하고 남의 도움 없이 혼자서 곰곰이 생각해 보게 되면 그들은 단순하고 아름다운 옷을 고를 줄 알게 된다. 특별히 창조적인 인간이 아니더라

도 인간에게는 단순성과 아름다움을 식별할 수 있는 능력이 있기 때문이다. 제 힘으로 솔직하게 생각하는 힘을 기르면 사물을 바라보는 눈이 훨씬 밝아진다. 문제를 정직하게 이해하게 되면 끝내는 해답을 찾아 낼 수 있다. 문제 의식을 가지는 것이 이성과 감수성을 훈련하는 지름길이 된다. 우리의 이성은 무의미한 장식으로 눈을 혼란시키는 쟁반들이 없어지기를 바라고 있다. 인간에게 봉사하는 것을 목적으로 하는 사물 앞에서 그것의 외관에 지나치게 신경을 쓰는 것은 이성적인 행동이 아니다. 일상 생활에 사용하는 가구들은 용도에 다소 융통성이 있어야 하고 정돈하기에 간편해야 하고 다루기에 까다롭지 않아야 한다. 가구의 아름다움은 그 가구의 기능에 말미암는다. 제 기능을 다하지 못하는 가구는 아무리 야단스럽게 치장되어 있다 하더라도 아름답다고 할 수 없다. 끊임없이 조심스럽게 다루어야 하는 가구는 제 구실에 충실한 가구가 아니다. L.A. 남쪽의 작은 도시 토랜스(Torrance)에 있는 엘 카미노 단기 대학(El Camino College, ECC) 예술 센터 교수인 로버트 니스는 오래 전(1959년)에 기능 예술의 특징을 네 개의 단어로 요약하였다.

단순성, 적절성, 기능성, 경제성이란 네 단어가 기능 예술의 세계에 반복해서 나타나는 원리들을 가리킨다. 이 네 단어의 영어 낱말(Simplicity, Appropriateness, Function, Economy)에서 첫 글자들을 모아 적으면 SAFE란 하나의 낱말이 된다. 불필요한 장식을 생략함으써 꾸밈 없고 깨끗하게 정돈된 형식을 단순하다고 한다. 기능에 적합한 형식을 적절하다고 한다. 기능에는 두 가지 의미가 있다. 하나는 '일을 할 수 있다' 다시 말하면 '제 구실을 다한다'는 의미이며, 다른 하나는 각 부분들 사이에 자유로운 조화와 아름다운 질서가 있다는 의미이다. 생산하고 사용하는 데 드는 원료, 노동, 동력, 보존 수단 등에 관련되는 비용이 과다하지 않은 제품을 경제적이라고 한다. 우리는 이 네 단어를 기능 예술을 평가하는 기준으로 사용할 수 있다.〔주 022〕〔Robert Clemens Niece, 『Art, an Approach』(Dubuque, Iowa : William C. Brown Co.), 1959, p.5.〕

기능 예술을 대표하는 분야가 건축이다. 건축은 모든 예술 가운데 과학에 가장 접근해 있는 분야이기도 하다. 건축은 설계 도면에 의해 건축 재료를 이용하여 인간의 생활 목적에 적합한 건축물을 생산하는 활동이다. 건축물은 기능과 구조와 아름다움을 구비해야 한다. 건축 생산에는 자금, 대지, 자재, 기술, 기능, 노력, 동력, 기계 등이 필요하다. 설계도와 견적서를 상세하게 검토하고 시방서〔示方書, specifications : 공사의 진행을 위해 공사의 순서를 적은 문서로, 건물을 설계하거나 제품을 제조할 때 도면상에서 나타낼 수 없는 세부 사항을 명시한다. '사양서'라 부르기도 한다.〕를 숙지하여 건축물의 성질에 대하여 이해하는 것은 건축물로 가득 차 있는 세상을 이해하는 데 도움이 된다. 건축 시공은 가설 공사, 기초 공사, 뼈대 공사, 마감 공사로 구성되며, 뼈대 공사는 목공사, 돌공사, 벽돌 공사, 블록 공사, 철근 콘크리트 공사, 철골 공사로 나누어지고, 마감 공사는 지붕 공사, 방수 공사, 난방 공사, 타일 및 테라코타 공사, 칠 공사, 창호 공사, 내장 공사, 단열 공사로 나누어진다. 건축 시공에 관련된 근로자는 목공, 토공, 석공, 콘크리트공, 타일공, 블록공, 방수공, 기와공, 미장공, 벽돌공, 철골공, 슬레이트공, 마석공, 용접공, 판금공, 금속 건구공, 도장공, 가구공, 대장공, 장식공, 석고공, 전기공, 연통공, 잠함공, 위생공, 배관공, 리벳공, 반죽공, 리놀륨공 등이 동원된다.

적산〔積産, integration : 건설물을 생산하는 데 소요되는 비용 즉, 공사비를 산출하는 공사 원가 계산 과정〕은 설계도와 시방서에 따라 공사에 필요한 재료 및 노동력의 수량을 산출하는 것이고, 견적〔見積, quotation, estimate, quote : 어떤 일을 하는 데 필요한 비용을 짐작으로 미루어 미리 계산함〕은 그 공사량에 단가를 곱하여 공사비를 산출하는 것이다. 그러므로 견적은 재료비와 노무비로 나누어지며, 재료비는 재료의 규격과 수량과 단위와 단가로 구성되고 노무비는 근로자의 인원과 단가로 구성된다. 적산의 항목을 대강 들어 보면 다음과 같다.

01. 가설 사무실 : 목재, 루핑, 부자재, 출입문, 창문, 유리, 합판 ; 건축목공, 루핑공, 인부
02. 외부 비계 : 긴 비계목, 짧은 비계목, 발판, 철선 ; 비계공
03. 터파기 : 인부
04. 철근 가공 및 조립 : 철근, 결속선 ; 철근공, 인부
05. 합판 거푸집 : 합판, 각재, 철선, 못, 박리제 ; 형틀 목공, 인부
06. 시멘트 벽돌 쌓기(표준형) : 시멘트 벽돌, 시멘트, 모래 ;

조적공, 인부

07. 벽 타일 붙이기 : 타일, 시멘트, 모래 ; 타일공, 미장공, 줄눈공, 인부 ; 기구 손료

08. 시멘트 액체 방수 : 시멘트, 모래, 고점도 방수액 ; 방수공, 미장공, 인부

09. 내벽 모르타르 바르기 : 시멘트, 모래, 소석회 ; 미장공, 인부, 비빔공

10. 수성 페인트 붓칠 : 퍼티, 에멀션 페인트, 사포 ; 도장공 ; 기구 손료

˹ 주택은 조용하고 아늑하고 평화로운 공간이 되어야 한다. 실제적이고 미학적인 문제들을 해결하는 데에는 관계되는 모든 사람들의 긴밀한 협조가 필요하다. 미래의 가족까지 포함하여 가족 구성원 하나하나에 대한 존중과 배려가 주택 설계의 필수 요소이다. 부엌, 욕실, 창고, 문간(현관) 등 주택의 각 부분들은 고유의 기능에 충실하면서도 주택의 다른 부분들과 조화를 이루도록 설계되어야 한다. 개인적인 변덕과 쓸데없는 장식과 동화(童話)적인 환상을 과감하게 버리고 단순성과 생산성과 경제성에 집중해야 한다. 주택의 주인은 기분이 아니라 이성이 되어야 한다.

˹ 인간의 영혼을 감화시키기 위하여 건설되어야 할 교회나 사원이 일정량의 물을 저장하기 위하여 건설한 댐만큼도 감동을 주지 못하고 있다. 인간은 물을 저장하고 다리를 놓고 물자를 수송하는 방법에 대해서 아는 것보다 영혼에 호소하는 건

물을 짓는 방법에 대하여 아는 것이 적다. 현대의 건축가들은 기도 드리는 장소로 적합한 건축 양식을 아직 발견해 내지 못했다. 위대한 중세의 성당을 모방하는 것은 무모하고 어리석은 짓이다. 경신(敬神) 다음 가는 것은 정결이라는 교훈에 유념하면서 현대의 건축가는 현대인의 감정에 적합한 교회 형식을 구성해 내야 할 것이다.

┌ 거리에 늘어서 있는 상점의 전면을 보면 혼란스러운 설계가 어떤 것인지를 알 수 있다. 상점의 주인들은 자기 가게의 간판을 다른 가게의 간판보다 크게 만들고 싶어 하기 때문에 상점가 전체로 볼 때 모든 가게가 다른 모든 가게를 향하여 고함을 지르고 있는 것 같은 혼란이 발생한다. 잘 설계된 상점가는 간판의 수와 크기와 형식을 통제하여 가게 이름이나 상품 유형을 알리는 데 전체적인 조화 속에서 개성을 드러 낼 수 있게 한다. 상점들의 일치된 내물림이 상점가의 외관에 통일을 줄 수 있어야 하고 주차장은 거리에서 적당히 떨어진 곳에 있어야 할 것이다. 쾌적한 환경에서 편안하고 안전하게 물건을 살 수 있는 데도 불구하고 소란하고 혼란스러운 상점가를 찾을 고객은 없을 것이다. 개성 있는 상점들이 다양한 고객들에게 조용히 깊은 이해를 구한다면 고함지르지 않고도 판매 실적을 올릴 수 있을 것이다.

┌ 사무실은 '상업 사원(商業寺院)'이라는 말에 적합하게 조용한 질서와 솔직한 단순성을 느낄 수 있도록 설계되어야 한다. 자연과 조화되도록 설계된 아름다운 건물은 노동의 생산성을 높여 준다. 아름다운 환경은 노동자들에게 가장 큰 보너스가

된다. 범상한 건축가는 자연과 건축의 조화에 좀처럼 눈뜨지 못하며, 투기적인 건축업자들은 자연과 건물의 연관성을 좀처럼 이해하지 못한다. 주거 지역은 통상 단기간의 투기적 이익에 집착하는 부동산 업자의 손으로 개발된다. 그는 주거지역의 3분의 1 정도를 건축가에게 맡기고 나머지 3분의 2는 인부들이 알아서 채우게 한다. 부동산 업자는 이문이 높을 계획을 알아채는 자기의 능력에 대하여 확신하고 있기 때문에 전체적인 주거 설계에 대해서는 아랑곳하지 않는다. 그에게는 장기 투자에 대한 배려가 아예 없다.

하나의 도시는 뚜렷한 윤곽을 가지고 이웃 도시와 구분되어야 하며, 도시의 주거 지역도 윤곽이 뚜렷하게 한정되어야 한다. 간선 도로는 도시 안을 피하여 도시 옆으로 지나게 해야 하며 주거 지역의 차량 왕래와 도보 왕래는 명백하게 분리되도록 계획되어야 한다. 차를 타고 다니는 사람을 기준으로 도시의 규모를 결정해야 하고 걸어 다니는 사람을 기준으로 주택 지구의 규모를 결정해야 한다. 대로를 통하여 도시를 대단위로 구획한 후에 나머지는 부동산 업자에게 맡길 것이 아니라 빌딩가와 빌딩가 사이에 생기는 조그만 구획에도 유의해야 한다. 교차로 투성이인 석쇠형 패턴의 도시 계획은 차를 타고 다니는 사람과 걸어 다니는 사람 모두에 대하여 잠재적인 살인을 묵인하고 있는 셈이다. 신호등과 표지판만으로는 부주의한 운전을 막을 수 없다. 길을 넓히면 교통량이 증대되므로 더욱 나쁜 결과를 초래한다. 주택 지구를 차량의 왕래에서 끊어 내지 않으면 위험을 피할 길이 없을 것이다. 주택 지구의 중심부가 도시의 중심부가 되어, 주택 지구들은 도시의 중심부로 통해 있지만, 주거 지역의 길들은 막다른 골목이 되게 하여 자동차가 주택 지구로 들어오는 것을 막아야 한다. 집과 학교 사이에 수십 개의 횡단 보도가 있다면 어린이들이 편안하게 자랄 수 없다. 어린이들이 길을 건너지 않고 걸어서 주택 지구의 중심에 있는 학교에 갈 수 있어야 한다. 필요한 위치에 지하도를 만들어서 연속되는 보도가 주거 지구의 중심부로 연결된다면 일상의 장보기가 유쾌한 산보가 될 수 있다.

⌐ 몇 개의 주거 지구가 합쳐서 교회, 관공서, 상점가, 중·고등학교를 공유하게 하고, 공장은 주거 지역의 외부에 두어야 한다. 이 도시는 대학 도시이고 저 도시는 행정 도시라는 식으로 도시마다 교유한 존재 이유를 가지고 있어야 한다. 연한이 다 되어 철거해야 할 상태에 있는 주택들을 없애고 그 자리에 풀밭과 공원을 만들고 빈터로 놓아 두어야 한다. 빈터가 많으면 미래의 세대들이 우리보다 더 좋은 계획으로 그 빈터를 이용할 수 있을 것이다.

6. 전자 문학의 위상

6-I.

　국력에는 굳은 힘과 여린 힘이 있다. 굳은 힘은 군사력과 경제력이고 여린 힘은 문화력이다. 국제 정치에서 여린 힘〔軟實力(연실력), soft power〕은 "자신이 원하는 것과 같은 결과를 남도 원하게 하는 역량"〔주023〕〔Joseph S. Nye, 「Bound to Lead : The Changing Nature of World Power」, 『Political Science Quarterly 105, Issue 2』, 1990 Summer, p.180.〕이라고 정의할 수 있다. 국제 정치는 동시에 세 층위에서 게임이 전개되는 체스판에 비유된다. 위층에서는 군사적 이슈가 문제로 제기되므로 압도적으로 우위에 있는 미국의 군사력 하나가 결정권을 가지고 있다. 중간층에서는 경제적 이슈가 문제로 제기되므로 최소한 미국, 유럽, 일본, 중국, 중동 등 몇 개의 주체가 경제력을 행사하고 있다. 전체 인구가 3억을 넘는 중동 22개국은 석유와 가스를 제외하면 대외 수출고가 핀란드 한 나라만도 못하지만 석유 자원 하나만 가지고도 상당한 정도의 경제력을 행사하고 있다. 아래층에서는 테러 행위, 국제 범죄, 기후 변화, 전염병 확산 등의 이슈들이 문제로 제기되므로 영향력을 행사하는 주체들은 다수가 된다.

　권력은 인간의 관계 구조에 깊이 뿌리박고 있으며, 인간의 성격 형성에 광범위하게 작용하고 있다. "사회 법칙은 권력이란 말을 사용해서 설명될 수 있는 법칙인 경우가 많다."〔주024〕〔윤천주(尹天柱), 『한국 정치 체계(韓國政治體系)』(고대 출판부), 1963, p.63.〕 권력은 에너지처럼 한 형태로부터 다른 형태로 옮아가며 권력 자체도 스스로 소멸하고 발생하며 끊임없이 변화하는 과정이다. 권력의 공간은 사회적인 욕구 대상의 박탈이 가능한 상태이다. 권력 공간은 "x에게서 욕구의 대상이 되는 y를 박탈한다."는 문장과 "x에게 욕구의 대상이 되는 y를 부여한다."는 문장의 상호 작용으로 구성되어 있다. 권력은 인간의 관계 구조에 따라 그 범위와 정도를 달리한다. 학생에 대하여 교사가 행사하는 권력보다 더 강한 권력을 장교는 사병에 대하여 행사할 수 있다. 권력은 사회 제도 안에서 사회적인 목표가 허용하는 한계에 의하여 제한되어 있는 것이다. 사회적인 권력을 한정하며 동시에 보장하는 것이 법이다. 막연하고 복잡한 사회 규범을 명확하고 단순하게 축소시켜 놓은 것이 법 규범이다. 법적인 행위는 "x가 k라는 권리를 창설하고 변경하고 폐지하고 이전한다."는 문장으로 표현된다. 권리가 창설되고 변경되고 폐지되고 이전될 때에는 그 권리와 관계되는 상대의 의무가 또한 창설되고 변경되고 폐지되고 이전된다. 법적 사실은 잡다한 사정을 제거하고 골격만 남겨 놓은 사실이며, 법적 행위는 유리창을 통하여 타인의 행동을 바라보듯이 행위의 뒤에 있는 심리를 최소 한도로만 고려한 행위이다. 법이 전제하는 최소주의는 국제 정치에도 해당된다고 하겠지만 국제법이나 자연법의 경우에는 환경을 제약하는 군사력과 무역을 제약하는 경제력이 권리와 의무보다 우위에 있으므로 강대국이 권력을 남용하는 사례가 자주 발생한다. 국가가 행하는 투옥·고문·학살·전쟁을 단순한 살인과 동일시할 수는 없다고 할지라도 국민에 대해서나 다른 국가에 대해서나 굳은 힘〔硬實力(경실력), hard power〕을 여린 힘으로 보충하여 난폭한 강제력보다 유연한 설득력을 강화하는 방향으로 나아가는 것이 국가가 목적을 달성하는 데 더 효과적이다. 내가 원하는 행위를 상대도 희망하도록 할 수 있다면 굳이 고문하거나 전쟁할 필요가 없을 것이다. 그러나 군사력과 경제력이 없는 국가가 문화력만으로 다른 나라 사람들을 설득할 수는 없을 것이다. 강한 군사력은 그 자체로 선망과 존경의 대상이 되기도 한다. 여린 힘만으로는 무력하지만, 굳은 힘과 여린 힘이 다 있는 것이 군사력만 있는 것보다 효과적이라는 사실은 의심할 여지가 없다. 기술 공학의 대중화는 테러 비용을 저렴하게 하였다. 인터넷에서 얻은 정보에 의하여 비행기 탑승권을 구매할 정도의 비용으로 부품을 구입하고 폭탄을 조립하여 비행기를 폭파할 수 있게 되었다. 대량 살상 수단의 크기가 작아지고 가격이 낮아지면서 저항 단체들이 입수하기 쉬워졌고 심지어는 부유한 개인이 손에 넣을 수도 있게 되었다. 만일 비정상적인 집단이 생물 무기나 핵 물질을 가지게 된다면 그들의 손에 수백만 명이 목숨을 잃는 일이 발생하게 될지도 모른다. 테러를 막기 위한 방법으로는 하드 파워보다 소프트 파워가 더 효과적이라고 할 수 있을 것이다. 테러 행위뿐만 아니라 국제 범죄와 전염병 확산과 기후 변화 같은 문제를 군사력으로 해결할 수는 없다.

6 - II.

「 원래 마르크스의 재생산 도식에 따르면 중공업 부문은 경공업 부문에 불변 자본을 공급하고 경공업 부문은 중공업 부문에 가변 자본과 잉여 가치를 공급하므로 임금과 이윤은 중공업 부문의 수요가 되고 기계는 경공업 부문의 수요가 된다. 자본가의 소비를 제외하고, 두 부문의 잉여 가치를 각각 추가 불변 자본과 추가 가변 자본으로 나누면 중공업 부문은 경공업 부문에 불변 자본과 추가 불변 자본을 공급하고 경공업 부문은 중공업 부문에 가변 자본과 추가 가변 자본을 공급한다. 자본-노동 비율이 고도화됨으로써 이윤율이 떨어지는 경향의 법칙은 반대로 작용하는 원인들에 의하여 상쇄된다. 반대로 작용하는 원인들 가운데 가장 중요한 것은 필요 노동과 잉여 노동의 시간 배분을 변화시키어 상대적 잉여 가치의 생산을 늘리는 기술 혁신이다. 마르크스는 이윤율이 떨어지는 경향의 법칙과 반대로 작용하는 원인들의 관계를 "오오! 그의 가슴에는 서로 떨어지고자 하는 두 개의 영혼이 깃들어 있구나!"라는 파우스트의 말로써 설명해 보고자 하였다.[주 025]
〔Karl Marx, 『Capital I』(London : Swan Sonnenschein, Lowery), trans. Samuel Moor and Edward Aveling, 1889, p.604.〕 기술 혁신이 중단 없이 계속된다 하더라도 '불변 자본/가변 자본'의 분해와 '추가 불변 자본/추가 가변 자본'의 분해에서 시간이 교란 요인으로 작용함으로써 중공업 부문과 경공업 부문의 균형 조건은 항상 어디에선가 어긋남이 개입하게 된다. 이러한 어긋남은 단순한 착오가 아니라 현

대 사회의 운명이다. 사회가 아무리 투철하게 계획되고 조직적으로 동원된다 하더라도 어긋난 사개를 맞물리지 못한다. 그러나 근본적인 어긋남은 어쩔 수 없다 하더라도 하나의 사회 체제가 최소한의 안정성을 유지하려면 중공업 부문과 경공업 부문이 서로 주고받을 수 있을 만큼 발달해 있어야 한다. 중공업과 경공업을 다 가지고 있는 국가는 정상 국가이고 그 가운데 어느 하나만 가지고 있는 국가는 결손 국가이다. 북한은 중공업부터 개발하였고 남한은 경공업부터 개발하였다. 순서는 어찌됐든 상관없으나 남한의 중공업은 경공업과 주고받을 정도로 성장해 있는데 북한의 경공업은 중공업과 주고받을 정도로 성장해 있지 않다는 데 문제가 있다.

기술 혁신이 가능하기 때문에 인구가 늘고 조세가 증가해도 생산 능률은 계속해서 높아지는 것이 현대 사회의 특징이다. 문제는 현대가 중공업 중심의 사회라 하더라도 중공업만 혼자서는 재생산을 계속할 수 없고 반드시 중공업과 경공업이 기계와 돈을 주고받으며 공존해야 재생산이 가능하다는 데 있다. 중공업은 노동력과 기계로 생산재를 생산하고 경공업은 노동력과 기계로 소비재를 생산한다. 중공업 즉 생산재 생산 부문은 경공업에 기계를 팔고 경공업 즉 소비재 생산 부문은 중공업에 돈을 갚는다. 그렇다면 중공업의 임금과 부가 가치는 중공업이 기계를 팔아 경공업으로부터 받은 화폐의 액수와 일치되어야 한다. 중공업에게는 그 이외에 돈이 들어올 길이 없기 때문이다. 그러나 기술 수준이 끊임없이 바뀌고 있기 때문에 중공업과 경공업이 기계와 돈을 균형 있게 주고받으며 공존하기는 대단히 어렵다. 경공업에 호황이 오면 기계에 대한 수요가 필요 이상으로 늘어나고 경공업에 불황이 오면 기계에 대한 수요가 필요 이하로 줄어든다. 옷이 좀 더 팔리고 덜 팔리는 것은 큰 문제가 안 되지만 과잉 생산해 놓은 기계가 안 팔리면 그 엄청난 투자액 때문에 사회 전체가 장기 침체를 겪게 된다. 물론 장기 침체는 기술 혁신을 못한 기업과 생산성이 낮은 노동력을 도태시킴으로써 경제 구조를 더욱 강하게 하는 효과를 가지고 있다. 그러나 모든 사람이 부도와 실직의 위험 속에서 살아야 한다는 것이 현대 사회의 특징이다.

그러므로 현대 사회에 가장 중요한 두 가지 계수를 든다면 하나는 '자본-노동 비율'이고 다른 하나는 '노동 생산 능률'이다. 자본-노동 비율은 자본 장비율(資本裝備率, capital equipment ratio)이라고도 하는 것으로 노동자 한 사람이 사용하는 기계의 양이다. 노동자들만이 아니라 우리가 사용하는 기계의 양도 증가하고 있다. 일용할 양식만이 아니라 일용할 기계가 필요한 시대인 것이다. 노동 생산 능률은 생산량을 노동자의 수로 나눈 것으로서 공부에 비교한다면 영어책을 하루 50페이지 읽다가 100페이지 읽게 되었다면 능률이 두 배로 늘어난 것이 된다. 현대 사회에서 노동-자본 비율과 노동 생산 능률의 경쟁에서 자유로운 사람은 없다.

생산의 경쟁에 그치지 않고 생산이 판매 과정의 일부로 편입될 때 우리는 그 사회를 마케팅 사회라고 부른다. 그것은 모든 사람이 세일즈맨이 되는 사회이다. 마케팅 사회는 자기를 판매하는 사회이다. 마케팅 사회의 전형적인 인간형을 시장형 인간, 저장형 인간, 착취형 인간으로 분류한다. 시장형 인간이란 상품처럼 인기를 얻으려 하는 인간형으로서 모두에게 좋게 보이지만 실제로는 내용이 없는 인간형이다. 인기 배우, 인기 교수 같은 사람들이다. 텔레비전 광고를 보고 사 먹어 봐서 맛있는 음식은 별로 없다. 저장형 인간은 모든 것을 저장하기만 하고 닳을까 두려워 사용하지 않는 인간형이다. 책을 사도 표지를 예쁘게 해 놓고 읽지는 않는다. 착취형은 무엇이든 빼앗고 훔치고 하기를 즐기는 인간형이다. 책도 훔친 것을 즐겨 읽고 여자도 쉽게 만나면 재미를 못 느끼고 친구의 애인을 빼앗거나 해야 기쁨을 느낀다. 불륜이나 도착을 즐기는 것도 이런 사람들의 연애 방식이다. 고든 털록(Gordon Tullock, 1922~2014)은 『경제학의 신세계(The New World of Economics)』에서 시장형 인간의 논리를 명확하게 보여 주었다. 그에 의하면 섹스의 수요량은 가격의 함수이다. "합리적인 인간이라면 한계 수익과 한계 비용이 같아지는 점까지 섹스를 소비할 것이기 때문에 상대 가격의 변화에 따라 아이스크림이 섹스를 대체할 수도 있다는 것이다." [주 026] 〔Richard B. Mckenzie and Gordon Tullock, 『The New World of Economics』(Homewood, Ill. : Irwin), 1975, pp.51-52.〕 섹스를 비용이 수반되는 교환 과정으로 여기는 사람이 실제로 있을지도 모른다. 그러나 시대의 퇴폐를 합리화하는 것은 이데올로기이지 과학이 아니다. 무엇보다도 털록은 부분에 해당되는 사태를 전체에 적용하고 있다. "인간의 어떤 행동은 교환에 연관되어 있다."는 문장을 "인간의 모든 행동은 교환에 연관되어 있다."

는 문장으로 바꾸어 경제적 교환 관계가 아닌 인간의 상호 관계에까지 교환의 개념을 적용하고 있는 것이다. 인간이 상품이 되는 접속〔access⁽액세스⁾〕의 시대에는 사람들이 항구적인 소유보다 일시적인 사용을 중시하게 되므로 기업도 새로운 모델이 나올 때마다 바꾸어 쓸 수 있는 마케팅 전략을 추구한다. 돈만 주면 어떠한 경험이라도 할 수 있으므로 이제 사람들은 재산의 축적보다 스타일과 패션을 더 중요하게 여긴다. 항상 새로운 것을 추구하는 이들의 이미지〔映像⁽영상⁾〕 실험은 기술 혁신을 자극하여 기업으로 하여금 끊임없이 새로운 모델의 상품을 만들어 내게 하는 데 기여한다.

「 군사력과 경제력만으로는 충분하지 않고 문화력이 필요한 이유는 국제 정치에서 자기 국가의 영향력을 강화해야 한다는 데 있을 뿐 아니라 지구 단위로 진행되는 마케팅 사회에 적합한 윤리를 개발해야 한다는 데에도 있다.

6-III.

「 군사력과 경제력이 제한되어 있기 때문에 한국이 개발할 수 있는 문화력 또한 대단히 제한되어 있다. 노벨상 수상자의 수는 미국-영국-독일-프랑스의 순서이고 그 가운데 노벨 문학상의 수상자 수는 프랑스-미국-영국-독일의 순서이다. 다섯 번째로 노벨 문학상을 많이 받은 나라는 스페인이다. 유럽 지역에서 노벨상 수상자를 낸 나라는 모두 21개국이다. 월드컵에서 16강에 올랐지만 한국의 축구팀이 영국의 맨체스터 유나이티드(Manchester United FC) 같은 인기를 얻는다든가 한국의 야구팀이 11개 언어로 224개국에 중개되는 미국의 메이저 리그와 같이 유명하게 되는 것이 불가능할 것이다. 그러나 현재 미국 영화의 세계 시장 점유율이 80% 이상인데 2003년도 이래 한국 영화는 계속해서 한국 영화 시장의 50%를 점유하고 있으니 영화는 한국이 주력해 볼 만한 소프트 파워라고 할 수 있고, 영어를 쓰지 않는 나라에서 만들어 낸 문서 편집 프로그램이 완전히 자취를 감추었는데 한국에서만 한국만의 문서 편집 프로그램이 사용되고 있으니 컴퓨터 관련 분야 또한 한국이 주력해 볼 만한 소프트 파워라고 할 수 있다. 그러므로 나는 여기서 영화에도 관련되고 컴퓨터에도 관련되는 전자 문학(e-Literature)을 한국의 소프트 파워로 개발하는 방안을 제기해 보고자 한다. 문학의 3대 장르인 시와 소설과 연극을 가르는 기준—장르 표지는 주관성(1인칭 장르)과 객관성(3인칭 장르)과 상호성(2인칭 장르)에 있을 것이나 그 장르의 원형을 더듬어 노래와 이야기와 놀이로서 장르 표지를 삼아도 된다. 컴퓨터를 통하여 창작되고 수용되는 전자 문학은 고급 문학과 대중 문학의 경계를 폐지하였다. 전자 문학에서는 시와 노래, 소설과 이야기, 연극과 놀이의 구별이 없다. 여러 사람이 이어서 시를 짓는 '릴레이 시'[接力詩(접력시)]와 시의 어느 한 부분을 고쳐 지어서 시를 읽는 사람이 시의 한 부분을 클릭하면 새로운 시를 읽게 되는 '하이퍼 텍스트 시'[超文本鏈

接詩(초문본연접시)〕와 가수의 도상을 만들고 컴퓨터로 노래를 작곡하여 음성 합성의 기술로 음성과 영상을 결합하는 '사이버 가수'〔網絡歌手(망락가수)〕와 실제의 사람이 얼굴을 드러내지 않고 인터넷에서만 활동하는 'MP3 가수'의 구별이 없어진 것이다. '이야기 전자 문학'에는 여러 사람이 이어가며 짓는 '릴레이 소설'〔(接力小說)(접력소설)〕과 소설의 어느 한 부분을 고쳐서 다른 소설로 만드는 '하이퍼 텍스트 소설'〔超文本小說(초문본소설)〕 이외에 좋아하는 이야기 전체를 바꿔 쓰는 '팬픽'〔fan fiction, 同人小說(동인소설)〕이 있다. 하이퍼텍스트 소설은 소설에 각주 번호 같은 것이 붙어 있어서 그것을 누르면 거의 새로운 다른 소설로 들어가게 되어 있는 이야기이다. 새로운 이야기가 아니라 때로는 그림이나 음악이 나오기도 한다. 논문을 읽다가 각주 번호를 누르면 짧은 주가 아니라 새로운 긴 논문으로 들어가게 되어 있는 것과 같다. 컴퓨터 그래픽과 영상 편집기를 이용하면 혼자서 애니메이션을 제작할 수 있다. 컴퓨터로 그림을 그리는 기술은 만화 제작을 용이하게 했을 뿐 아니라 한 걸음 더 나아가서 인물을 움직일 수 있게 하는 데까지 도달한 것이다. 벡터 이미지 방식(vector image method)이라는 기술을 사용하는 컴퓨터 프로그램은 애니메이션과 음성 자료를 결합하여 아주 쉽게 플래시 무비(flash movie)를 만들 수 있게 한다. 애니메이션과 플래시 무비는 대화 형식으로 되어 있지만 혼자서 이야기를 전개한다는 점에서 이야기 전자 문학에 속한다.

놀이의 영역에서 전자 문학은 다른 분야보다 더욱 눈부시게 발전하고 있다. 휴대 전화를 이용한 모바일 게임〔手機遊戲(수기유희)〕

과 오감을 활용하는 DDR(Dance Dance Revolution) 을 비롯한 체감 게임(體驗遊戲(체험유희))과 수천 명이 동시에 참여하여 게임을 할 수 있는 MMORPG(massively multi-player online role playing game, 大型多人在線遊戲(대형다인재선유희)) 등이 꾸준히 개발되고 있다. 어드벤처(Adveture, 冒險(모험)), 롤 플레잉(Role Playing, 角色(각색)), 시뮬레이션 게임(Simulation Game, 模擬(모의)) 같은 머드 게임(MUD(Multiple User Dialogue, Multiple User Dungeon(dimension)) Game)은 놀이하는 사람이 서버 컴퓨터에 접속하여 하나의 캐릭터를 맡고 직접 가상 세계의 주인이 되어서 이야기를 풀어 나가는 놀이이다. 하나의 머드 게임에 참여하는 것은 가면을 선택하고 가면극에 출연하는 것과 같다. 놀이하는 사람은 고정된 정체성을 가지고 있지 않다. 어떤 가면을 선택하느냐에 따라 그의 역할이 달라진다. 직접 참여는 수용자와 제작자의 구분을 넘어서 놀이하는 사람 모두가 놀이에 개입하여 놀이를 조작하고 제어할 수 있게 한다. 놀이에 참여하는 동안 놀이하는 사람은 도상과 음향과 언어의 효과에 의하여 가상 현실을 경험하게 된다. 전자 게임을 마친 사람은 누구나 어떤 형태의 것이든 처음-중간-끝의 구성을 인식하게 되지만 게임을 하는 동안에 그는 그 구성을 미리 알 수 없다. 그가 의식하는 것은 어떻게 시작되었으며 어떤 과제를 해결해야 한다는 시발점과 도달점뿐이다. 놀이의 중간 과정은 전부 그의 선택에 좌우된다. 무슨 일이 일어날지를 미리 알 수 없다는 것이 전자 게임의 가장 큰 매력이다. 그는 실패를 거듭하면서 실패를 극복하고 문제를 해결하기 위하여 순간순간 새롭게 결단을 내리지 않으면 안 된다. 전자 게임을 하려면 먼저 데이터(data, 資料

〔자료〕〕와 알고리듬〔algorithm. 規則體系(규칙 체계)〕을 구비한 데이터베이스를 만들어야 한다. 이것은 단어를 문법 규칙에 따라 문장을 만드는 것과 같은 방식이다. 전자 게임의 데이터베이스는 놀이를 할 수 있도록 구조화된 자료의 총체이다. 전자 게임의 발전은 동원할 수 있는 데이터가 더 완전하게 구비되는 과정이다. 우리들이 사용하는 언어는 단어와 같은 어떤 것이 횡적으로 연결된 형태라고 생각하기 쉽지만, 문장 구조를 바르게 파악하기 위해서는 서로 배타적인 단어들의 집합 가운데서 단어를 하나씩 선택하고 단어를 순서대로 연결해 나감으로써 문장이 형성된다고 생각해야 한다. 문장 구조는 다음과 같은 두 가지 질문을 전제로 하고 있다.

1. 횡적으로 이어진 단어는 어떤 구성 요소로 되어 있고 또 서로 어떤 관계를 이루고 있는가?
2. 개개의 단어나 구성 요소가 실제 문장에는 나타나지 않은 어떤 다른 단어나 구성 요소들을 배제하고 있는가?

가령 "개는 가축이다."라는 문장에서 '개는'은 '가축이다'와 주어+술어로 결합된 관계에 있고, 또 '말·소·양' 등의 다른 단어들을 배제하고 선택된 관계에 있다. 이와 같이 단어들이 횡적으로 관련되는 방식을 결합 관계〔組合關係(조합 관계)〕라 하고 결합 관계로 맺어진 단어들의 전체를 결합체라 한다. 이것에 비교해서 '개'의 위치에 '개' 대신으로 나타날 수 있는 잠재적 단어들이 서로 관련되는 방식을 계열 관계〔聚合關係(취합 관

제)]라 하며, 계열 관계로 맺어진 잠재적 단어들의 전체를 계열체라 한다. 결합 관계는 결합 가능성에 관계된다. 두 요소는 서로 작용할 수 있거나 서로 작용할 수 없으며, 양립할 수 있거나 양립할 수 없다. 계열 관계는 선택 가능성을 결정한다. 요소의 의미는 주어진 연쇄 안의 같은 자리를 채울 수 있는 다른 요소들과의 기능적 대조에 의존한다. 전자 게임의 데이터베이스는 자료들의 계열체이다. 게임을 하는 것은 그 계열체에서 일정한 항목들을 선택하여 결합하는 일이다. 우리가 아침에 치마 중에서 하나를 선택하고 저고리 중에서 하나를 선택하여 치마와 저고리를 결합하는 것과 동일한 행동이다. 데이터베이스에 내장되어 있는 알고리듬은 진행 순서에 따라 성공과 실패를 판정해 줌으로써 선택의 방향을 결정하게 하는 논리적인 실행 규칙이다. 사람들이 각각 캐릭터를 맡아 놀이를 전개하면, 마스터가 그 역시 하나의 캐릭터를 맡아서 놀이에 참여하면서 동시에 놀이 전체의 진행 방향을 결정하는 롤 플레잉(role playing)에서 게임 마스터〔遊戱管理者(유희관리자)〕가 하는 일을 대신하는 기계적 메커니즘이 알고리듬이고 컴퓨터 사용자가 데이터와 알고리듬에 접속할 수 있게 하는 중개 장치가 인터페이스(interface)이다. 인터페이스도 데이터베이스에 내장되어 있다. 일본의 코에이사(コーエー社, 光榮社)가 만든 '삼국지(三國志) 게임'은 이미 30개 버전〔版本(판본)〕이 시장에 나왔다. 『삼국지 II』는 41개 지역으로 분할된 중국 지도로 시작한다. 게임을 하려면 어느 한 지역의 군주를 선택하고 그 캐릭터로서 군대를 모으고 백성들을 위무하여 영역

을 확대하면서 전쟁을 통하여 중국의 41개 지역을 통일해야 한다. 시발점과 도달점은 명확하지만 과정은 지극히 유동적이다. 『삼국지 VII』은 산악과 하천을 실경(實景)에 가깝게 나타냄으로써 공간적 현실감을 강화하였고 게임하는 사람이 군주만이 아니라 일반 장수도 캐릭터로 선택할 수 있게 하여 낮은 곳에서 수련을 통해 승진함으로써 끝내 천하통일에 이를 수 있도록 하였다. 삼국지 게임은 애니메이션과 함께 일본의 중요한 소프트 파워가 되었다. 한국도 영화와 컴퓨터 분야에서 점유하고 있는 상대적 우위를 살려서 전자 문학을 한국의 소프트 파워로 개발하고 있고 그것의 세계 시장 점유율은 괄목할 정도로 높아지고 있다. 그러나 기업의 성공 정도에 비교해 볼 때 대학 측의 전자 문학 교육은 불모에 가깝다. 전자 문학을 개발하려면 전자 공학자와 뇌 과학자에 의한 기술 개발만이 아니라 인문학자의 콘텐츠 개발이 병행하여 추진되어야 한다. 장기적으로 전자 문학을 한국의 소프트 파워로 발전시키려면 전자 문학을 기계 번역과 함께 대학의 교양 과목, 전공 과목, 대학원 연계 과목(전자 공학, 뇌과학, 언어학, 비교 문학 등의 협동 과정) 등으로 편입하는 것이 필요할 것이다.

7. 영화의 형식과 윤리

벨러 벌라주(Béla Balázs, 왼쪽)와 죄르지 루카치(György Lukács).

나치스 시절 모스크바에서 영화 미학에 대하여 강의한 내용을 정리하여 1945년에 러시아 어로 출간한 『영화 예술(Iskusstvo Kino)』의 헝가리 어 개정판 『영화 문화(Film Kultúra)』(1948) [불역본 『Le ciéma』(1948), 독역본 『Der Film』(1949), 영역본 『Theory of the Film』(1952), 일역본 『映畫の理論』(1959), 국역본 『영화의 이론』(2003))는 나온 지 70년이 지난 지금 읽어도 영화의 본질에 대하여 많은 것을 새롭게 생각하게 하는 책이다. 이 책의 저자 벨러 벌라주(Béla Balázs, 1884~1949)는 1884년 8월 4일에 헝가리에서 태어나 1908년에 부다페스트 대학을 졸업한 후 루카치(György Lukács, 1885~1971)와 함께 헝가리 공산당에서 활동하였고 1919년 벨러 쿤(Béla Kun, 1886~1938)의 혁명 정부에 가담하였다가 혁명의 좌절로 인하여 빈에 망명하였다. 1924년에 출간한 『시각적 인간(Der sichtbare Mensch)』에서 그는 에이젠슈테인(Sergey Eisenstein, 1898~1948)보다 먼저 몽타주 이론을 전개하였고 1926년에 독일에서 혁명적 노동자 극장을 지도하였으며 독일 최초의 노동자 영화 관객 조직인 '민중 영화 동맹(Arbeitertheaterbund)'을 결성하였다. 1930년에 간행한 『영화의 정신(Der Geist des Films)』에서 그는 그 즈음 막 등장한 토키(talkie, 유성 영화)의 문제를 다루었다. 1931년에 모스크바로 건너가 시나리오 작가로서 소비에트 영화 제작에 협력하였고 국립 영화 대학에서 영화 미학을 강의하였다. 1945년에 모국에 돌아와 영화 예술 아카데미에서 교편을 잡고 영화 잡지 『페니소로(Fényszóró)』 ['스포트라이트(spotlight)'라는 뜻의 주간지로 1945년 부다페스트에서 창간하고 벨러 벌라주가 편집장을 맡았다.]를 편집하는 한편 폴란드와 체코의 영화 학교에서도 강의를 맡았다.

⌐ 벌라주는 "기왕의 예술 작품에서 이론을 도출하는 대신에 미래에 대한 예견을 통하여 작품을 기획하고 촉진하고 기대하는"〔주 027〕〔Béla Balázs, 『Theory of the Film』(New York : Roy Publishers), 1953, p.20.〕영화 이론을 구성해 보려고 하였다. 그에 의하면 "미란 우리가 좋아하는 것이다."〔주 028〕〔앞의 책, p.33.〕그는 인간에게 감동을 주는 것 이외의 다른 미에 대해서는 알 수 없다고 하였다. 미는 보는 사람으로부터 독립되어 있는 대상의 속성이 아니라 인종, 시대, 문화에 따라 변하는 인간의 체험이며 객관적 지각에 의해 환기되는 인간 의식의 주관적 체험이므로 미는 주관에 대립하는 현실이면서 동시에 현실을 의식하는 주관이다. "미란 우리가 좋아하는 것이다."란 문장에서 '좋아한다'란 동사를 우리는 '욕망한다' '모방한다' '표현한다'라는 세 개의 동사로 바꿔 쓸 수 있다.

⌐   "미란 우리가 욕망하는 것이다."
    "미란 우리가 모방하는 것이다."
    "미란 우리가 표현하는 것이다."

⌐ 이 세 문장들의 상호 관계에 대하여 생각해 보려고 하는 것이 이 글의 주제이다. 먼저 모방과 표현에 대하여 검토해 보자. 모방은 밖에서 안으로 들어오는 것이고 표현은 안에서 밖으로 나가는 것이다. 모방 이론은 현실에도 해당하고 작품에도 해당하는 보편적 형식이 있다고 보아 그것에 비추어 예술과 현실의 관계를 해명하려 한다. 예술가는 개별적인 재료와 보

편적인 형식을 결합하여 특수한 예술 작품을 생산하는데, 예술이 현실 그대로일 수는 없다고 하더라도 예술의 형식은 어떻게든 현실의 형식에 근거해야 한다는 것이다. 그러나 예술가는 머릿속에 구상한 형식에 맞추어 손으로 재료를 편집하고 조립한다. 손으로 조립한 작품의 형식이 현실의 형식과 서로 통한다는 것을 증명하기란 대단히 어렵다. 우리는 지금 신들의 싸움터에서 살고 있다. 보편적 형식에 대한 믿음은 점점 더 희귀한 사례가 되어가고 있다. 경제학의 경우에 자본주의 경제의 보편적 형식이라면 생산에 투입된 상품들과 생산의 결과로 산출된 상품들의 비율을 계산하여, 특정한 생산 기술 조건 아래서 임금이 0이라고 가정했을 때의 이윤율을 추정할 수 있다는 사실이 있을 뿐이다. 이 이윤율이 하나의 척도가 되기는 하지만 실제의 임금과 실제의 이윤은 구체적 상황에서 전개되는 계급 투쟁(노사 협의)을 통해 결정되기 때문에 보편적 형식은 이론적 가설에 지나지 않는다. 바라보는 사람의 의향에 따라 달라지는 시각의 범위는 무한하게 개방되어 있다. 예술가는 무한히 많은 관점들 속에서 하나의 관점을 선택하여 현실을 모방한다. 모방이란 결국 현실의 어떤 부분을 포섭하고 다른 어떤 부분을 배제하는 작업이므로 모방의 성공과 실패는 현실을 포섭하고 배제하는 방법에 달려 있다고 보아야 할 것이다.

표현 이론은 보편적인 형식이 아니라 개별적인 표현 능력에 근거하여 작품의 가치를 해명하려고 한다. 표현 이론은 인간의 지성을 사변적 지성과 실천적 지성으로 나누고, 다시 실천적 지성의 활동을 윤리적 활동과 기술적 활동으로 나눈 후에 예술을 기술에 귀속시킨다. 필요를 목적으로 삼는 대신에 직관을 목적으로 삼으면 기술은 예술이 된다. 의자를 만드는 작업은 필요를 목적으로 하는 기술이고 의자를 그리는 작업은 직관을 목적으로 하는 예술이다. 기술은 인간의 선이 아니라 작품의 선에 연관되어 있으므로 기술은 윤리에 의존하지 않는다는 것이 표현 이론의 기본 입장이다. 직관은 현실을 이해하기 위해서가 아니라 작품을 제작하기 위해서 정념과 욕망을 수단으로 사용한다. 정념과 욕망은 지성의 활력 속에 수용되어 주관성을 객관적 지향성으로 변형하고, 영혼 전체로 퍼져 나가 개념으로 파악할 수 없는 사물의 특수한 양상을 표현한다. 표현 이론에서 정념과 욕망은 '표현한다'는 동사의 주어가 아니라 목적어이다. 그러나 표현 이론이 아무리 작품 제일주의를 강조한다 하더라도 현실의 구성 원리를 완전히 무시하지는 못한다. 표현이 잘 되었다 하여 실국 시대의 친일 영화를 좋은 영화라고 할 수는 없을 것이기 때문이다.

⌐ 전형(典型)은 모방과 표현을 매개하는 창작의 수단이다. 국어 사전을 찾아보면 '전형'은 대표한다는 의미와 특별하다는 의미를 가지고 있다. 영화의 인물은 개별적인 인물인 동시에 보편적인 인물이다. 작중 인물은 개인의 운명만이 아니라 집단의 운명을 대표한다. 전형은 예술가가 창작의 수단으로 머릿속으로 구성한 장치라는 의미에서 비현실적 개념이다.

⌐ 벨러 벌라주는 얼굴 읽는 법을 배우듯이 아름다움 읽는 법을 배워야 한다고 제안하였다. 섹스 어필이라고 하는 것을 과학

적으로 분석해 본다면 사회 심리학에 대한 우리의 지식을 풍부하게 확장할 수 있으리라고 제안하기도 하였다. 그가 보기에 그레타 가르보(Greta Garbo, 1905~1990)는 말이 아니라 몸으로 표현하는 표정과 제스처의 위대한 서정 시인이었다. 그녀는 배역에 따라 여왕이 되기도 하고 창녀가 되기도 하나, 다양한 배역 뒤에 세계를 정복한 불변의 얼굴이 하나의 전형으로 작용하고 있다.

┌ 우리가 그레타 가르보의 아름다움을 고귀하고 우아하게 느끼는 이유는 그녀의 얼굴에 이방인의 애수와 고독이 숨겨져 있기 때문이다. 얼굴의 선이 아무리 조화롭게 정돈되어 있다 하더라도 웃는 얼굴이 오늘의 이 사회 속에서 그저 즐겁고 행복하게 보인다면 그런 인간은 정신적으로 유치한 인간으로 보일 수밖에 없다. 오늘날에는 정치 의식을 가지고 있지 않은 소시민조차도 이 지저분한 세상에 손을 더럽히는 것을 두려워하는 슬픈 고뇌의 미가 정신적으로 고귀한 인간의 표시라고 느낀다. 그레타 가르보의 미는 부르주아 사회에 맞서서 버텨 내는 미이다. 자신의 처지에 이의를 제기할 엄두도 못내는 수백만 명의 사람들이 그레타 가르보의 얼굴에서 자신이 겪는 슬픈 고통에 대한 항의를 본다. [주029] 〔Béla Balázs, 『Theory of the Film』(New York : Roy Publishers), 1953, p.287.〕

┌ 전형은 현실을 이해하는 데 사용될 수 있을 뿐만 아니라 문제

를 해결하는 데도 사용될 수 있다. 현실을 해명하는 수단으로서 전형은 어디까지나 비현실적이다. 선생이 어느 한 학생을 대표적 사례로 삼아서 다른 학생들을 평가하게 된다면, 대표적 사례로 인정된 그 학생에 대한 객관적 평가가 불가능하게 될 것이다. 현실의 한 부분으로 다른 부분을 해명하는 태도는 전형적인 사고라고 할 수 없다. 과거의 전형이 곧장 현재의 전형으로 이전되지 않으므로 신채호(申采浩, 1880~1936)나 김구(金九, 1876~1949)와 같은 역사적 인물을 통하여 현실을 이해하려는 시도는 실패하게 마련이다. 오히려 반대로 어떤 비현실적 전형을 통하여 신채호나 김구를 이해하는 것이 유효한 방법이다. 영화를 리얼리즘과 안티리얼리즘으로 나누는 것도 비현실적 전형을 설정한 것이다. 엄밀한 의미에서 리얼리즘 영화나 안티리얼리즘 영화는 존재하지 않는다. 그러나 두 개의 극단적인 개념 장치를 양편에 놓고 영화를 볼 때 우리는 현실의 수많은 영화들을 그 가운데 적당한 자리에 배정할 수 있다.

⌐ 일상 생활에서 누구나 사용하고 있는 전형적 사고를 계획적으로 다듬은 것이 영화의 비현실적 전형이다. 영화의 제작 과정은 여러 모로 과학의 탐구 과정과 유사하다. 과학의 탐구 과정은 가설을 발견하는 심리적 단계와 가설을 체계화하는 연역적 단계, 그리고 가설을 검증하는 귀납적 단계로 구성된다. 영화의 제작 과정은 전형을 발견하는 심리적 단계와 전형을 체계화하는 연역적 단계, 그리고 전형을 실험하는 귀납적 단계로 구성된다.

⌐ 벨러 벌라주는 영화화된 연극에 대한 반대를 영화적 전형의

기본 조건으로 전제하였다. 벌라주의 영화 미학은 관객이 일정한 각도의 시선으로 고정된 거리에서 무대의 공간 전체를 보는 연극과 단일한 장면 내에서 쇼트의 각도, 관점, 초점이 달라지고 관객과 장면 간의 거리가 변화하며 한 장면을 여러 쇼트로 나누어 찍기 때문에 관객이 조립된 쇼트들을 보는 영화의 차이에 근거한다. 그에 의하면 "고독한 눈물이 살며시 솟아나 눈가에 괴는 과정"[주030][Béla Balázs, 『Theory of the Film』(New York : Roy Publishers), 1953, p.32.]을 천천히 시간의 경과를 따라 보여 줄 수 있는 예술은 영화밖에 없다. 연극은 홍조 띤 얼굴을 보여 줄 수 있으나 창백한 얼굴이 수줍음으로 천천히 달아오르는 과정을 보여 줄 수는 없다. 인쇄술의 발달은 얼굴 읽는 능력의 쇠퇴를 초래하였다. 글자를 읽는 데 바빠서 표정이 전달하는 의미에는 주의를 돌릴 여유가 없어졌다. 영화는 인간의 관심을 개념 문화에서 시각 문화로 돌려놓았다. "욕망을 표현하는 제스처가 인류 공통의 모국어이다."[주031][앞의 책, p.42.] 인간의 신체는 단어로 개념을 설명하고 나도 여전히 표현되지 않고 남아 있는 내적 경험을 가지고 있다. 우리 존재의 핵심에 닿아 있는 비이성적인 감정을 개념의 그림자에 지나지 않는 단어로는 표현할 수 없다. "표현 수단으로서의 육체를 경시한 것은 육체의 표현력을 퇴화시켰을 뿐 아니라 우리가 육체로 영혼을 표현하는 데 태만했기 때문에 영혼 또한 많은 것을 상실했다. 단어로 표현할 수 있는 정신과 제스처로 표현할 수 있는 정신은 다른 것이다."[주032][앞의 책, p.42.] 영화는 사람들이 육체적으로 서로 친해지도록 도와 줌으로써 국제적 타입의 인간형을 형성하는 일에 종사하고 있다.

⊏ 영화 시장의 수요에 응하기 위해서는 공작 부인에서 노동 계급 아가씨까지, 샌프란시스코에서 스미르나(Smyrna, 현재의 터키 이즈미르(Izmir))에 이르기까지 모든 나라의 모든 사람에게 이해될 수 있는 표정의 연기와 여러 인종, 여러 민족의 육체적 차이가 인간 소외의 원인이 되지 않게 할 수 있는 동작의 제스처만이 허용되어야 한다. 영화는 이미 모든 나라에 통하는 유일의 세계 공통어를 말하게 되었다. 인종적 특징과 국민적 특수성이 영화의 내용을 다채롭게 하고 스타일을 다양하게 할 수 있겠지만, 특수한 성격이 영화의 액션을 추동하는 모티프가 될 수는 없을 것이다. 액션의 흐름과 의미를 최종적으로 결정하는 제스처는 모든 나라의 모든 관객에게 한결같이 이해될 수 있어야 할 것이기 때문이다. 그렇지 않다면 영화 제작자는 돈을 날리게 될 것이다.[주 033] [Béla Balázs, 『Theory of the Film』(New York : Roy Publishers), 1953, p.45.]

⌐ 연극에서는 대사가 연극의 거의 전부이지만 영화에서 대사는 영화를 구성하는 수많은 요소들 가운데 하나일 뿐이다. 셰익스피어(William Shakespeare, 1564~1616)의 시대에는 무대 배경조차 없었기 때문에 관중은 시각적 인상에 주의를 흐트러뜨리지 않고 오로지 대사에만 정신을 집중할 수 있었다. "미학에는 물리학에서 말하는 불삼투성의 법칙과 유사한 법칙이 있다. 이

법칙에 따르면 사운드 영화에는 셰익스피어의 무대와 정반대로 시각 이미지들이 가득 차 있어서 말을 위해 남겨진 여백이 아주 적다. 사운드 영화도 일련의 쇼트들로 구성되어 있고 말이 화면 가운데 포함되어 있지만 말은 선과 명암과 같은 화면의 한 요소이다. 소리의 기능은 화면의 인상을 보충하거나 강조하는 데 있다. 그러므로 소리가 화면에서 튀면 안 된다. 영화에는 힘을 뺀 말이 필요하다."[주034] [앞의 책, p.229.] 영화의 대사는 연극의 대사처럼 구성될 필요도 없고 논리적일 필요도 없고 모든 것을 말로 할 필요도 없다. 화면이 말로 나타낼 수 없는 많은 것들을 표현할 수 있기 때문이다. 영화의 대사는 쇼트의 틀을 뚫고 나오면 안 된다. 연극에서는 배우만이 어떤 단어를 강조할 수 있으나 영화에서는 말하는 사람이 그 중요성을 인식하지 못하고 있더라도 감독의 손에 의해 변화된 화면의 시점이 관객의 주의를 어떤 단어에 집중하게 할 수 있다. 연극의 추상화된 정신적 공간에서 인간을 둘러싼 환경은 배경에 지나지 않는다. 그것은 인물의 정신 상태에, 다시 말하면 액션에 간섭하지 않는다. 그러나 영화에서 사물은 눈에 보이고 귀에 들리는 평면에 인물과 함께 투영되어 인물과 동등한 영상의 소재로 기능하므로 사물은 인물과 대등한 등장 인물이 된다고 할 수 있다. 말은 어떠한 경우에도 화면의 시각적 효과를 방해하지 않도록 화면의 구성과 융합되어야 한다. 눈에 보이는 화면에 무언가 중요한 이미지가 표현되고 있을 때 말이 우리의 주의를 끌어서는 안 된다. 소리의 강약과 화면의 명암 사이에도 여러모로 상관 관계가 있다. 음악이나 소음 같은 배경

음이 대사에 깔리는 경우에는, 배경에 무엇이 보이는 한, 말이 음향적 배경과 맞지 않게 강조되는 것은 좋지 않다. 말하는 인물의 모습이 시각적 배경과 융합되어야 하듯이 음향적 배경과도 융합되어야 하는 것이다. 대사는 듣는 사람에게 하는 상황 보고가 아니다. 그것은 정열의 반사적 표현이고 언제나 의식되는 합리적 의도에 구속되어 있다고는 할 수 없는 것이다. 사람들이 실제로 이유와 목적을 가진 말만 하는 것은 아니고 그들의 특징이 이성적이고 지성적인 언어에 의해서 더 잘 드러나는 것도 아니다. 말을 많이 하고 적게 하는 것이 단지 양의 문제만은 아니다. 말을 너무 적게 하면 인물이 시무룩하게 보이고 말을 너무 많이 하면 영화가 영화화된 연극이 된다. 의식적이 아니고 의도적이 아닌 억양과 음색과 울림이 살아날 수 있도록 대사 자체가 감정의 그림자를 표현할 수 있는 동작이 되어야 한다. 사운드 영화는 표정과 대사의 깊은 관계를 보고 들을 수 있도록 우리를 교육시켜 왔다. 오늘의 관객들은 대사의 의미를 이해하면서 동시에 대사에 수반되는 말소리의 제스처를 이해한다. 그들은 얼굴의 미세한 표정과 손의 제스처와 말이 서로 통하여 작용하는 공간에 온몸으로 참여하는 복합적 감수성을 훈련할 줄 알게 되었다. 벌라주가 영화 대사의 이성적 측면을 경시하는 것은 결코 아니다. "무엇인가 합리적 내용을 지시하지 않는 말이 비합리적인 기분의 분위기를 우리에게 전달할 수는 없다. 그런 경우에는 대체로 격정에서 나오는 막연한 소리(외침, 울음, 웃음)가 들릴 뿐이다. 그런 소리가 미묘한 변화를 보여 주는 감정의 뉘앙스를 표현할 수는 없는 것이다."[주035] [Béla Balázs, 『Theory of the Film』 (New York : Roy Publishers), 1953, p.231.] 읽어서 알 수 있는 행들이 존재할 때에만 행간을 읽는 것이 가능하다는 데에 비합리적 표현에 내재하는 역설이 있다. 영화는 관념 연합의 과정을 다른 어떤 언어 예술보다 더 구체적으로 감지하게 할 수 있다. 말에는 개념적 요소가 너무 많이 들어 있는 반면에 대부분의 영상은 순수하게 비합리적인 이미지들이다. 그러한 영상의 시퀀스는 그것들을 연결하는 대본을 필요로 하지 않는다고 해도 무방할 것이다. 그러나 비합리적인 이미지의 시퀀스와 합리적이고 의식적인 말을 대위법적으로 상호 작용하도록 진행하게 할 수 있게 될 때 사운드는 이미지의 부속물이 아니라 비로소 이미지와 대등한, 영화의 도미넌트[dominant, 主導素(주도소)]로 작용할 수 있게 될 것이다. 눈으로 보는 공간이 동시에 소리를 포함하고 있을 때에만 우리는 공간을 현실 공간으로 받아들인다. 소리가 전혀 없는 공간은 우리에게 현실로 감지되지 않는다. 소리가 공간에 깊이의 차원을 마련해 주기 때문이다. 영화를 볼 때에 우리의 눈이 카메라와 동일시되는 것처럼 우리의 귀도 마이크와 동일시된다. 우리는 마이크가 원래 들었던 그 소리를 듣는다. 우리는 관객으로서, 그리고 청취자로서 극장의 좌석으로부터 사건이 벌어지는 화면 속 공간으로 이동한다. 등장 인물과 우리 사이의 거리는 시각적으로 제거되고 동시에 청각적으로 소멸된다.

벌라주는 알도 베르가노(Aldo Vergano, 1891~1957)의 작품 〈태양은 다시 떠오르고(Il sole sorge ancora)〉(1946)[〈절규(Outcry)〉로도 알려져 있다.]

의 한 장면을 사운드 화면의 전형으로 제시하였다. 독일 군인들이 저항 운동을 하다 체포되어 사형 선고를 받은 신부를 처형장으로 끌고 간다. 길가에 군중이 모여 있다. 군중의 수가 조금씩 많아지고 신부 주위의 공간이 조금씩 좁아진다. 신부는 처음에는 작은 소리로, 그 뒤에는 점점 큰 소리로 기도하면서 군중 사이로 걸어가고 카메라가 그를 따라 이동한다. 신부의 모습은 항상 화면의 중앙에 있지만 군중의 얼굴은 언제나 두어 사람밖에 보이지 않는다. 신부가 연도를 읊조리자 군중 가운데 두 명 또는 세 명이 "우리를 위해 빌어 주소서〔오라 프로 노비스(Ora Pro Nobis)〕."라고 나즉하게 화답한다. 우리는 점점 커져 가는 소리의 폭풍우를 감지한다. 그것은 소리를 통해 느끼는 민중 봉기다. 만일 군중의 모습이 눈에 보였다면 그 소리의 폭풍은 쉽게 이해되었을 것이고 그 장면의 특별한 의미가 상실되었을 것이다.

영화는 1895년에 시작되었고 그로부터 5년 후에 프로이트(Sigmund Freud, 1856~1939)의 『꿈의 해석(Die Traumdeutung)』(1900)이 발간되었다. 왜 1700년이나 1800년이 아니고 1900년인가? 영화와 정신 분석은 자본주의의 산물이기 때문이다. 자본주의란 상품의 흐름, 노동력의 흐름, 생산과 생산 수단들의 흐름이 엇갈려서 형성하는 대류이다. 자본주의의 대류에서는 생산을 위한 생산이 소비를 위한 소비와 겹쳐지며 투기가 투자의 수단이 되고, 불환(不換) 지폐가 조세 체계의 필수 조건이 되고, 상업 자본과 산업 자본이 독립성을 상실하여 금융 자본(가공 자본)의 일부가 된다. 자본주의의 대류에는 경험적으로 사용하는 돈의 개념을 벗어난 자본의 흐름과, 경험적으로 수행하는 노동의 개념을 벗어난 노동력의 흐름이 한데 얼크러져 있다. 자본주의는 한편으로 가변 자본의 흐름과 불변 자본의 흐름을 미분 계수로 나타내고 다른 한편으로 개별 수입의 흐름과 은행 융자의 흐름을 미분 계수로 나타낸다. 미소 증분(微小增分)의 비례인 미분 계수(Dy/Dx)가 나날의 노동을 순수한 노동력의 흐름으로 바꾸고 수입과 융자를 순수한 자본의 흐름으로 바꾼다. 돈이 돈을 낳고 가치가 가치를 낳는다. 가치의 흐름이 흐름의 잉여 가치($x+\Delta x$)를 낳아서 흐름의 수위는 끊임없이 높아진다. 기업의 대차 대조표에 기재되는 융자는 봉급 생활자의 수입과 같은 성질의 돈이 아니다. 융자는 자본의 힘을 표시하는 수단이고, 수입은 사용 가치에 지불하는 수단이다. 은행의 신용은 돈의 순환을 비물질적인 어음의 순환으로 대체한다. 융자의 흐름은 기업의 무한 부채에 자본의 형태를 부여하고, 한 번도 실제로 적용된 적이 없는 태환(兌換) 가능성의 환상을 화폐에 부여한다. 돈이 나가고 들어오는 것이 아니라 귀신이 나가고 들어오는 것이다. 통계학자들은 임금과 봉급이 국민 소득의 전체를 포괄한다고 계산하지만, 대중은 국민 소득의 거의 전부가 자본가들의 손 안에서 순수한 기호의 환류(還流)로 순환하는 것을 바라볼 뿐이다. 수입의 흐름과 융자의 흐름이 하나의 흐름을 형성하지 못하고 따로 놀기 때문에 자본주의는 왜곡과 경련을 피하지 못한다. 연구와 교육이 기술을 혁신하여 생산비를 내리고 이윤율을 올리

그리피스(David Wark Griffith)의 4부작〈인톨러런스(Intolerance)〉, 1916년.

지만 과학의 성과를 제때에 이해하지 못하는 시장과 은행이 기술 혁신의 효과를 제한하기 때문에 기술에 대한 투자는 잉여 가치의 흐름을 충분히 흡수하지 못한다. 국가가 관료 조직과 경찰 기구, 광고 선전과 무기 병참으로 잉여 가치의 흐름을 흡수하여 자본주의의 작동 부실을 조절하려고 하는 경우에는 비생산적 직업들이 위(胃) 확장증적으로 팽창하여 임금과 이윤을 잠식한다. 생산 속에 반생산이 현존하고 반생산이 생산의 조건이 된다는 것은 자본주의의 운명이다. 그러나 자본주의는 작동이 부실한 체계이지만 또한 위기와 동요를 지옥의 시련으로 삼아서 자신을 조정하는 체계이기도 하다.

벌라주는 제1차 대전이 시작되던 무렵 그리피스(David Wark Griffith, 1875~1948)가 만든 4부작 〈인톨러런스(Intolerance)〉(1916)의 현실 인식을 제국주의적 애국주의에 맞서 대기업의 횡포를 폭로하였다는 점에서 높이 평가한다. 어느 제조업자의 공장이 파산의 위기에 직면하였다. 위기를 벗어나기 위해서는 어떤 종류의 대중적 선전이 필요하다고 생각한 공장주는 누이에게 돈을 주어 고아원을 세우게 했다. 자선은 최선의 선전이 되었지만, 고아원의 유지비를 지불해야 했다. 고아원의 유지비를 마련하기 위하여 그는 임금을 삭감했다. 노동자들은 임금 삭감에 반대하여 스트라이크를 일으켰고 공장주는 파업 파괴자들을 고용하였다. 파업 파괴자들의 공장 진입을 막는 과정에서 폭력이 행사되었다는 이유로 경찰이 발포하여 많은 노동자들이 살해되었다. 공장이 다시 가동되고 고아원이 고아들로 가득 찼다.

알렉산드로 도브젠코(Aleksandr Dovzhenko), 〈무기고(Arsenal)〉, 1929년.

영화는 개인의 특징이 일반적 특징과 어떻게 융합되어 개별성과 보편성이 각각 서로 다른 것의 음영이 되는지를 보여 줄 수 있다. 벌라주는 도브젠코〔Oleksandr(Aleksandr) Dovzhenko, 1894~1956〕가 키예프의 내전을 다룬 영화『무기고(Arsenal)』⁽¹⁹²⁹⁾를 예로 들어 개인의 얼굴이 계급의 얼굴과 융합되는 양상을 분석한다. 아무도 움직이지 않는 한밤의 거리에는 정적이 흐른다. 모두 깨어 최초의 총성을 기다리고 있다. 누가 어떻게 기다리는가? 단일한 쇼트를 모은 짧은 시퀀스를 통해서 영화는 각 사회층의 횡단면을 보여 준다. 노동자는 일어나 있다. 군인은 감시한다. 장색은 기회를 살핀다. 상인은 귀를 곤두세운다. 공장주는 경계한다. 교사, 서기, 지주, 예술가, 영락한 룸펜 프롤레타리아와 보헤미안들, 그들은 모두 기대에 차서 어두움을 응시한다. 도브젠코는 인간을 통해 계급을 보여 주었고 전투에 참가하는 것은 총검이 아니라 인간이라는 사실을 알려 주었다는 것이 벌라주의 평가이다.

8. 전형과 욕망

8-I.

 소설이란 무엇인가라고 물으면, 대부분의 사람들은 현실을 묘사하는 산문이라고 대답한다. 그러나 그렇다면 현실이란 또 무엇인가? 인간은 아무리 애를 써도 현실의 전부를 알지 못하며, 소설은 아무리 애를 써도 현실의 전부를 묘사하지 못한다. 인간의 인식 능력과 작가의 묘사 능력은 유한한 데 비하여 현실의 계기들은 무한하다. 우리가 구체적으로 아는 것은 우리 몸이 직접 보고 듣고 만질 수 있는 현실의 지극히 작은 부분이다. 게다가 우리의 경험 내용은 윤곽이 분명한 고체라기보다는 끈적끈적한 액체에 가깝다. 경제학이 현실의 개념을 파악하려 한다면, 소설은 현실의 지각을 기술하려 한다. 지식을 추상적으로 전체화하는 경제학과 달리 소설은 지식의 지평에 한계를 설정하고 지각을 구체적으로 국소화한다. 요약이 현학이 되고, 장면이 요설이 되고, 사건에 감상이 개입하면 소설은 진정한 재미를 상실한다. 소설의 '소(小)' 자는 작다는 뜻인데, 그것은 소설이 애초부터 큰 것을 말하는 것이 아니라 작은 것, 삶의 결, 현실의 세부를 이야기하는 것이었다는 사실을 나타낸다. '나'이거나 '그'이거나 작중 인물은 소설 속에 미확정의 영역을 펼쳐 놓는 미확정의 중심이다. 소설에서는 보는 주체보다 보여지는 대상이 더 중요하다. "그/나는 그 일에 대하여 아무것도 몰랐다."는 문장보다 "그/나는 그 일이 할 만한 것인지 아니면 당장 그만두어야 할 것인지에 대하여 판정하기 어려웠다."는 문장이 소설에 더 적합하다. 서두

임종 때의 존 키츠(John Keats), 1821년 1월 28일, 벗 조셉 세번(Joseph Severn)이 그렸다.

르지 말고 천천히 산보하듯 쓰라는 노작가들의 충고도 소설 속의 나 또는 그의 자잘한 지각 내용에 충실하게 머무르면서 항상 미확정의 영역을 남겨 두라는 의미일 것이다. 이러한 표현 태도를 키츠(John Keats, 1795~1821)는 '소극적 수용력'이라고 하였다. 현실의 묘사라는 어구에는 일종의 모순이 포함되어 있는 듯하다. 묘사의 대상은 한정되어 있어야 할 것인데, 누구도 현실을 분명하게 한정할 수 없기 때문이다. 현실의 계기는 무한하고, 묘사의 능력은 유한하다. 현실의 묘사라는 말에 함축되어 있는 모순을 해결하는 데는 두 가지 서로 다른 방법이 있다. 모방 이론의 현실주의는 묘사를 현실에 종속시키려 하고, 표현 이론의 묘사주의는 현실을 묘사에 종속시키려 한다.

묘사하는 주체와 묘사되는 대상으로부터 동시에 떨어져 나와 주체와 대상 사이에 펼쳐져 있는 공간을 자유롭게 부동(浮動)하는 것이 표현의 방법이다. 슐레겔(Friedrich von Schlegel, 1772~1829)은 이러한 태도를 반어(反語, irony)라고 하였다.

현실과 묘사를 매개함으로써 현실 묘사의 의미를 해명하기 위하여 고안된 수단이 전형(典型)이다. 작가는 비현실적 전형으로 현실을 묘사한다. 비현실적 전형을 현실 묘사의 수단으로 사용하는 예를 우리는 언어학에서 찾아볼 수 있다. $[\alpha_1]$ $[\alpha_2][\alpha_3]\cdots\cdots[\alpha_n]$과 같이 서로 다른 현실음(現實音)들로부터 그것들의 차이를 무시하고 비현실적 전형인 음운 /a/를 구성해 내어 그것으로 현실음을 기술하는 것이 언어학의 방법이다. /a/라는 음운은 현실에 있는 소리가 아니지만 그것에 비추어 우리가 다양한 현실음을 변별하는 비현실적 전형이다. 문장의 경우, 어느 누구도 문법책에 나오는 문장처럼 말하지 않는다는 의미에서 문법책 속의 문장은 비현실적인 문장이지만, 그것은 현실에서 사용되는 무수한 문장들을 기술하는 수단이 된다는 의미에서 문장의 전형이라고 할 수 있다.

˹ 전형은 작가가 설정하는 의미의 원천이며 창작의 출발점이다. 소설의 형식에 관한 여러 가지 전(前)이해들, 그리고 사회 현상과 사회 발전에 대한 사전 지식들이 전형을 구성하는 데 영향을 미친다. 전형은 인간의 행동이 드러내는 관계들을 통합하는 수단이다. 전형은 기원을 고려하지 않고 관계를 고려한다. 현실의 여러 관계들이 중복되고 교차되는 영역이 전형의 바탕이 된다. 현실의 계기들은 무한하기 때문에 전형의 구성에는 포섭과 배제가 불가피하다. 현실의 여러 연관들은 끝없이 확장되므로 목표를 축소하고 한정하지 않으면 전형을 구성할 수 없다. 그러나 목표의 축소와 한정이 단선적 시각을 말하는 것은 아니다. 현실을 하나의 원리로 해명하는 환원주의는 개방된 시각을 차단하여 창작을 방해한다. 전형은 폐쇄된 영역이 아니다. 전형은 직선적 논리를 배척하고 모순되고 대립되는 관점까지 포괄하여 다각적 해석의 가능성을 보유하고 있어야 한다. 작가는 전형을 현실 묘사의 수단으로 사용하면서도 글을 쓰면서 생겨난 여러 조건을 그때그때 음미하고 이용하기 때문에 작품은 전형으로 축소되지 않는다. 작품과 전형 사이에는 강한 긴장이 개입되어 있는 것이다.

˹ 창작은 작가가 전형을 사용하여 독자와 의사를 소통하는 행위이다. 전형에는 시대와 독자에 대한 작가의 기대가 포함되

어 있고, 사회와 문학에 대한 독자의 기대도 포함되어 있다. 운율과 비유, 구성과 문체 같은 문학 층위와 욕망과 언어, 노동과 실천 같은 정치 층위가 서로 전경이 되거나 배경이 되면서 기대의 내용을 규정하고 있다. 기대라는 목적어에는 대체로 네 가지 동사가 수반된다.

  Ⓐ 기대를 채운다.
  Ⓑ 기대를 어긴다.
  Ⓒ 기대를 넘는다.
  Ⓓ 기대를 지운다.

기대가 채워지지 않을 때 독자는 자기의 기대를 스스로 확인하고 새로운 기대를 품게 된다. 독자는 기대를 실망시키는 작품에 반발하면서 자기의 기대가 무엇이었던가를 깨닫는다. 독자의 기대를 부정하는 것은 독자에게 기대의 수정을 강요하는 것이다. 독자의 기대를 넘어서는 것은 독자가 용인하고 있는 미학과 정치 상황을 거절하는 것이다. 독자의 입장에서 볼 때에 전형은 자기의 가치 인식을 확인하게 하고 부정하게 하는 일종의 도전자이다. 작가가 독자의 기대로부터 이탈되도록 전형을 구성함으로써 독서는 독자에게 비판적 각성의 계기가 된다. 우리는 설문 조사를 통하여 하나의 작품이 어느 정도 독자의 기대를 채우고 있으며, 또한 벗어나고 있는지 알아볼 수 있다. 그리고 동일한 전형에 대한 대학생과 노동자의 서로 다른 반응을 설문지로 측정할 수 있다.

⌈ 전형에는 시대에 따라 서로 다르게 나타나는 의미 연관 이외에 시대의 변화에도 불구하고 항구적으로 보존되는 의미 연관이 있다. 전형의 상수(常數)라고 부를 수 있는 이것이 바로 고전적 전형이다. 창작이란 전형의 상수에 전형의 변수를 추가하는 작업이다. 순간순간 새로운 사건들이 과거에 첨가됨으로써 문학의 세계에는 끊임없이 질적 변혁이 일어나고 있으나, 아무리 많은 수정을 겪게 된다고 하더라도 전형에는 시간의 마멸에 저항하는 힘이 작용한다. 전형은 추가적인 창작에 의하여 변모하는 개방된 기억이다. 새로 창작되는 문학은 긍정적이든 부정적이든 항상 과거의 영향을 받고 있다. 그러나 단지 과거에 순응하는 것만으로는 창작이라고 할 수 없다. 과거의 전형이 현재의 전형에 의하여 수정되고 변화되는 면도 있다. 과거의 전형과 현재의 전형 사이에서 일어나는 변화는 일방적인 것이 아니다. 전형의 구성은 과거와 현재가 서로 의미를 조정하는 작업이다. 고전적 전형의 일반적인 의미를 약화시키고 특수한 의미를 강조함으로써 작가는 한편으로는 고전적 전형을 반복하고 다른 한편으로는 고전적 전형을 변조한다. 고전적 전형도 처음 구성되었을 때에는 독자의 기대를 벗어나는 미학적·정치적 간극을 내포하고 있었다. 시대가 바뀌면서 이러한 종류의 기대 이탈이 자명한 것이 되고 미학적 간극이 제거되었으나, 고전적 전형은 기념비적 전형이 되어 새로운 전형 구성의 기본 자료로 사용되고 있다.

⌈ 전형은 개인이 좌우할 수 없는 사실성에 근거한다. 언어와 현실에는 사실성의 규칙들이 들어 있다. 문장의 논리 규칙과

사회의 경제 규칙에는 개인이 임의로 좌우할 수 없는 사실성 (Sachlichkeit)이 있다.

⌐ 형식 논리학은 외연의 전부인가 아니면 일부만인가를 구분하기 위하여 주연(周延, distribution)이라는 용어를 사용한다. 전칭 판단의 주어는 주연되고, 특칭 판단의 주어는 부주연되며, 부정 판단의 술어는 주연되고, 긍정 판단의 술어는 부주연된다. 삼단 논법에서는 두 가지 규칙이 지켜져야 한다.

⌐ 1. 매개념은 적어도 한 번은 주연되어야 한다.
2. 전제에서 주연되지 않는 개념을 결론에서 주연시켜서는 안 된다.

⌐ 이 두 가지 규칙이 준수되지 않으면 논리적 오류가 발생한다. "○사람은 동물이다. ○개는 동물이다. ○그러므로 개는 사람이다."라는 논증에서 매개념인 동물은 두 번 다 주연되지 않았고, "○신앙을 가진 사람은 행복한 사람이다. ○기독교를 믿지 않는 사람은 신앙을 가진 사람이 아니다. ○그러므로 기독교를 믿지 않는 사람은 행복한 사람이 아니다."라는 논증에서는 전제에서 부주연된 '행복한 사람'을 결론에서 주연시켰다.

⌐ 이러한 논리적 연산은 소득 증가분과 소비 증가분과 투자 증가분 사이에서도 성립한다.

$$\text{투자승수} = \frac{\text{소득증분}}{\text{투자증분}} = \frac{\text{소득증분}}{\text{소득증분} - \text{소비증분}} = \frac{1}{1 - \text{한계소비성향}}$$

투자의 증감은 승수 곱절의 소득 증감을 초래하므로 호경기에는 경제 규모가 필요 이상으로 확대되고, 불경기에는 경제 규모가 필요 이하로 축소된다. 투자 승수는 자본주의 경제의 무정부적 불안정성의 한 원인이 된다.

$x=e^y$를 $y=\log_e x$로 바꿔 쓰고 $11.5=10^{1.0607}$을 $1.0607=\log_{10} 11.5$로 바꿔 쓸 수 있듯이 잉여 가치(S)를 노동 생산 능률(m = S/V)과 자본-노동 비율(n = C/V)의 결합으로 바꿔 쓸 수 있다. 우리는 경제 현상을 분석할 때에 언제나 노동 생산 능률과 자본-노동 비율에 유의해야 한다. V는 가변(variable) 자본이고, C는 불변(constant) 자본이고, S는 잉여(surplus) 가치이다. 우리는 V를 임금, C를 기계, S를 부가 가치라고 보아도 되고, V를 노동, C를 자본, S를 수익이라도 해도 된다. 자본-노동 비율(capital-labor ratio)은 좌파-우파 비율에 대응한다. 기계가 증가하면 기술 수준이 변화하고, 계급 투쟁의 양상도 변화한다. m은 『자본론』 제1권의 중심 개념이고 n은 『자본론』 제3권의 중심 개념이다.

$$\frac{S}{V} = m \rightarrow S = mV$$

$$\frac{C}{V} = n \rightarrow C = nV \rightarrow V = \frac{C}{n}$$

$$S = mV = \frac{Cm}{n}$$

잉여 가치를 x와 y로 나누어 추가 불변 자본 x를 불변 자본 C에 추가하고 추가 가변 자본 y를 가변 자본 V에 추가하면 확대 재생산 과정을 다음과 같이 표시할 수 있다. 잉여 가치는 이윤율에 따라 추가 불변 자본과 추가 가변 자본으로 나누어진다. 이윤율은 잉여 가치(S)를 불변 자본과 가변 자본의 합(C+V)으로 나눈 것이다.

$$\frac{x}{C} = \frac{y}{V} = \frac{x+y}{C+V}$$

$$x = \frac{CS}{C+V} = \frac{C \times \frac{Cm}{n}}{C + \frac{C}{n}} = \frac{\frac{C}{n} \times Cm}{\frac{C}{n}(n+1)} = \frac{Cm}{n+1}$$

$$y = \frac{VS}{C+V} = \frac{\frac{C}{n} \times \frac{Cm}{n}}{\frac{C}{n}(n+1)} = \frac{Cm}{n(n+1)}$$

$$C + x + V + y = C + \frac{Cm}{n+1} + \frac{C}{n} + \frac{Cm}{n(n+1)}$$

8 전형과 욕망

⌈ 근대는 기계가 양식만큼 필요한 시대이다. 그러므로 기계를 생산하는 중공업은 근대 사회의 중심부를 차지하게 된다. 중공업의 불변 자본을 C_1, 경공업의 불변 자본을 C_2라고 하고 자본-노동 비율 즉 불변 자본과 가변 자본의 비율을 n이라고 하면 중공업과 경공업이 균형 있게 불변 자본과 가변 자본을 주고받을 수 있는 조건은 경공업 부문의 불변 자본과 추가 불변 자본이 중공업 부문의 가변 자본과 추가 가변 자본하고 동량의 가치로 교환되는 것이다.

⌈ 그러나 자본-노동 비율이 쉬지 않고 변하므로 이 등식은 성립될 수 없다. 중공업과 경공업의 재생산 과정에는 어긋남이 포함되어 있다. 국가에게는 호황과 불황을 조절할 수 있는 능력이 없기 때문이다. 경공업은 돈을 주고 중공업으로부터 기계를 구입하고 중공업은 기계를 팔아 얻은 돈으로 임금을 지급한다. 경공업이 구입하는 기계의 가치와 중공업이 지급하는 임금의 가치 사이에는 일정한 균형이 형성되어 있어야 한다. 그러나 자본과 노동의 비율로 나타나는 기술 수준이 수시로 변화하며 생산 능률도 기술 수준의 변화에 따라 수시로 변화하기 때문에 경공업 부문의 기계와 중공업 부문의 임금 사이에는 어쩔 수 없이 어긋남이 있을 수밖에 없다. 근대란 바로 이러한 괴리의 체계이다.

⌈ 사물과 사건의 바탕은 걸림들로 구성되고 걸림들의 핵심에는 저를 저로 버텨 내게 하는 사물의 힘이 있다. 속속들이 되묻고 곱새기며 바꿔 보고 겹쳐 보면 사물과 사건의 속알이 드러난

다. 속알이란 애써 획득한 것 또는 애써 획득해야 할 것이다. 우리는 어긋남을 통해서 사물과 사건의 속알을 본다. 모순과 동요는 역사의 정상적인 과정이다. 고장이 안 나고 사고가 안 나는 역사는 없다. 과거를 당겨 간직하면서 미래로 진행하는 시간은 뒤틀려 있기 때문이다.

중공업 부문과 경공업 부문이 기계를 사고파는 재생산 과정에는 근원적 어긋남이 내재한다는 『자본론』의 내용 전체를 우리는 하나의 수식으로 요약할 수 있다. 앞에서 본 바와 같이 확대 재생산에서 잉여 가치는 이윤율에 비례하여 추가 불변 자본인 x와 추가 가변 자본인 y로 나누어진다. 중공업은 경공업에 불변 자본(기계)을 공급하고, 경공업은 중공업에 가변 자본(임금)과 잉여 가치(수익)를 공급하므로 경제가 균형 있게 성장하려면 노동 시간으로 보나 화폐 총액으로 보나 경공업의 불변 자본과 추가 불변 자본이 중공업의 가변 자본과 추가 가변 자본하고 같아야 한다. 중공업 부문의 기계를 C_1이라고 하고, 경공업 부문의 기계를 C_2라고 하면, 확대 재생산의 균형 조건은 경공업의 불변 자본(+추가 불변 자본)과 중공업의 가변 자본(+추가 가변 자본) 사이에 성립하는 등식이다.

$C_2 + \dfrac{C_2 m}{n+1}$ 과 $\dfrac{C_1}{n} + \dfrac{C_1 m}{n(n+1)}$ 의 가치가 동일해야 한다.

$C_2 + \dfrac{C_2 m}{n+1} = \dfrac{C_1}{n} + \dfrac{C_1 m}{n(n+1)}$

⎾ 그런데 시간의 추이에 따라 기술 수준이 변화하므로 불변 자본과 가변 자본에 작용하는 자본-노동 비율은 추가 불변 자본과 추가 가변 자본에 작용하는 자본-노동 비율하고 동일할 수 없다. 중공업 부문의 가변 자본(C_1/n)에 나타나는 n은 잉여 가치가 발생하기 이전의 기술 수준이고, 경공업 부문의 추가 불변 자본과 중공업의 추가 가변 자본에 나타나는 n은 잉여 가치가 발생한 이후의 기술 수준이므로 그 두 n은 서로 다른 수가 될 수밖에 없다. 앞의 식은 『자본론』 제2권과 제3권의 내용을 요약하여 내가 만들어 본 것이다. 중공업과 경공업의 공간적 배치를 나타낸 것인데, 시간이 배치 상태를 계속해서 바꾸기 때문에 균형 조건은 현실적으로 성립하기 어렵다. 컴퓨터가 어떻게 계산하건 노동자와 자본가와 지주들의 개별적인 판단에 의하여 운영되는 자본주의 경제는 어긋난 사개를 맞물리지 못한다. 자본주의 사회에서는 어느 누구도 부도와 실직의 불안으로부터 자유로울 수 없는 것이다. 일정 기간마다 불균형을 폭력적으로 조정하는 공황이 반복됨으로써만 자본주의 경제는 균형을 회복하고 성장을 계속할 수 있다.

⎾ 사회에는 그 사회를 지배하는 생산 기술적 측면이 있고, 이것이 상품과 상품의 관계로 나타나는 경제 층위를 형성한다. 공급자와 수요자의 긴 연쇄를 눈에 보이게 이동하고 있다는 의미에서 우리는 상품과 상품의 관계를 환유(換喩, metonymy)라고 부를 수 있다. 공급자와 수요자는 서로 상대방을 필요로 하고 있으므로 상품의 이동에는 모순과 대립이 없다. 그러

나 사회의 생산 기술적 측면은 경제 층위와 리듬을 달리하는 정치 층위에 중첩되어 있다. 잉여 가치를 보존하는 계급 권력과 지배 계급을 응집하는 국가 권력이 정치 층위를 형성한다. 눈에 보이지 않게 겹쳐져 있다는 의미에서 우리는 계급 권력과 국가 권력의 관계를 은유(隱喩, metaphor)라고 부를 수 있다. 이러한 은유가 죽은 상품의 관계를 산 인간의 관계로 움직이게 한다.

⌐ 나라가 하는 일은 자본-노동 비율과 노동 생산 능률을 높이면서 기층 사회(基層社會, grassroot society)의 교육 비용과 의료 비용을 낮추는 것이다. 국가의 연구 투자가 증대하면 대학 연구소인지 국가 연구소인지 명확하게 구분할 수 없는 경우가 많이 발생할 것이고 대용량 정보가 확산되면 정보의 독점이 불가능해져서 개인 지식인지 공유 지식인지 명확하게 구분할 수 없는 경우가 많이 발생할 것이다.

⌐ 한국에서는 반북 안보파를 우파라고 부르고 긴장 완화파를 좌파라고 부르는데, 좌파건 우파건 자본-노동 비율과 노동 생산 능률을 동시에 계산하지 않을 수 없다. 21세기에 들어서면서 대중 운동이 분화되어 직업 문제, 교육 문제, 주택 문제, 건강 문제 같은 구체적인 문제들을 따져보는 두레들이 많이 꾸려지고 있다. 사람을 죽이는 내전보다 사람 대신 표를 죽이는 내전이 나으므로 정당제와 선거제는 유지해야 할 것이다. 그러나 정말 중요한 것은, '투사'들이 문제 중심의 네트워크를 형성하여 평등 공리를 실현하는 '당 없는 정치'이다. 노예가 안 되려면 투사가 되어야 한다. 독재자가 안 되려면 투사가 되

어야 한다. 인간의 역사는 노예가 되지 않게 하고 독재자가 되지 않게 하는 평등 공리를 전제한다. 시집 온 며느리는 시어머니의 질서를 존중해야 한다. 시어머니를 무시하다가 이혼당하는 것은 어리석은 짓이다. 그러나 시어머니에게 복종하기만 한다면 며느리의 고유성과 생산성이 고갈된다. 기존의 질서에서 '두루 맞갖'〔'맞갖다'는 '딱 알맞다'라는 뜻이므로, '두루 맞갖'은 '두루 마음에 맞음' 즉 '조화〔調和. 서로 고르게 잘 어울림〕'라는 말과 어울릴 것 같다.〕을 끌어내서 시어머니가 생사를 걸고 반대하지 않을 수 있는 조건을 남편에게 강제하면서 시어머니를 달래야 한다. 투사는 완강하게 달랠 줄 아는 사람이다. 대중 운동도 대통령과 국회의원들을 달래는 방법이다. 대통령과 국회의원들을 달래서 새 질서를 만드는 것이 대중 정치이다. 달랠 줄 모르는 싸움꾼은 추상적 보편성에 집착하는 얼뜨기 정치가에 지나지 않는다. 투사에게 필요한 것은 분노가 아니라 유머〔humor, 幽默(유묵)〕이다.

⎾ 직업 없는 중동의 청년들은 절망 속에서 그냥 죽는 것보다 차라리 테러를 감행하고 죽는 것이 낫다고 생각한다. 중동의 청년들이 직업을 가지고 생활할 수 있게 될 때 반미 테러가 그칠 것이다. '두루 맞갖'은 지난 적이 아니라 올 적이다. 중동에서도 다처(多妻)의 사례가 적어지고 있으므로 제도를 바꾸지 않더라도 교육 불평등의 정도가 낮아지면 여자의 결정권이 신장되어 일부 다처제는 주변적인 문제가 될 것이다.

⎾ '다스린다'라는 동사에는 '다 말한다'라는 뜻과 '다 함께 산다'라는 뜻이 있다. 나라는 다살 두레에 딸린 모듬살이 가운데 하나이다. 다살 두레는 '다 살 두레'이고 '다 사뢸 두레'이다.

다 말하게 한 뒤에 갈피 짓는 것이 정치이다. 나라는 알라와 같은 마지막 꼭대기가 아니라 함께 살이의 연모이다. 나라를 생각하는 것은 함께 살이의 좋은 연모가 되도록 나라를 꾸리는 것이다. 대중의 수량은 정치의 기본 범주이다. 나라는 굳은 힘〔가멸음〕과 여린 힘〔글됨〕을 가지고 있다. 먹고 사는 것〔이윤 동기〕이 첫째 일이지만, 뜻을 찾는 것〔후생 동기〕도 뒤로 미룰 수 없을 만큼 중요한 일이다. 함께 살이의 보람은 투기성을 낮추고 투명성을 높이는 데 있다. 투기성을 낮추려면 정경 유착의 고리를 끊어 재벌들이 정치 투기, 증권 투기, 토지 투기를 못하게 해야 한다. 투명성을 높이려면 세무서와 국방부와 국정원을 비롯한 모든 국가 기관의 자료를 모두 공개해야 한다.

생리 조건과 환경 조건을 다 알 수 없으므로 우리는 세상일에 일일이 개입할 수 없다. 잘 알지도 못하면서 이것저것 간섭하는 사람들이 세상을 혼란스럽게 한다. 현실의 계기는 무한하므로 개입이 확대되면 사회 자체가 작동하지 않게 될 것이다. 비개입은 자율의 조건이다. 잘못된 개입은 노예나 독재자를 만든다. 작가는 인물들을 간섭하지 말고 좋은 인물과 나쁜 인물에게 다 말하게 해야 한다. 선생은 학생들을 간섭하지 말고 우등생과 열등생이 다 말하게 해야 한다. 작가와 교사는 인물들과 학생들에게 관심이 없어서 개입하지 않는 것이 아니라 인물들과 학생들을 존중하기 때문에 개입하지 않는 것이다. 과대 평가나 과소 평가 없이 있는 그대로 그 사람의 고유성을 인정하는 것을 존중〔respect(리스펙트) : 다시 보기〕이라고 한다.

평등 공리가 통용되지 않으면 못살겠다고 말하는 사람이 많아진다. 못살겠다는 사람의 비율이 낮아질 때 비로소 "이 땅을 버리고 어디로 가랴."라고 말하는 사람들이 늘어나게 된다. 불공정한 차별에 반대하지 않으면 노예가 생기고 독재자가 나온다. 반대가 없는 사회에는 자의적인 개입이 증가하고 동시에 불평등도 심해진다. 비개입과 평등 공리가 둘 다 작동하는 사회를 정상 사회라고 하고 그 가운데 어느 하나가 작동하지 않는 사회를 결손 사회라고 한다. 비개입은 적극적 약력이고 평등 공리는 소극적 강력이다(The non-intervention is a positive weak force and the equality axiom is a negative strong force). 경공업과 중공업 사이에 어긋남이 있듯이 비개입과 평등 공리 사이에도 어긋남이 있기 때문에 그것들을 실현하는 과정에서 편향이 발생한다. 비개입 편향을 우파라고 하고 평등 공리 편향을 좌파라고 하나, 그러나 근원적인 어긋남에도 불구하고 정치적 사건의 주체는 변함 없이 정상 사회를 희망하는 대중이다. 대중에게는 국가를 포위하여 평등 공리가 통용되도록 강제할 수 있는 힘이 있다. 대중이 진정으로 원한다면 기본 소득제와 주택 분배제를 실현하는 것도 불가능한 일이 아닐 것이다.

8-II.

 사물의 형식이란 사물을 바로 그 사물로 만드는 어떤 것, 그것이 없으면 그 사물이 존립할 수 없는 어떤 것이다. 요즈음에는 형식의 의미가 많이 축소되었으나 예전 사람들은 하느님을 질료가 없는 순수 형식이라고 규정할 정도로 형식의 의미를 크게 생각하였다. 그러나 소설의 형식이라고 할 때의 형식은 그처럼 고상한 의미를 가지고 있지 않은 듯하다. 겪어 본 이야기인 수필과 지어 낸 이야기인 소설의 형식을 구별해 내기란 쉬운 일이 아니기 때문이다. 아무런 신문이나 하나 펼쳐서 '휴일에 가 볼 만한 곳' 또는 '지금 이 사람'과 같은 기사를 읽어 보고 그 글의 형식이 소설의 형식과 어떻게 다른가 구별해 보라. 신문 기사 또한 넓은 의미로 보면 이야기에 속하므로 그 둘의 다른 점을 분명하게 말하는 것은 쉬운 일이 아니다. 사람은 어떤 장소나 어떤 인물에 대한 관심이 유난히 강한 동물이다. 사람을 제외한 다른 동물들 중에도 잘 곳과 먹을 것 이외에 어떤 장소나 어떤 동물에 대하여 호기심을 가지고 있는 동물이 또 있는지는 모르겠으나, 사람들이 모일 때에는 언제나 "어디에 가 보았더니 어떻더라", "누구를 만났더니 어떻더라"는 이야기가 나오게 마련이다. 장소는 인물의 무대가 되고 살아가는 이야기의 배경이 되므로, 소설의 전경에는 인물이 자리잡게 된다. 소설은 "이 사람을 보라."는 문장을 다소 야단스럽게 확대한 산문이다. 소설뿐 아니라 구태여 유식을 자랑할 필요가 없는 경우에 쓰는 글은 거의 다 "이 사람을 보라."

는 식의 문장 형식으로 나타나게 된다. 작가는 인간에 대한 관심 때문에 소설을 쓴다. 인간에 관한 관심이 약해질 때 작가는 소설을 쓰지 못한다.

사람들은 제 이야기를 남의 이야기처럼 둘러대고 남의 이야기를 제 이야기처럼 꾸며대면서 산다. 말하는 화자와 화자가 언급하는 인물은 같을 수도 있고 다를 수도 있으나, 화자와 인물이 동시에 등장한다는 점에서는 소설과 소설 이외의 산문을 구별할 수 없으며, 그것들과 일상의 이야기를 구별할 수도 없다. 사람이라면 누구나 예외 없이 화자가 되어 이야기를 꾸며 보기도 하고, 인물이 되어 이야기 속에 등장해 보기도 한다는 사실에 비추어 보면 인간은 모두 소설가이다. 그런데 소설만 읽는 작가는 좋은 소설을 쓰지 못한다고 말하는 사람이 있는가 하면, 이것저것 많이 아는 작가는 좋은 소설을 쓰지 못한다고 말하는 사람도 있다. 어느 쪽이 맞을까? 소설은 사회학과 심리학이 분화되기 이전의 산 경험을 묘사하는 방법이다. 그러므로 그것은 이 세상의 모든 것을 녹여 내는 용광로와 같다. 작가에게는 세상을 자기 나름의 견지에서 해석해 내고 말겠다는 열광이 필요하다. 그러나 전문가들로 가득 차 있는 시대에 소재의 폭을 함부로 넓히는 작가는 자기의 무식을 드러내기 쉽다. 우리는 사건에도 흥미가 있고 심리에도 흥미가 있는데, 그것들은 화자의 매개를 통한 사건이고 화자의 매개를 통한 심리이다. 소설의 공간에서 일어나는 일을 체험하고 지각하고 의식하는 인물은 직접 독자에게 전달되지 않는다. 모든 이야기는 항상 누군가에 의해서 말해진 이야기이다. 작가는 작중 인물과의 거리를 유지해야 할 뿐 아니라 작중 화자와의 거리도 유지해야 한다. 묘사의 대상이나 묘사의 주체에 지나치게 얽매이는 것은 자유로운 운신의 폭을 좁힘으로써 작가로 하여금 세상을 균형 있게 묘사하지 못하도록 방해한다. 작가 주석 서술과 객관 중립 서술은 전혀 다른 서술 방법이지만, 감춤의 수사학이 화자의 주석 자체를 은폐할 수는 없다. 다만 그 주석이 아주 흐릿하게 가까스로 감지되는 경우에 우리는 그것을 명백하게 드러나는 주석이 아니라는 의미에서 객관 중립 서술이라고 부르는 것이다. 반주석(反註釋)은 주석의 결여가 아니라 주석의 한 방법이다.

주석은 큰 소리에서 작은 소리로, 거친 소리에서 부드러운 소리로 서술의 리듬을 달리하면서 서술하는 화자와 서술되는 인물의 사이를 이어 준다. 주석과 반주석은 소설 안에서 대등한 권리를 가지고 있다. 작가 주석 서술의 명확하고 의도적인 전달과 객관 중립 서술의 모호하고 암시적인 전달은 다 같이 유용한 서술 방법이다. 주석은 주석대로 효과적인 서술 방법이지만, 만일 주석이 신빙성을 획득할 수 없게 된다면 작가는 언제라도 반주석으로 전환할 수 있어야 한다. 객관 중립 서술은 무지라는 인식론적 전략을 이용하는 서술 방법이다. 작가는 자기의 앎을 내세울 줄도 알아야 하고, 자기의 모름을 내세울 줄도 알아야 한다. 무지의 기술, 지식 결여의 전략, 매개자의 비매개성이야말로 다름 아닌 객관 중립 서술의 비밀이다. 소설을 쓰는 기쁨은 자기가 쓴 소설의 한 문장 한 문장, 한 페이지 한 페이지에 일일이 개입하지 않고 그것들을 독자의 상상력에 맡긴 채 그대로 내버려 둘 수 있다는 데 있다. 작가는 무엇이건 생략할 수 있다. 어떤 작가는 제가 꿈꾸었지만 이루지 못하고만 아쉬움을 인물에 투사하고, 어떤 작가는 자기가 겪고 싶지 않은 경험을 인물에 투사한다. 어떤 경우이든 작가가 자기의 손가락으로 인물의 도덕적 취약성을 가리키는 것은 매우 어리석은 짓이다. 소설을 쓰는 일은 자기를 드러내는 작업이 아니라 자기 안에 있는 이방인과 친숙해지는 작업이다.

 작가가 유념해야 할 것은 주석 또는 반주석에 대한 독자의 태도이다. 독자들은 어째서 어떤 주석은 재미있어 하면서, 어떤 주석은 귀찮아하는 것일까? 우리는 반주석 또는 객관 중립 서술을 0도의 주석이라고 할 수 있다. 플러스 방향으로 주석이 조금씩 늘어나면서 발생하는 효과를 분석함으로써 우리는 기능적인 주석과 장식적인 주석의 차이를 식별할 수 있게 될 것이다. 문장이 증가되고 문맥이 확대되면 '그가 앉았다.'라는 단순 문장조차도 일정한 정도의 주석이나 반주석을 함축할 수 있게 된다. 흔히들 소설을 1인칭 소설과 3인칭 소설로 나누곤 한다. 그러나 1인칭과 3인칭은 기실 모든 소설에 두루 함께 등장한다. 자기를 1인칭으로 지칭하는 인물은 다른 인물들에 의하여 3인칭으로 지칭된다. 어느 소설에나 1인칭으로도 지칭되고 3인칭으로도 지칭되는 인물들이 등장하므로 1인칭 소설과 3인칭 소설은 인물이 아니라 화자의 인칭에 따라 구분한 것인 듯하다. 1인칭 화자가 인물로 등장하는 소설을 1인칭 소설이라고 한다면, 1인칭 화자가 등장하지 않는 소설에서 화자가 3인칭으로 지칭되는 경우가 없으므로 1인칭 소설과 3인칭 소설 대신에 1인칭 화자 소설과 비인칭 화자 소설로 나누는 것이 더 타당할 듯도 하다. 어떻든 1인칭 서술과 3인칭 서술의 경계는 통과할 수 없는 경계가 아니며, 이 경계를 무효로 만들어 1인칭으로 서술되고 있는지, 3인칭으로 서술되고 있는지 구분하는 것이 쓸데없게 된 소설도 있다. 독자의 관점에서 볼 때 소설은 3인칭을 3인칭으로 다루는 산문으로서 1인칭 인물은 다만 3인칭 인물의 한 가지 변형에 불과하지만, 작가의 입장에서 볼 때 소설은 원초적으로 1인칭 자기 서술이다. 인물 시각 서술과 객관 중립 서술은 물론이고 1인칭 타자 서술조차도 1인칭 자기 서술의 변형에 불과하다. 인칭이란 인간이 발명한 위험한 가면들 중의 하나이다. 인칭을 이용하여 인간은 제 이야기를 남의 이야기로 돌려대고 남의 이야기를 제 이야기로 꾸며 낸다. 소설 속에서 하나의 인물이 '나'나 '그'로 지칭될 때 그 인물은 현실에서 소설로의 이민이 완료된다. 한 편의 소설에는 여러 사람의 '나'와 여러 사람의 '그'가 나온다. 소설의 공간을 좌우할 만큼 우세한 '나'가 있는가 하면, 소설의 공간에 짓눌려서 조롱거리가 되거나 남의 시선을 끌지 못하는 아둔한 '나'도 있다. 항상 자기를 힘 있게 내세우는 '그'가 있는가 하면, 정물처럼 시선만 빌려 주다가 어쩔 수 없을 때만 잠시 나와 힘없이 발언하는 '그'도 있다. 자기 서술은 수많은 3인칭들을 가리게 되고, 타자 서술은 1인칭 화자를 가리게 되며, 객관 중립 서술은 1인칭의 목소리를 너무 낮추게 되고, 인물 시각 서술은 '그' 속에 있는 1인칭의 목소리를 너무

높이게 된다. 우리는 자신을 1인칭으로 하고 타인을 3인칭으로 하여 말하는 이외에 달리 말하는 방법을 모른다. 소설의 재미는 이러한 인간의 운명을 수정하거나 거부할 수 있는 가능성과 연관되어 있다. 창작의 본질은 인간의 내부에까지 깊이 파고들려는 창조적 노력에 있다. 소설 속에서 '나'는 그처럼 규정될 수 있는 존재로 나타나며 '그'는 '나'처럼 규정될 수 없는 존재로 나타난다. '나'와 '그'로 불리는 작중 인물들은 '나' 속의 '그' 또는 '그' 속의 '나'를 드러내 보여 준다. '그'는 거리를 유지하고 있는 '나'이기 때문이다. 1인칭 서술과 인물 시각 서술에서 화자는 인물이 알고 있는 것만큼 알고 있다. 작가 주석 서술에서 화자는 인물이 알고 있는 것보다 더 많이 알고 있고, 객관 중립 서술에서 화자는 인물이 알고 있는 것보다 더 적게 알고 있다.

우리는 자신의 행동을 주격으로 파악하고, 타인의 행동을 대격으로 파악한다. 주격과 대격의 가르기로 인해서 인간과 인간의 상호 작용은 온갖 종류의 이해와 오해를 산출한다. 우리는 타인이 의도 없이 한 행동을 의도적인 행동으로 간주하기도 하고, 타인이 의도하고 한 행동을 의도하지 않은 행동으로 간주하기도 한다.

① 의도적인 행동을 의도적이라고 간주하고 의도적으로 반응하는 경우
② 의도적인 행동을 비의도적이라고 간주하고 의도적으로 반응하는 경우
③ 의도적인 행동을 의도적이라고 간주하고 비의도적으로 반응하는 경우
④ 의도적인 행동을 비의도적이라고 간주하고 비의도적으로 반응하는 경우

⑤ 비의도적인 행동을 의도적이라고 간주하고 의도적으로 반응하는 경우
⑥ 비의도적인 행동을 비의도적이라고 간주하고 의도적으로 반응하는 경우
⑦ 비의도적인 행동을 의도적이라고 간주하고 비의도적으로 반응하는 경우
⑧ 비의도적인 행동을 비의도적이라고 간주하고 비의도적으로 반응하는 경우

주격과 대격의 가르기는 다시 담화의 화자와 문장의 주어 사이에 틈을 만들어 내고, 위의 여덟 가지 경우 하나하나에 대하여 다양한 기호 표현과 기호 내용을 부가한다. 진주로 피신하려고 하는 범인이 일부러 진주로 가겠다고 언명하여, 그 말을 전해 들은 형사에게 그가 목포로 갈 것이라고 여기게 할 수도 있다. 너무나 명확한 기호 표현이 오히려 기호 내용의 파악을 교란할 수도 있는 것이다. "진주로 간다."는 기호 표현은 "너는 내가 진주로 간다고 믿어도 좋다."는 기호 내용을 의미하는 것이 보통이지만, 때로는 동일한 기호 표현이 "내가 진주로 간다고 너에게 믿게 하고 나는 목포로 가겠다."는 기호 내용 또는 "내가 진주로 간다고 말하고 목포로 가리라고 추측할 것이 틀림없는 너를 속이려면 진주로 간다고 말하고 진주로 가야 한다."는 기호 내용을 의미할 수 있다. "술 한 잔 어때?"라는 말을 듣고 어떤 사람은 "그가 술을 마시고 싶어 한다."고 생각하고, 어떤 사람은 "그가 정말로 술을 좋아하는 것은 아니다."라고 생각한다. 술자리에서 정치를 비판하면, 그의 비판적인 시각을 인정하는 반응도 나타나고, 그가 마치 자기의 정치 의견을 떠보려고 하는 것처럼 계산하고 발언하는 반응도 나타나고, 그가 술을 그만하려고 흥을 깨뜨리려 한다는

반응도 나타난다. 작가는 소설 속에서 주정꾼을 묘사할 때에 "여기 한 사람의 주정꾼이 있다."고 말하면서 동시에 "세상에는 많은 주정꾼들이 있다."고도 말해 준다. 헝클어진 머리와 구겨진 옷, 밤거리의 세부를 아무리 자세히 기록한다 하더라도, 모든 묘사의 의미 작용은 "대충 그렇다."에 지나지 않는다. "대충 그렇다."는 문장은 "실제로는 그렇지 않을 수도 있다."는 문장과 통한다. 독자의 지각을 쇄신하기 위하여 작가는 익숙한 대상을 낯설게 묘사하기도 한다. 골동품 거울 앞에서 머리 빗는 여자를 묘사하거나 미장원 거울의 테두리 장식을 강조하거나 하는 것은 일종의 의도적인 환경 전환이다.

주격과 대격을 갈라서 생각할 때 주격을 작가 주석 서술에, 대격을 객관 중립 서술에 배정할 수 있다. 작가 주석 서술이 주격 서술이고 객관 중립 서술이 대격 서술이라면, 대격 속의 주격 서술 또는 주격 속의 대격 서술이라고 할 수 있는 것이 인물 시각 서술이다. 인물 시각 서술은 정신 분석의 방법을 응용하는 서술이다. 체계로 환원할 수 없는 사실들을 중시한다는 점에서 정신 분석은 학교에서 가르치는 완결된 지식과 구별되는 탐구의 방법이다. 환자와 함께 막막한 미지의 세계에 직면해 있는 정신 분석가는 이미 알려진 지식이 무효가 되는 최전선에 있다. 플라톤은 "조금밖에 경험하지 못하는 인간이 어떻게 경험하지 않은 많은 것을 알 수 있는가."라고 질문하였고, 조지 오웰(George Orwell, 1903~1950)은 "많은 것을 경험하는 인간이 왜 그토록 무지한가."라고 질문하였다. 이 두 가지 질문은 정신 분석의 근원적인 질문이다.

인류 진화의 어느 비슷한 시기에 근친상간이 금지되면서 가족이 형성되었고, 언어가 발생하였다. 가족의 형성과 근친상간의 금지는 동의어이다. 상대를 가리지 않는 성행위는 누가 아버지인지 누가 누나인지 알 수 없게 한다. 근친상간이 금지되지 않으면 가족의 계보가 구성되지 않는다. '아버지-어머니-나'의 계보가 구성되면 '나-너-그'의 인칭이 분화되고, 같은 인칭 안에서 주격과 대격이 갈라진다. 인간은 가족의 분화에 근거하여 자기에게 일어나는 사건을 언어로 분절할 수 있게 되는 것이다. 인류의 진화는 뇌세포의 진화이다. 언어의 발달도 뇌세포의 발달과 연관되어 있다. 그러나 실어증 연구는 뇌의 특정한 영역과 언어의 특정한 요소 사이의 1대 1 대응을 찾아내는 데 실패하였다. 낱말의 결합 방법을 잊어 버려 전보문처럼 이야기하는 환자가 있고, 낱말의 선택 방법을 잊어 버려 무의미 시처럼 이야기하는 환자가 있다. 선택과 결합은 인간 행위의 두 축이다. 우리는 식당에 가서 갈비탕과 설렁탕 중에서 하나를 선택한 후에 밥과 국과 김치를 결합하여 먹는다. 우리는 옷장을 열고 저고리 중에서 하나를 선택하고 바지 중에서 하나를 선택한 후에 저고리와 바지를 결합하여 입는다. 인간의 행동에 고장이 난다면 그것은 선택의 고장이거나 결합의 고장일 수밖에 없다. 언어의 이상도 결국 선택의 이상이거나 결합의 이상일 수밖에 없다. 어떤 경우이건 환자는 고유명사를 먼저 잊어버리고, 그 다음에 명사를 잊어버리고, 그 다음에 형용사를 잊어버리고, 제일 나중에 동사를 잊어버린다. 뇌세포의 파괴가 뇌의 어떤 부분에서 시작되어 어떤 부분으로 진행되는가에 상관 없이 실어증은 일정한 방향으로 진행된다. 고유 명사는 하나하나 따로따로 배우므로 기억하기 어렵고, 동사는 행동하면서 배우므로 기억하기 쉽다. 실어증 환자는 기억하기 어려운 낱말부터 잊어버리는 것이다. 그러므로 뇌의 특정한 부분의 손상을 회복시키는 뇌수술로는 실어증을 고치지 못한다. 뇌의 특정한 부분이 고장날 수 있는 것과 같이 뇌세포 전체의 상호 작용이 고장날 수도 있을 것이다. 정신병이란 뇌세포 전체의 상호 작용이 균형을 상실할 때 발생하는 질병이다. 그런데 그 결과는 뇌세포들의 균형 상실이지만, 그 원인은 가족 관계의 균형 상실이라는 데 정신병의 특색이 있다.

정신 분석가는 환자의 상대는 자기가 아님을 항상 의식하고 있어야 한다. 환자가 상대하고 있는 것은 사회이다. 의사는 환자와 사회가 서로 화투를 치도록 판에 깔려 있는 패에 지나지 않는다. 정신 분석가가 환자의 과거를 한 편의 이야기로 재구성한다고 오해하는 사람들이 있다. 분석가가 환자의 이야기를 귀담아 듣는 것은 사실이지만, 그는 그 이야기의 대부분을 그냥 들어 넘긴다. 그는 환자의 이야기 속에 균열이 생기는 때를 기다린다. 무의식의 언어는 균열을 통해서 말하기 때문이다. 환자가 "배가 아팠어요. 어머니가 '쓰레기를 어디다 다 치우느냐?'고 물었어요."라고 말했을 때, 분석가는 배와 쓰레기라는 두 낱말에만 유의한다. 그것들이 무의식에 가까이 있는 낱말들이라고 느껴지기 때문이다. 일주일에 두 시간씩 여섯 달 동안 치료했다면 그는 마흔여덟 장의 낱말 지도를 가지고 있게 되었을 것이다. 그 종이들을 겹칠 때 겹쳐지는 낱말들이 비밀의 매듭을 가리킨다. 이 매듭의 의미를 해명하는 작업은 철저하게 환자의 시각에 의존하여 수행된다. 효과가 증명된 약을 주는 것 이외의 모든 방법이 분석가에게는 사랑하는 싸움이고 가차 없는 모험이다. 의사가 어느 정도로 자기의 의견이나 주석을 절제하고 이해하기 어려운 환자의 시각에 충실해야 하는가를 예증하기 위하여 마르그리트 세셰이예(Marguerite Sechehaye, 1887~1964)의 『정신 분열증 소녀의 수기(Journal d'une Schizophrène)』(1950)〔한국에서는 『르네의 일기』(마실가, 류종렬 옮김, 2003년)로 번역됨.〕를 요약해 보겠다. 『정신 분열증 소녀의 수기』는 세셰이예의 환자인 르네(Renée)가 자신의 병력을 기록한 자서전적 병례의 보고이다. 세셰이예가 붙인 일지를 먼저 소개하는 것이 치유의 과정을 이해하는 데 도움이 될 것이다.〔주 036〕〔Marguerite Sechehaye, 『Journal d'une Schizophrène』(Press Universitaire de France), 1950.〕

르네는 프랑스 남부의 귀족 출신 어머니와 스위스의 사업가인, 어머니보다 연하의 아버지 사이에서 태어났다. 일본 여행을 계획하다가 임신한 사실을 알게 되어서 어머니는 크게 실망하였다. 경험이 부족한 어머니가 너무 묽은 우유를 먹였기 때문에 르네는 배가 고파서 자꾸 울었다. 위가 나빠서 운다고 잘못 진단한 의사는 우유에 물을 더 많이 타라고 처방하였다. 3개월이 되었을 때 할머니가 와서 거의 굶어 죽게 되어 있던 아이를 살려 냈다.

○14개월 : 토끼를 데리고 놀았는데 아버지가 그 토끼를 죽였

다. 뇌막염에 걸려 고열과 섬망의 증상을 보였다.
○ 18개월 : 남동생이 태어났다.
○ 두 살 : 동생과 다투다가 "누군가 네 고추를 잘라 낼 거야." 라고 말했다. ○
○ 다섯 살 : 둘째 남동생이 태어났다. 아버지에게 다른 여자가 생겼다. 아버지가 르네에게 같이 죽자고 말했다.
○ 일곱 살 : 아버지가 회사에 타고 다니던 기차의 선로에 돌을 갖다 놓았다.
○ 아홉 살 : 아버지가 집에 있던 돈을 모두 가지고 도망쳤다. 르네는 네 명의 동생과 어머니를 위해서 집안일을 열심히 하였다.
○ 열한 살 : 신앙에 몰두하여 자기는 굶더라도 가난한 사람만 보면 무엇을 주려고 하였다.
○ 열두 살 : 어머니가 같이 죽자고 하였다.
○ 열세 살 : 어머니에게서 원치 않았던 아이라는 말을 들었다. 산 속 요양소에서 여섯 달 동안 결핵을 치료했다. 나왔다가 석 달 후에 다시 들어가 요양소에서 1년을 보냈다. 자위 행위를 자주 했다. 결핵은 나았으나 그 후 2년 동안 환각과 섬망에 시달리며 정신 병원을 드나들었다.
○ 열여덟 살 : 세셰이예의 치료를 받기 시작했다. 만 2년 후에 병이 나았다.

르네의 증상은 다섯 살 때부터 나타나기 시작하였다. 혼자서 학교 주변을 거닐다가 그녀는 학교가 감옥처럼 커지고 학생들이 세상과 격리되는 것을 보았다. 태양이 빛나고 있었고, 노란 밀밭이 사방으로 끝없이 펼쳐져 있었다. 열 살 무렵, 학교에서 줄넘기를 하다가 그녀는 같은 일을 경험했다. 이쪽 저쪽에서 번갈아 줄을 뛰어넘는 놀이였는데, 맞은편에서 뛰어오는 친구가 점점 커지는 것을 보고 그녀는 소리를 질렀다. "알리스, 그만 해. 무서워." 쉬는 시간만 되면 그녀는 밝은 빛의 조명 아래 건물이 커지고 아이들이 기계처럼 움직이는 것을 보았다. 병이 심해지자 수업 시간에도 그녀는 교사들과 학생들이 인형으로 변하는 것을 보게 되었다. 그들의 음성은 금속성의 소음이었다. 한 선생이 그녀에게 미소를 짓자, 갑자기 시야 전체가 하얀 이빨로 가득 찼다. 몸서리치는 침묵 속에 얼어붙어 있는 교실 위로 냉혹한 태양이 덮쳤다. 그녀에게는 선생이나 학생이나 모두 보이지 않는 기계 장치에 의하여 조종되는 로봇들로 보였다. 그녀는 주위에서 늘 빛과 기계의 감촉을 지각했다. 건초 더미 속에 있는 바늘이 그녀의 꿈에 자주 나타났다. "벽이 반들반들하게 닦여 있는 헛간에 바늘 하나가 공중에 떠서 빛나고 있었다. 헛간에 있던 건초 더미가 점점 불어나서 바늘을 삼켰다. 바늘은 주위에 전기장을 펼쳤고, 건초 더미는 전기의 힘을 받아 흔들렸다."

결핵으로 요양원에 있던 무렵에 르네는 규칙적인 생활에 무난히 적응하였다. 습관적이고 자동적으로 반복되는 요양소의 생활이 그녀에게는 학교보다 편안했다. 그러나 요양원에서도 그녀는 산 속에 부는 바람과 자신을 동일시하고 바람이 불 때마다 바람과 함께 신음하고 절망했다. 어두움 속에서 거세게 움직이는 바람과 불빛 아래 움직이지 않는 가구들의 대립이 그녀에게 어떤 불안감을 조성했다. 그녀는 덧문을 흔드는 바람 소리를 들으며 북극에서 시작하여 얼어붙은 시베리아를 거쳐 온 바람이 긴 여행에 지쳐서 괴롭게 떠돌 수밖에 없는 자신의 운명을 원통해 하고 있는 것이라고 생각했다. 설날 저녁, 르네는 바람의 의미를 깨달았다. 바람은 지구를 깨뜨리려고 하고 있는 것이었다. 바람은 지구 전복의 신호를 보내고 있었다.

산에서 내려온 르네는 적은 돈으로 여섯 식구의 살림을 꾸려 나가야 했다. 그녀는 요양소 시절을 그리워했다. 그녀는 동생들을 돌보고 스스로도 열심히 공부했다. 사람들이 기계 장치로 보이는 것을 막아 보려고 친구들에게 더 마음을 썼다. 친구들이 그녀를 귀찮아했다. 열 살 정도 손위인 이웃 언니에게 르네가 "왜 로봇처럼 움직이죠?"라고 묻자, 그 여자는 "내 걸음걸이가 우아하지 않단 말이지."라고 화를 냈다.

동생의 방을 청소하다가 더럽혀진 인형을 발견한 르네는 리게트라는 이름을 지어 주고 유모차에 태워 어디든 데리고 다녔다. 리게트가 쓸쓸해 하지 않도록 그녀는 저녁을 지을 때도 유모차를 끌고 갔다. 르네는 리게트의 자세·온도·습도·조명에 세심하게 신경을 썼다. 그녀는 리게트에게 따뜻하고 편안하고 신선한 환경을 만들어 주려고 온갖 정성을 다했다. 리게트가 맨머리에 햇볕을 쬐었을까 염려되어 학교에서 서둘러 집으로 돌아왔다. 리게트의 영양이나 치장에는 전혀 관심을 기울이지 않았다. 르네가 리게트를 사람이라고 여기지 않은 것은 분명하다. 먹을 것을 준 적이 한 번도 없기 때문이다.

「그녀는 차디찬 빛이 인간과 사물을 긴장시키고 끝내는 폭발시킨다고 생각했다. 눈부신 빛이 인간과 사물을 폭발할 때까지 끌어당긴다. 짚은 인간의 신체 속에 들어와 신경 섬유가 된다. 몸속에 짚을 지니고 있는 사람은 바늘이 펼쳐 놓은 전기장의 영향을 받는다. 미친 사람이란 빛의 통제를 받아 아무 데도 그늘을 갖지 못하는 사람이다.

「세셰이예로부터 분석을 받기 시작할 무렵, 르네는 망상의 체계를 완성하였다. 그녀는 더할 수 없이 편안한 유모차를 만들고 싶어 했고, 세상을 무너뜨릴 수 있는 전기 기계를 만들고 싶어 했고, 모든 사람을 로봇으로 만들고 싶어 했고, 지구 위에 그녀 혼자 남아 마음대로 살고 싶어 했다. 인류의 멸망을 소원하는 파괴 본능 사이에 희한하게도 아기를 돌보겠다는 화합 본능이 끼어들어 있었다.

「그녀의 망상 체계 속에서 빛은 세계적인 규모의 조직으로서 명령하고 처벌하는 권력을 소유하고 있었다. 빛에 속한 사람들만이 스스로 조직의 일원임을 의식하고 있었으나, 조직의 일원이 아니라고 생각하는 사람들은 조직이 아직 처벌을 미루고 있는 사람들일 뿐이었다. 빛의 조직은 죄인들의 조직이었고, 조직의 성원들은 죄책감으로 얽혀 있었다. 일단 조직에 들어가면 죄책감을 제외한 모든 일에 무감각하게 되었다. 르네는 조직의 우두머리를 앙티피올이라고 불렀는데, 그것은 상처에 바르는 연고의 이름이었다.

「르네는 '아쉬시우', '가오', '이티바르', '지바스토', '오베드'

등의 뜻 없는 말을 메아리처럼 반복하였고, 누구에게나 반말을 썼고, 3인칭으로 불러 주지 않으면 누구한테 하는 이야기인지 알아듣지 못했다. 세세이예는 그녀에게 '나와 너'라고 말하는 대신에 '엄마와 르네'라고 말해야 했다. 얼굴의 이, 눈, 코, 볼이 분리되어 고립된 전체로 나타나는 통에 그녀는 사람을 잘 알아보지 못했다.

┌ 분석을 시작한 지 1년이 지났을 때에도 르네의 병세는 계속 악화되었다. 그녀는 말들과 물건들이 괴롭힌다고 하소연하였고, 우유통 속에서 썩은 시체를 보았고, 고양이의 뇌수와 창자를 파먹는 자신의 모습을 실제처럼 상상하였다. 사물들은 용도와 기능과 이름과 의미를 상실하고, 그녀 앞에서 단지 '것들'이 되었다. 그녀는 '의자'라고 발음할 수 있었으나 그 소리는 내용물이 없는 빈 잔에 지나지 않았다. 그녀를 괴롭히는 것은 특정한 사물이 아니라 사물의 '존재' 그 자체였다.

┌ "르네, 넌 빛의 세계에 갇혀 있다. 넌 처벌을 받아야 해."라는 어린애의 목소리가 끊임없이 그녀의 귓가를 맴돌았다. 후에 그 목소리는 인간의 음성이라고 할 수 없는 조직의 목소리로 바뀌었다. 그 목소리가 르네에게 오른손을 불에 넣으라고 명령했다. 타는 숯불 위에 오른손을 놓았다. 그것이 조직에 대한 그녀의 의무였다. 뭐라 말할 수 없는 거북한 느낌에 갇혀서 그녀는 3시간 45분 동안 후추씨만 한 얼룩을 바라보고 있기도 했다. 그녀는 그 얼룩을 세상으로부터 빠져나갈 수 있는 구멍이라고 여겼다.

┌ 자기 가슴을 멍들도록 때리기도 했고, 하루 종일 주먹으로 벽

을 치기도 했다. 비 오는 날 마당에 서서 오줌을 싸면서 그녀는 땅을 적시는 물이 전부 그녀의 오줌이라고 생각했다. 조직이 그녀에게 음식을 먹지 말라고 명령했다. 그녀는 과수원에 열린 파란 사과 한두 알만 먹었다. 그녀는 과수원이 있는 그 일대를 티베트라고 일컫는 그녀의 나라라고 생각했다. 그 나라의 여왕인 자신은 그 땅에 열린 과일을 먹어도 된다고 믿었고, 사람이 만든 음식은 먹으면 안 되지만 사과는 자연이 만든 것이므로 먹어도 된다고 믿었다. 과수원지기에게 들켜서 사과 한두 알도 먹지 못하게 되었다.

┌ 정신 분석이란 비개입과 평등 공리를 철저하게 지키면서 환자의 시각에서 환자의 언어를 분석하는 방법이다. 정신 분석의 전개 과정은 인물 시각 서술의 진행 과정과 유사하다. 개별성과 보편성이 의미를 주고받으며 서로 통하여 작용하는 것이 치료의 목표라고는 하겠으나, 보편적인 체계를 앞세우면 실패하는 것이 정신 분석의 작업이다. 자기에게도 통하고 남들에게도 통하는 현실 인식이 이상이기는 하지만, 환자의 경우에는 대체로 다른 누구에게도 통하지 않는 자기만의 망상 체계를 가지고 있다. 연고가 약의 이름에서 절대 권력자의 이름으로 이동한 것은 보편성을 상실한 예가 되겠고, 사물들이 순수한 '것들'로 등장하는 것은 개별성을 상실한 예가 되겠다. 두루 통하는 원근법을 상실한 르네는 어디서나 항상 우는 동, 좌는 서, 뒤는 남, 앞은 북으로 방향을 정위하였다. 자기에게 고유한 주체성을 상실한 르네는 자신의 주격과 대격을 구별할 수 없었고, 자기에게 1인칭을 사용할 수 없었다. 아버지

와 어머니가 그녀의 결여를 채워주지 않았기 때문에 르네의 의존심은 적대감으로 바뀌었다. 아버지의 가출로 그녀는 젖이 채 떨어지지 않은 상태에서 노동 체계 속으로 밀려 들어갔다. 노동 체계를 견뎌 낼 수 없었던 그녀는 앙티피올의 조직을 선택하였다. 부모들의 정직하고 관대한 분위기 속에서만 어린아이는 자율적인 인간으로 성장할 수 있다. 부모에게서 정직하고 관대한 느낌을 받지 못한 르네는 모든 사람을 기계 장치로 변형하였다.

세셰이예는 투사와 모방으로 르네를 치료하였다. 첫째, 세셰이예는 우단으로 만든 원숭이를 르네에게 주었다. 그 원숭이는 두 팔을 쳐들고 있었다. 르네는 그 원숭이가 자기를 때리려 한다고 생각하고 스스로 자신을 때렸다. 세셰이예는 원숭이의 팔을 아래로 내려 놓고 "엄마의 작은 원숭이야. 엄마는 네가 이 팔로 르네를 지켜 주기 바란단다."라고 말했다. 르네는 자기를 때리지 않았다. 둘째, 세셰이예는 입으로 사과를 몇 조각 떼어서 손에 들고 르네의 머리를 그녀의 가슴에 대게 하고 눈을 감은 르네의 입에 넣어 주면서 "르네에게 엄마의 사과를 주고 싶다."고 말했다. 그 후로 간호사가 사과를 주면서 엄마가 가슴에 품었던 사과라고 하면 르네는 그것을 먹었다. 아무것도 먹지 않던 상태가 어느 정도 나아진 것이었다. 셋째, 세셰이예는 르네 앞에서 인형을 씻겨 주고 재워 주었다. 르네는 그 인형을 에제쉬엘이라고 불렀다. 어느 날 르네가 에제쉬엘에게 다가 와 그것을 세셰이예의 가슴 쪽으로 밀었다. 그 뒤부터 세셰이예가 에제쉬엘을 씻기면 르네도 자기 얼굴을 씻었다. 넷째, 세셰이예는 신우신염에 걸려 괴로워하는 르네에게 진통제를 주사하고 르네의 방을 온통 초록색으로 꾸몄다. 초록빛 커튼과 초록빛 조명 가운데서 르네는 완전한 수동 상태에 잠길 수 있었다. 르네는 고통과 결핍에서 해방되었다. 르네에게는 더 이상 필요한 것이 없었다. 르네는 자기가 세셰이예의 몸 속에 있다고 생각했다. 르네의 상상 세계에서 그녀 자신은 송아지가 되고 세셰이예는 송아지에게 젖을 주는 암소가 되었다. 르네는 그녀의 방 벽에다 젖소를 그렸다. 이것이 정신분열증에서 회복되는 첫 징조였다. 음식을 먹게 되고, 매무새를 가다듬게 되고, 적대감에서 해방된 르네는 얼마 후에 세셰이예로부터 독립하여 성숙한 처녀가 되었다.

객관적인 사실을 객관적으로 진술하는 것을 서실법(敍實法, fact-mood)〔realis mood, 현실적 서법〕이라고 하고, 주관적인 생각을 주관적으로 표현하는 것을 서상법(敍想法, thought-mood)〔irrealis mood, 비현실적 서법〕이라고 한다. 서법은 화자에 의하여 표현되는 여러 가지 태도이다. 서상법으로 표현되는 감정·소원·가상 등은 화자의 심리적 색채로 물들어 있다. 서상법으로 표현되는 내용은 그것이 희망이든 소원이든 놀라움이든 일단 말하는 사람의 마음속을 거쳐 표면에 나타난다. 의혹·두려움·불확실성 등을 나타내는 것이 서상법이므로 주절에 주관적인 감정을 나타내는 동사가 있으면 이것에 접속되는 종속절에는 반드시 서상법이 사용된다. 결국 서법이란 동사의 형태가 빚어 내는 갖가지 의미의 차이이다.

베르크가세(Berggasse) 19번지에 있던 지그문트 프로이트(Sigmund Freud)의 연구실, 빈, 1938년. 2,500권이 넘는 장서와 고미술품에 둘러싸인 환자의 의자.

지그문트 프로이트와 딸 안나 프로이트(Anna Freud), 제6차 국제 정신 분석 회의에서, 헤이그, 1920년.

사실의 서술이 아니고 상념의 서술이라는 점에서 서상법은 허구의 서술인 소설의 양식과 통한다. 현실을 묘사할 때 작가는 그가 경험한 사실들의 사이에 경험하고 싶었으나 경험하지 못했던 사건들을 만들어 넣는다. 독자는 완강한 사실을 무시하고 아무렇게나 꾸며 낸 소설을 경멸하지만, 또 정념과 욕망의 강도가 너무 낮아서 신문의 사회면 기사와 구별할 수 없는 소설을 경멸한다. 돼지 멱따는 소리를 듣기 좋아하는 사람은 없으나, 돼지 멱따는 흉내를 보고 즐거워하는 사람은 적지 않다. 한 편의 소설 속에 배치되어 있는 사건들은 작가의 욕망과 희망을 반영하고 있다. 인간의 욕망과 희망은 소설의 주제일 뿐 아니라 정신 분석의 주제이기도 하다.

환자의 꿈과 말실수, 그리고 무질서한 방심 상태와 변덕스러운 자유 연상을 분석하면서 정신 분석가들은 의식적 담론의 틈을 통하여 드러나는 무의식의 작용들이 그 나름으로 분절되고 조직되어 있다는 사실을 발견하였다. 프로이트에 의하면 무의식의 체계에는 모순이 없다. 의식 안에서는 양립할 수 없는 충동들이 무의식 속에서는 아무 일 없이 함께 있을 수 있다. 이 체계에는 과거나 미래가 없고 다만 현재가 있을 뿐이다. 무의식 속에서 일어나는 사건들은 시간 순서로 정돈되지 않으며, 시간의 경과에 따라 변화하지 않는다. 무의식의 체계에는 축적된 에네르기의 양이 있을 뿐이다. 무의식은 부정이나 의심을 모른다. 의식적 담화의 의미 작용과 구별하기 위하여 프로이트는 무의식을 '하나의 다른 무대'라고 불렀다. 그의 초기 논문들에서 프로이트는 그 말을 스무 번이나 사용하였다. 그렇다면 프로이트는 도대체 무슨 근거에서 이 하나의 다른 무대를 체계라고 말한 것일까? 그렇게 말할 수 있는 근거는 정신 과정의 역점(力點)과 역선(力線)들이 변위되거나 축합되는 현상에 있다. 분자적 요소들이 변위됨으로써 처음에는 힘이 약했던 분자가 그것보다 강한 에네르기를 가진 분자의 자리로 이동하여 의식의 벽을 뚫고 나올 수 있을 만큼의 강도를 가지게 되며, 분자적 요소들이 축합됨으로써 숨겨진 꿈의 요소들 가운데 어느 한 부분이 나타난 꿈에서 탈락되거나, 공통점을 지닌 숨겨진 꿈의 부분들이 나타난 꿈에서 하나로 겹쳐진다. 무의식 자체가 무엇인지는 알 수 없으나 의식에 나타나는 무의식의 흔적들은 어떻든 그 나름으로 분절된 체계를 형성하고 있다.

변위와 축합은 각각 의식의 담론에 나타나는 결합과 선택에 대응한다. 라캉(Jacques Lacan, 1901~1981)의 말대로 어떤 면에서 프로이트가 소쉬르(Ferdinand de Saussure, 1857~1913)를 예견했다고 볼 수도 있다. 그러나 결합 가능성과 선택 가능성을 기술하는 것은 어떠한 체계를 분석하는 일반적인 방법이다. 하나의 체계 안에서 두 항목은 서로 작용할 수 있거나 서로 작용할 수 없으며, 서로 양립할 수 있거나 서로 양립할 수 없다. 어떤 항목의 의미는 주어진 연쇄 안의 같은 자리를 채울 수 있는 다른 항목들과의 차이에 의존한다. 우리는 치마와 저고리를 결합하여 입을 수도 있고, 한복과 양복 중에서 하나를 선택해서 입을 수도 있다. 인접 관계를 환유라고 하고, 유사 관계를 은유라고 한 로만 야콥슨(Roman Jakobson, 1896~1982)을 따라서 라캉은 프로이트의 용어인 변위와 축합을 환유와 은유라는 용어로 바꾸었다. 낱말에서 낱말로 이동하는 환유의 심리 과정은 긴 탄도를 지나간다. 이에 비하여 은유의 심리 과정은 좀더 직접적이다. 라캉은 은유의 심리 과정을 해명할 때에 '무의미 속의 의미'라는 개념을 강조하고 유사성의 개념에는 관심을 보이지 않았다. 프로이트도 나타난 꿈의 세부와 숨겨진 꿈의 세부를 연관지을 수 있는 유사성은 존재하지 않는다고 말하였다.

  어린아이는 언어 속에서 욕망을 소외시키는 한에서만 사회의 구성원이 될 수 있다. 언어는 욕망을 금지하면서 동시에 욕망을 보호한다. 언어의 매개를 통하여 욕망은 요구로 변형된다. 욕망과 요구가 갈라지는 순간은 어린아이가 언어 속에서 다시 태어나는 순간이다. 욕망은 말할 줄 모르고 말은 욕망을 드러내지 못하므로, 인간의 삶은 언어를 통해 욕망에 응답하려는 꿈의 추구가 된다. 인간에게 삶 그 자체는 영원한 미지의 세계이다. 욕망을 소외시키는 언어는 이 미지계를 하나의 기호 체계로 번역한다. 우리의 노동 체계와 직업 조직, 가족 관계와 권력 구조는 모두 일종의 기호 체계들이다. 우리는 우리 민족의 상황을 남한의 자본주의와 북한의 사회주의가 하위 체계로 맞물려 작용하는 이원적 기호 체계로 번역하고 상황의 변화를 모색해 왔다. 그러나 말은 삶의 완강한 사실들을 충실하게 전달하지 못한다. 언어는 해석의 잉여를 피할 수 없기 때문이다. 라캉에 의하면 미지계는 비인간적 사실들의 세계이다. 미지계는 인간에게 알려지지 않으며 오직 가정될 수 있을 뿐이다. 언어의 매개에 의존하지 않으면 인간과 세계, 자아와 대상을 구분할 수 없으므로 인간은 차이도 없고 대립도 없는 미지계에 함몰되고 말 것이다. 언어가 없으면 인간은 주체가 되지 못한다. 어린아이는 주체와 언어와 타자로 구성된 3차원의 질서 속에서만 개별성을 획득할 수 있다. 그러므로 우리는 언어가 출현하면 무의식이 구성된다고 말할 수 있다. 무의식을 구성하는 기본 억압이란 언어의 출현 이외에 다른 것이 아니다. 기본 억압은 마르크스의 필요 노동에 대응하는 개념으로서 어떠한 사회에서건 인간이 인간 노릇을 하려면 치르지 않을 수 없는 보편적 희생이다.

상대를 가리지 않는 성행위는 어머니와 누나와 누이의 구별 자체를 불가능하게 만든다. 근친상간을 금지하고, 남자들이 서로 누나나 누이를 교환함에 의해서만 인간은 가족을 형성할 수 있다. 가족이 형성되면 인칭과 격이 성립되고, 인칭과 격을 통하여 언어가 출현하면 서로 믿고 서로 뜯어먹지 말자는 정직과 관대의 기율이 확립된다.

인간과 세계, 자아와 대상, 주체와 타자를 구별하지 못하는 존재 양식을 라캉은 영상계(the imaginary, 상상계)라고 이름 지었다. 주관적 직관은 영상계에서 대상과의 거리를 유지하지 못한다. 대상이 종잡을 수 없는 불연속성에 사로잡혀 있기 때문이다. 영상계에서 대상은 의식이 스스로 꾸며 낸 자신의 심상을 비추어 보는 거울이 된다. 개별적인 주체와 독립적인 타자가 없는 곳에서 삶은 거울 속에서 벌어지는 자기 반사의 놀이가 된다. 영상계는 존재의 결여를 채우기 위하여 지칠 줄 모르고 새로운 목표를 추구하는 탐욕으로 가득 차 있다. 무의식은 영상계에서 아무런 방해도 받지 않고 소원들을 충족시키려는 실험을 끈질기게 시도한다. 하나의 주체로서 존립하려면 인간은 영상계에 차이와 구별의 개념을 도입해야 한다. 차이와 대립의 개념을 통하여 영상계는 상징계로 이행한다. 상징계는 주체들이 대립과 차이의 그물에 의존하여 자기를 주장하고 자기를 발견하는 공동의 터전이다. 영상계를 변별적 대립의 체계로 변형하기 위하여 인간은 어쩔 수 없이 영상계를 억압하고 영상계의 유연성을 응고시키게 된다. 사회의 구성원이 되기 위하여 어린아이는 욕망을 요구로 변형하는 관습과 문화의 용광로를 통과하지 않을 수 없다. 인간은 인간성을 지배하는 상징계 안에서만 개별성을 획득할 수 있다. 그러나 상징계는 인간으로부터 욕망의 본질적인 국면을 박탈한다. 주체의 탄생을 보증하는 상징계가 주체의 상실을 초래하는 것이다. 어린아이는 상징계를 정복함에 의해서가 아니라 상징계에 복종함에 따라 사회의 구성원이 된다. 상징계가 인간을 사회에 오려 붙이는 것이다. 어린아이가 선택할 수 있는 것은 상징계에 맞추어 자기를 억제하거나 아니면 병드는 길밖에 없다. 주체의 진실은 환유와 은유로 검열을 피하면서 농담이나 말실수를 통하여 의식적 담화에 나 있는 틈으로 은밀하게 자신을 드러낼 수 있을 뿐이다. 주체에게는 이러한 소외의 변증법에서 빠져나갈 길이 열려 있지 않다.

  소외의 변증법은 그것의 자연스러운 귀결로서 진실의 희생을 초래하며 주체에게 거의 자살에 가까운 희생을 강요한다. 주체의 역사의 각 단계는 하나의 초월이고 파괴이다. 상징계에 굴복한 주체의 역사는 자기의 중심에서 끊임없이 이탈하면서 부질없이 자기를 찾는 편력의 역정이다. 인간을 동물의 주인으로, 과학의 주인으로 만드는 것은 상징계이다. 그러나 이 사회에 내재하는 모든 비속과 온갖 비열까지도 떠맡지 않을 수 없게 하는 것이 또한 상징계이다. 그러므로 기존의 사회 체계가 조화로운 세계나 되는 것처럼 적응을 예찬하는 순응주의는 어쩔 수 없이 욕망의 날카로움을 무디게 하고 말 것이다.

무의식을 미지계(실재계)에 배정하는 것은 라캉의 위상학에는 어긋나는 배정이다. 무의식의 자리를 설명하려면 먼저 정신 분석에 반대하는 자아 심리학에 대하여 언급하지 않을 수 없다. 초자아의 도움을 받아 이드를 통제하는 것이 자아의 역할이라는 규정이 자아 심리학의 자아 개념이다. 프로이트 전집에 자아 심리학으로 해석할 수 있는 여지가 보이는 글들이 있는 것은 사실이지만 전집의 기조는 관념보다 실재를 강조하는 방향으로 흐르고 있다고 보아야 한다. 자아가 자아 이상 대신 초자아를 선택함으로써 모든 심리 문제를 피할 수 있다고 하는 자아 심리학은 프로이트를 인용하고 있음에도 불구하고 무의식을 무시하는 도덕주의이다. 무의식을 부재하는 것으로 처리하거나 무의식에 어떠한 역할도 맡기려 하지 않거나 아주 미미한 역할만 하게 하는 것이 자아 심리학의 특징이다. 무의식의 두 극을 자아 이상과 초자아로 설정하고 자아 이상이 우세한 부정적 경우와 초자아가 우세한 긍정적 경우를 구별하는 자아 심리학은 기(氣)가 이(理)보다 우세한 부정적 경우와 이가 기보다 우세한 긍정적 경우를 구별하는 성리학(性理學)과 유사한 사고 패턴을 드러내며 결국은 자아가 무의식을 통제할 수 있다는 결론에 도달한다. 라캉은 충동을 자아보다 저급한 것으로 보거나 자아가 충동을 승화시켜야 한다고 말하지 않는다. 욕망을 제거한다는 것이 불가능할 뿐 아니라 욕망을 약화시키면 치료도 불가능해진다. 주체 안에는 충동의 층위가 있으므로 충동을 피한다는 것은 애초에 불가능하다. 환자는 충동의 층과 다른 관계를 구축할 수 있는 방식을 찾는 것이 가능할 뿐이다. 그러나 라캉은 융(Carl Gustav Jung, 1875~1961)이나 마르쿠제(Herbert Marcuse, 1898~1979) 같은 사람들이 하듯이 정신 분석 안에서 삶의 방식을 찾으려 하지 않는다. 환자의 자아가 의사의 자아보다 약하다고 말할 수 없으며 자아를 강화하는 것이 치료의 목적이라고 말할 수도 없다. 과잉 억압을 초래하는 것은 언제나 과도하게 강화된 구조이기 때문이다. 오히려 분석의 목적은 자아의 경직된 성향을 유연하게 풀어 놓는 데 있다. 자아의 경직성이 너무나 많은 것들을 우리의 마음에서 추방하고 있기 때문이다. 그리고 무엇보다 분석이란 속에서 끄집어 내는 것이지 밖에서 무엇을 가지고 들어가는 것이 아니다. 자아 심리학은 도덕을 전제하고 도덕을 가지고 들어가기 때문에 엄밀한 의미에서 볼 때 정신 분석이라고 할 수 없다.

┌ 환자의 자아와 분석가의 자아가 만나는 공간은 영상계를 축으로 하여 구성되고 주체로서의 환자와 타자〔더미(dummy)〕로서의 의사가 만나는 공간은 상징계를 축으로 하여 구성된다. 분석의 상황은 자아 대 자아의 이(2)자 관계가 아니라

거기에 주체와 타자가 참여하는 사(4)자 관계이다. 브리지(bridge)에서 게임을 하지 않고 패를 내주기만 하는 사람을 '더미'라고 한다. 분석가는 자아의 위치에서 듣지 않고 더미 위치에서 듣는다. 분석가는 자신의 위치를 타자의 차원에 두어야 한다. 타자란 특정 언어를 구성하는 모든 기표의 가설적 집합을 말한다. 분석가는 자기의 자아와 개성과 감정이 타자의 위치를 점유하는 데 방해가 되지 않도록 감정을 한쪽으로 밀어내고 항상 배면에 머물러 있어야 한다. 자아(das Ich)가 없는 주체(Ich)란 있을 수 없으나 분석의 상황에서 분석가는 자아 없는 주체(Ich ohne das Ich)라는 불가능한 목표를 설정하고 작업한다. 주체에게는 자기 의식이 없다. 무의식의 주체에게는 자기=자아=자아 이상=타자의 영상이 존재하지 않으므로 자기 의식도 존재하지 않는다. 무의식은 우리가 그것에 대하여 아는 것이 아니고 우리에게 알려지는 어떤 것이다. 무의식은 주체가 의식하지 못하는 사이에 주체에 기록된다. 무의식은 우리가 능동적으로 파악할 수 있는 것이 아니라 우리가 수동적으로 기록당하는 것이다. 주체는 자기 의식에 대해 말할 수 있게 하는 자아 이상이나 이상 자아로부터 멀리 떨어져 있다. 이상 자아는 신화적인 자아이고 자아 이상은 억압적인 자아이다. 자아 이상은 타자가 바라는 이상이고 타자가 가지는 이상이고, 타자가 준 이상이고, 타자로부터 받은 이상이다. 요컨대 그것은 타자에 의해 요청된 의미이고 타자에 의해 결정된 의미이다. 라캉에 의하면 의미는 영상계에 속하고 무의미는 상징계에 속한다. 영상계의 거울 단계를 거치면서 자아는 고정되고 완성된다. 그러나 주체가 타자가 요청하는 의미로 고정되면 그의 존재는 상실되고 소외된다. 자아는 주체가 아니라 겉보기만의 개성을 찍어 내는 거푸집이다. 개성이 배경으로 물러날 때 분석가는 타자의 역할을 맡을 수 있게 된다. 분석가는 지금 여기 나타나는 영상들뿐 아니라 겉으로 드러나지 않는 상징계의 관계 구조를 파악하려고 해야 한다. 자아와 자아, 신체와 신체의 이(2)자 관계를 중요하게 다루면 분석가의 견해를 환자에게 강요하는 경우가 생기게 된다. 두 사람이 상대방을 서로 타자의 상징이 아니라 경쟁자의 영상으로 간주하기 때문이다. 감정을 바탕으로 대상을 해석하는 것이 영상계의 특징이다. 정동(情動)은 분석되지 않으므로 지성과 분리된 정동만으로는 분석에 도움이 되지 못한다. 정동을 말보다 더 현실적인 것이라고 보는 것은 사실에 맞지 않는다. 일시적인 감정의 표출은 치료에 아무런 효과도 내지 못한다. 모든 것이 영상계로 환원되지 않도록 다른 어떤 공간을 열어 놓아야 한다. 상징계의 축을 함께 고려할 때에만 영상계의 상호성에 객관성이 도입된다. 우리가 욕망하는 것은 타자에게 욕망되는 것이다. 모든 사람이 타자의 욕망에 대하여 그 원인이 되고 싶어 한다. 라캉은 타자의 욕망을 나타내는 기표를 남근이라고 했다. 남근은 남성 우월 또는 여성 멸시와는 전혀 무관한 개념이다. 남편은 아내를 위한 남근이 되려고 하고 아내는 남편을 위한 남근이 되려고 한다. 남근은 정적이고 수동적인 소유의 개념이 아니라 동적이고 능동적인 생성의 개념이다. 남근 되기는 혹시 가능하다고 볼 수 있을지 모르나, 남근 가지기는 절대로 불가능하다. 남근은 신체의 극점에 위치하므로 남근에는 분리의 환상을 빚어내는 경향이 있다. 남근은 기표의 집합에 속하지 않는다는 점에서 예외적인 기표이다. 남근은 실제의 성기가 아니라 하나의 추상적 기표이다. 그러나 그것은 언어와 관련을 맺으면 무너져 버리는 맹목적인 기표이다. 꼿꼿이 발기하는 힘, 침투하는 능력, 빈 공간을 채우는 기능에 의하여 남근은 결여의 부재라는 상징적 의미를 나타낸다. 발기하는 기관은 그것의 형태 때문이 아니라 욕망의 출현과 결합된 상징적 의미 때문에 향유의 자리를 차지하게 된다. 분석의 과정에서 중요한 것은 아무도 이처럼 신비로운 남근을 소유하고 있지 않다는 사실을 환자가 받아들이는 일이다. 무한히 유연한 영상계는 신체의 민감하고 움푹한 부분이나 꼿꼿이 일어서는 부분에 관한, 온갖 종류의 산 경험과 연관되어 있다. 산 경험은 영상계 안에서 감각과 정동과 개념의 인지 착오에 예속되어 있다. 끊임없이 존재의 결여 안에 자기의 자리를 마련하는 남근의 의미를 우리는 결코 확실히 알 수 없다. 남근이 하나의 기표라는 사실은 그것이 대타자(상징계) 안에 있음을 나타낸다. 남근은 대타자의 욕망에 가려져 있기 때문에 우리가 인지할 수 있는 것은 대타자의 욕망뿐이다. 우리는 여기서 건강한 성관계를 생각하기가 어째서 그토록 어려운가를 이해할 수 있다. 그 이유는 남근이 영상계의 인지 착오에 예속되어 있다는 데 있다. 그러나 치료 과정에 있는 환자들에게 일반적으로 나타나는 거세의 경험과 대응시키기 위해서는 어머니로부터의 분리를 남근과 연관지을 수밖에 없을 것이다. 분석의 사례들이 보여 주는 것은 정상적인 사람에게서나 비정상적인 사람에게서나 거세가 욕망을 지배하고 있다는 사실이다. 남근은 상징적 거세의 이전과 이후를 구별하게 하는 하나의 계사(繫辭)이고 하나의 붙임표이고 발기의 덧없는 소실로 상징되는 불가능한 동일성의 지표이다. 그것은 존재자(있다)가 아니라 존재(이다)이다. 라캉은 「남근의 의미(La Signification du phallus)」[1958]라는 논문에서 남근이란 기표는 기표와 기의의 무관함을 나타낸다고 말했다.

> 우리는 신경증 도착 정신병의 증상에 비추어 무의식의 거세 콤플렉스가 개인 역사의 매듭으로 기능함을 알고 있다. 그러나 거세 콤플렉스가 치료 과정에만 나타나는 것은 아니다. 거세는 그것이 없으면 그가 그의 성의 이상적 형태와 동일시할 수 없게 되거나, 이러한 관계로 생산될 어린아이를 만족스럽게 받아들일 수 없게 되는 무의식적 발달의 척도이다.[주037] [Jacques Lacan, 『Écrits』(New York : Norton), trans. Bruce Fink, 2006, p.575.]

욕망과 언어가 양립하기 어려울 때, 말하고자 하는 것을 말로 전달하지 못할 때 영상이 지배한다. 실재계의 장벽이 또한 상징화에 저항한다. 영상계에서는 남근의 위치가 불확실하게 유동한다. 남근은 상징계 속에서만 타자의 욕망을 나타내는 기표가 되고 타자의 욕망을 환기하는 원인이 된다. 상징계(대타자)에서 여성의 자리는 남근의 자리와 동일하다. 비슷한 아무 것도 가지고 있지 않다는 사실이 반대로 남근의 상징화를 가능하게 하는 것이다. 상징계는 인간의 욕망에 내재하는 역설을 설명할 수 있게 해 주는 공간이다. 주체가 원하는 것을 타자에 의하여 주체에게 요청되는 것[케 보이(Che vuoi)?]으로부터 떼어 놓으려면 무엇을 해야 하는가를 말해 줄 수 있는 기표가 부재한다는 결여를 용인해야 한다. 타자의 욕망과 다른 어떤 것이 되기 위해 욕망은 부재를 수락해야 하며 타자가 말하는 것을 보증할 수 있는 근거(신)가 결여되어 있다는 사실을 인정해야 한다. 만일 신으로 대표되는 보편 법칙이 있다면 모든 사람이 그것을 따라가기만 하면 되므로 새로움이 출현할 수 없게 될 것이다. 물론 신을 창조의 원리로 설정하는 것도 불가능한 일은 아니다. 그러므로 상징계는 신이 존재하는 공간이며 동시에 신이 부재하는 공간이다. 타자화되는 것은 수동성에 머무르는 것이고 타자화에 거역하는 것은 자발성을 실현하는 것이다.

주체의 벡터와 언어의 벡터가 교차하는 자리에서 무의식의 자리인 대타자(상징계)가 태어난다. 주체는 자신이 인식하지 못하는 지식을 바탕으로 하여 행동한다. 지식은 주체를 필요로 하지 않는다. 정신 분석은 무의식=대타자=상징계를 구축하고 있는 지식을 탐구하는 과학이다. 무의식은 원시적인 것이나 본능적인 것이 아니고 의식을 초월하는 것이 아니다. 정신 분석에서는 알고 있는 주체란 존재하지 않는다. 주체는 기표의 운용 방식에 대하여 알 수 없다. 주체는 기표의 효과일 뿐이다. 자아와 대상이 영상계를 구성하는 요소라면 무의식적 주체와 대타자는 상징계를 구성하는 요소이다. 지식이란 현상을 일정한 단위에 따라 끊어서 그 끊어 낸 요소들을 공간에 배치한 것이다. 소리를 궁상각치우로 끊으면 각 요소가 반복될 수 있고 결합될 수 있다. 그렇게 해서 구성된 것이 지식이고 상징계의 표면을 구축하고 있는 것이 그러한 지식들이다. 그러나 현상 전부를 단위로 끊어 낼 수 있는 것은 아니다. 끊어 내고 잘라 낼 수 없는 것들이 무의식을 구성하며 무의식의 자리를 대타자 또는 상징계라고 부른다. 반복된다는 것은 끊어 놓은 것을 구축하고 해체하고 다시 구축하고 하는 일이 가능하다는 것이다. 반복되는 것은 모두 공간에 배치할 수 있고 지식 체계로 만들 수 있다. 무의식은 끊어 내서 그 요소들을 반복해서 동일하게 결합할 수 없는 것이지만 무의식 현상 가운데는 물리학이나 경제학과는 다른 방식으로 끊어져 나오는 것이 있다. 정신 분석은 그렇게 끊어져 나온 무의식 현상들을 공간에 배치하는 작업이다. 그러므로 우리는 정신 분석을 지식의 과학이 아니라 무지의 과학이라고 부를 수 있다. 자료를 끊어서 공간에 배치하고 자료 속에서 체계와 법칙을 찾는다는 점에서 그것은 분명히 과학이지만, 물리학이나 화학처럼 실험을 하지 않고 경제학이나 심리학처럼 통계를 사용하지 않는다는 점에서 정신 분석은 아주 특별한 지식이다. 정신 분석은 영상계와 상징계라는 위상 공간에 대하여 연구하는데, 영상계는 영상이 통하는 공간이고 상징계는 언어가 통하는 공간이다. 영상계에서도 대상과 자아가 구별된다. 대상이란 저항하는 것이므로 환상 대상이라고 해도 자아에 완전히 동화되지는 않기 때문이다. 물질과 의식이 신체 속에 엉겨 있다가 이미지가 나타나면 자아와 대상이 분리되어 나간다. 그러나 어디서나 거리가 유지되지 않기 때문에 자아와 자아, 대상과 자아는 여전히 흐리멍덩하게 붙어 있다. 영상은 신체에 밀착해 있는 것이어서 신체로부터 떨어져 나와 존재하는 상징과 구별된다. 외부 대상을 신체의 감각으로 파악하는 것이 영상이고 신체와 떨어져서 규정하는 것이 상징이다. 영상계에서 우주는 이미지의 총체로 나타난다. 신체에 밀착되어 있으므로 자아와 자아, 자아 이상과 환상 대상은 명확하게 구별되지 않고 끊임없이 서로 위치를 바꾼다. 영상은 직접적이지만 언어는 간접적이다. 언어는 신체로부터 떨어져 나갔다가 다시 돌아와서 자기에게로 가는 반성을 가능하게 한다. 상징이란 누구나 알다시피 다른 어떤 것을 대표하는 어떤 것이다. 먹어서 배가 부른 밥은 물질로 된 밥이고 눈으로 볼 수 있으나 아무리 보아도 배가 부르지 않은 빵은 언어로 된 빵이다. 언어는 대체로 물질의 성질에 따라 끊어져 나오는 물질의 요소들을 대표하지만 마이너스 1의 제곱근처럼 언어는 있으나 언어에 대응하는 물질이 없는 경우도 있다. 수학과 물리학과 경제학은 모두 물질에 근거하는 전형(언어)의 체계들이라고 볼 수 있다. 언어도 물질이라고 할 수 있으므로 우리는 물질과 그것을 표상하는 물질의 대응이라고 바꾸어 말해도 될 것이다. 언어는 항상 물질의 어떤 성격을 받아들여서 분리하고 분류한다. 그런 의미에서 물질을 언어의 타자라고 할 수 있을 것이다. 물질은 모두 파장으로서 진동하고 있기 때문에 물질을 끊어 내는 언어는 물질의 일부만 표상할 수밖에 없을 것이다. 비록 일부라고는 하더라도 표상한다는 것은 다시 나타날 수 있다는 의미이고 반복해서 나타날 수 있으므로 그 표상을 사용해서 체계를 구성할 수 있다. 일회적인 느낌의 뉘앙스는 표상이 되지 못한다. 이미지로 포착할 수도 없고 전형으로 파악할 수도 없는 물질의 진동을 우리는 미지계(실재계)라고 한다. 영상계가 자아, 환상 대상, 이상 자아 등이 활동하는 공간이라면 상징계는 주체, 대타자(무의식), 자아 이상 등이 활동하는 공간이다. 억압된 것들이 무의식이 되기 때문에 무의식의 형성은 전형의 형성과 동시에 병행될 수밖에 없다. 미지계는 영상도 없고 전형도 없는 차원이다. 영상계와 상징계는 공간이라고 할 수 있는 것들이지만 미지계는 공간이라고 하기 곤란한 것이다. 물질이 잘라져서 자료가 되고 두 개 이상의 자료(sense data)가 나올 때 비로소 공간이 나온다. 그것은 그것으로부터 인간이 공간을 만들어 내는 공간 이전의 아페이론(apeiron)이라고 해야 할 것이다. 물질은 무한정자(無限定者, apeiron)로서 미지계에 존재하면서 이미지로서 영상계에 존재하고 단위를 가진 자료로서 상징계에 존재한다. 기하학적 방법으로 모든 것을 정리할 수 있다고 믿고 기하학적 공간에 모든 것을 넣을 수 있다면 정신 분석은 성립할 수 없게 될 것이다. 정신 분석은 공간 표상으로 나타낼 수 없는 미지계를 파악할 수 없는 것으로서 설명하려고 한다. 대수의 미지수와 같으므로 그것을 미지계라고 하는 것이 온당할 것이다. 그것은 규정할 수 없고, 한정할 수 없는 것, 즉 아페이론이다. 미지계에는 의식도, 무의식도, 언어도, 이미지도 존재하지 않는다. 영상계와 상징계는 동일한 공간이 아니라 차원을 달리하면서 겹쳐지는 위상 공간이다. 상징계가 기하학과 무의식으로 갈라질 때 기하학의 형성에 쉬지 않고 장벽을 만들어 세우며 방해하는 것이 미지계이다. 가장 큰 타자는 물질과 공간이다. 그러므로 한정할 수 없는 물질을 미지계에 두고 과학과 무의식이 공존하는 상징계를 대타자라고 부르는 것이다. 상징계를 에이도스(eidos)라고 하고 미지계를 아페이론이라고 한다면 무의식의 자리인 대타자(상징계의 다른 이름)는 작용자이고 운동인이라고 할 수 있을 것이다. 가르는 것도 관계 맺는 것도 사실은 모두 작용자로서의 무의식이 하는 일이다. 형식(에이도스)과 기능(운동)이라는 두 가지 몫을 상징계(대타자)가 담당하고 있는 것이다. 우리는 운동 자체를 파악할 수 없다. 우리는 운동이 공간에 접촉하는 측면을 파악할 수 있을 뿐이다. 공간에 접촉되는 부분을 정적으로 끊어 내서 공간에 배치함으로써 운동을 파악할 수 있듯이 우리는 담화를 뚫고 나와 담화로 배치되는 무의식만을 담화의 공간에 반영시켜서 분석할 수 있다. 무의식을 밖에서 잡을 수 없으니까 발화된 무의식을 통해서 그것을 해석해 보는 것이다. 무의식은 운동이므로 자를 수 없고 공간에 배치하여 체계를 끌어낼 수 없다. 걸으면 위치가 변하듯이 운동을 하면 변화가 일어난다. 무의식은 끊임없이 운동하기 때문에 정신 분석의 체계는 그에 따라 항상 새롭게 쇄신되지 않을 수 없다. 반성이 기억을 보존하여 기억에 동시성을 부여하면 공간이 출현한다. 미래는 아무 것도 주어져 있지 않으므로 지각의 대상이 되지 않는다. 그러나 무의식의 운동이 엉겨 있는 기억을 미래로 끌고 간다. 무의식의 운동에는 매순간 원〔願, 케 보이(Che vuoi)?〕이 개입하여 운동인을 수동성의 상태에서 능동성의 상태로 변형한다. 기억이 흘러가는 대로 내버려두지 않고 기억에 거역하는 기억을 가져온다. 무의식 때문에 인간은 어떠한 경우에도 절대적 수동성으로 들어갈 수 없다. 양자들도 진동하는 파장이지만 우리는 그것들의 운동에서 반복이 가능한 규칙을 끌어낼 수 있다. 그러나 무의식에는 일관성이 없으므로 정신 분석은 논리학에 기초한 지식이 될 수 없다. 논리적 엄밀성을 기준으로 삼아 수학과 시학을 양극단에 두고 그 사이에 물리학, 화학, 생물학, 경제학, 사회학 등의 순서로 늘어놓는다면 정신 분석은 시학에 가장 가깝게 위치하는 과학이 될 것이다. 정신 분석은 실증 과학과는 다른 각도에서 자료를 분석한다. 정신 분석은 지성을 궁극적인 것으로 보지 않는다는 점에서 독특한 과학이다. 미지계의 개념은 우주가 무한히 한데 엉겨 있으며 잘라서 하나씩 갈라놓을 수 없다는 사실을 전제한다. 그렇다면 자르지 않고 우주와 함께 사는 것도 가능한 일이라고 할 수 있을 것이다. 신석기 시대에 인간은 공감하면서 우주와 함께 살았다. 언제부터인가 공감이 더 이상 불가능하게 되었을 때 인간은 과학을 만들어 냈고 과학으로 우주를 측정하기 시작하자 무의식도 나타났다. 과학과 무의식이 동시에 출현하는 것이라면 미개인도 모래에 삼각형과 사각형과 원을 그려 공간을 파악하는 것으로 미루어 볼 때 동물에게는 무의식이 없지만 인간에게는 무의식이 있다고 해도 무방할 것이다. 그러나 과학이 아무리 중요하다고 해도 인간에게 우주는 측정과 분류의 대상이라기보다는 여전히 공감과 참여의 공간이라고 보아야 할 것이다. 과학이 아무리 에이도스로 끊어 놓아도 우주의 대부분은 과학적 절단에서 새어나온다. 우리에게 붙잡히지 않고 그대로 지나가는 수많은 진동들이 과학을 해체하고 과학을 쇄신한다.

라캉은 『세미나 XVIII (Séminaire XVIII de Jacques Lacan (1970-1971), D'un discours qui ne serait pas du semblant)』에서 "문자는 미지계에 존재하고 기표는 상징계에 존재한다."고 말했다. 그렇다면 라캉은 진동하는 물질 자체를 문자로 본 것이고 문자를 한정된 체계인 기표와 구별되는 아페이론이라고 본 것이다. 과학이 나오면 체계가 억압한 것이 무의식을 형성한다. 인간이 없어진다면 수도 없어지겠지만 수 자체는 자동적인 질서이므로 인간의 의지와 무관하게 스스로 체계를 구성한다. 그러나 나의 원이 수와 부딪치면 우연성이 발생한다. 필연과 우연, 가능과 불가능, 존재와 무가 모두 상징계에서만 통하는 전형들이다. 선택의 긍정적 측면을 가능이라 하고 부정적 측면을 우연이라고 한다. 존재와 무에 연결시켜 본다면 무에 대한 존재의 가능성을 이야기할 수도 있다. 이 때의 무는 어디까지나 상대적이고 부분적인 무, 즉 개념으로서의 무이다. 무는 존재하지 않는 것이지만 일관성을 유지하고 모순을 피하려면 존재와 모순되는 무를 설정해야 한다. 마이너스 1의 제곱근이 상징계에 존재하듯이 무도 상징계 안에서만 존재할 수 있다. 미지계는 강력한 힘으로 상징계에 개입하고 있지만, 모순을 감싸 안고 있어서 어디부터 어디까지가 운동이고 어디부터 어디까지가 정지라고 시작과 끝을 구별할 수 없는 것이다. 기본적으로 미지계는 무한정자이기 때문에 의식 현상이 그 안에 저장되지 않는다. 상징계의 바탕에 애초부터 스며들어 상징계와 겹쳐져 있는 미지계는 차이와 반복의 체계인 상징계의 불연속성을 끊임없이 해체한다. 인간에게 우주는 고정될 수 없이 방황하는 무한정자거나 영상이거나 상징으로서 존재하는데, 무한정자와 영상과 상징은 매 순간 교차된다.

언어와 노동의 변증법은 결국 욕망을 긍정하는 길이면서 동시에 욕망을 부정하는 길이다. 언어의 출현으로 의식과 무의식이 갈라질 때, 무의식의 욕망을 억압하는 상징계(대타자)의 규칙에 복종하지 않는다면 누구도 노동하는 인간이 될 수 없다. 상징계의 영광과 비참을 긍정함으로써만 인간은 노동의 체계 속으로 들어갈 수 있다. 그러나 이미 있는 계급 구조와 국가 권력의 밖으로 나가려는 역사적 실험을 포기한다면 상징계는 광대한 정신 병원이 되고 말 것이다. 정신의 장애를 회피하려면 우리는 과잉 억압과 잉여 노동을 거절하지 않으면 안 된다. 상징계를 물화하려는 온갖 계량적 시도들이 망각하고 있는 것은 참다운 의미에서의 정치적 차원, 다시 말하면 국가 권력을 변형할 수 있는 객관적 가능성이다. 이것은 무슨 대단한 도덕적 원칙이 아니라 수많은 범속한 사람들이 태고 이래로 실천해 온 지혜이다. 어느 집안에 갓 시집 온 며느리가 그 집안의 규칙을 따르지 않는다면 그녀는 그 집안의 억압을 견뎌 내지 못할 것이다. 그러나 그 집안의 규칙을 어떻게든 그녀 자신이 견디고 살 만한 것으로 바꾸어 놓지 않는다면 그녀는 노이로제나 정신병에 걸리고 말 것이다. 가풍의 변형이 힘겨운 싸움임에는 틀림없으나 이것은 집안을 결딴내려는 싸움이 아니고 가족의 한 사람으로서 그녀가 차지해야 할 권리를 회복함으로써 온 가족이 함께 어울려 살기 위한 싸움이다.

그것이 다 같이 사랑하는 싸움이라는 점에서 언어와 노동의 변증법은 곧 문학 생산의 변증법이기도 하다. 첫째, 그것은 성인(聖人)의 도덕에 관심이 없다는 점에서 문학과 통한다. 둘째, 그것은 긍정의 길이면서 부정의 길이라는 점에서 문학과 통한다. 셋째, 그것은 병에 대해서는 알지만 건강에 대해서는 모른다는 점에서 문학과 통한다. 건전한 성과 건전한 권력에 대하여 자신 있게 말할 수 있는 사람이 어디 있겠는가? 정신 분석과 문학은 다같이 인간의 욕망을 주제로 삼는데, 우리는 욕망의 회로 어딘가에 고장이 났을 경우에만 욕망의 자취를 의식하게 된다. 이러한 사실은 정치 상황에도 해당한다. 통일이 하나의 결여태(缺如態)로 현존하기 때문에 한국 사람들은 다른 나라 사람들보다 권력이 작동하는 방식에 대하여 더 민감하게 의식한다. 계급 투쟁과 제국주의를 주어진 조건으로 고려하고 사회 내부의 독단과 투기와 허학(虛學)을 약화시키며 대중 운동과 기술 혁신과 기본 도덕을 강화하는 것은 남북한의 공동 목표이다. 남한은 교육 환경·의료 환경·주거 환경을 개선하고 교육 불평등의 정도를 낮추어야 한다. 북한은 암시장을 공인하여 공개 시장과 암시장의 차이가 개방과 성장의 성과를 삼켜 버리지 못하도록 가격 기구를 가동해야 한다. 그러나 우리는 영구 분단론과 북한 몰락론과 남한 붕괴론이 틀렸다는 것은 분명히 알지만, 나날의 노동 속에서 실현할 수 있는 통일의 척도가 무엇인지에 대해서는 알지 못한다. 통일이 내전이나 빨갱이 사냥을 야기할지도 모를 위험에 대해서 어떻게 대비할 것인가? 통일이 초래할 실업률의 증가에 대해서는 어떻게 대처할 것인가? 북한의 노동당을 통일 한국의 정당 체계 속에 편입할 것인가? 노동의 형식만으로는 이러한 문제들을 해결하지 못한다.

┌ 문학은 협잡으로 미리 조작해 놓은 게임의 규칙에 대한 거절이다. 문학의 변증법은 노동의 변증법처럼 침묵에 대항하고 언어에 대항하여 말을 실험하고 사물을 실험함으로써 정신병에 굴복하지 않으려는 노력이다. 문학은 사실을 설정하고 강요하는 사람들, 미리 규정된 사실에서 이득을 보는 사람들의 언어와 다르게 말해 보려는 실험이다. 사실이라고 규정된 것들의 힘이 모든 반대 세력을 흡수하고 논의와 대화의 담화 전체를 지배하게 된 것이 21세기 초의 상황이다. 지배 계급의 통계학에 반대하는 언어를 새롭게 말하려는 문학적 실험들은 점점 더 부자연스럽고 절망적인 투쟁이 되어갈 수밖에 다른 도리가 없는 듯하다.

┌ 생활과 예술과 과학에서 광기의 외곽 경계가 감시와 관리를 필요로 하지 않는 사회에는 정신 분석 자체가 존재할 수 없을 것이다. 억압과 억제가 은폐되어 있지 않은 사회에서 정신 분석이 할 일은 아무것도 없다. 자본주의란 상품의 흐름, 노동력

의 흐름, 생산과 생산 수단들의 흐름이 엇걸려서 형성하는 대류이다. 자본주의를 만든 것은 기계들이 아니다. 오히려 자본주의가 기계들을 만들었다. 자본주의는 기계들을 생산하고, 기계들의 연관을 조정하고, 기계들의 작동 방법을 혁신한다. 자본주의의 대륙에는 경험적으로 사용하는 돈의 개념을 벗어난 자본의 흐름과, 경험적으로 수행하는 노동의 개념을 벗어난 노동력의 흐름이 한데 얼크러져 있다. 자본주의의 표층에는 지금까지 알려져 오고 믿어져 온 모든 것의 잡동사니들이 널려 있으나, 자본주의의 심층에는 극도로 추상적인 원리가 작동되고 있다.

온 세계가 쓸데없는 재화와 부질없는 서비스의 생산에 연루되어 있다. 생산 속에 반생산이 현존하고, 반생산이 생산의 조건이 된다는 것은 자본주의의 운명이다. 자본주의는 조업 중지와 생산 축소의 주기(週期)를 회피할 수 없다. 그러나 어떠한 왜곡과 경련도 자본주의의 작동 자체를 폭파하지는 못한다. 자본주의는 작동이 부실한 체계이지만 또한 위기와 동요를 지옥의 시련으로 삼아서 자신을 조정하는 체계이기도 하다. 이윤율이 떨어지는 경향의 법칙은 이윤율의 저하를 상쇄하는 잉여 가치량의 증대와 공존한다. 자본주의의 진정한 경찰은 통화와 시장이다. 자본주의는 경제적인 것 이외에 다른 어떠한 전제도 용납하지 않는다. 자본주의의 구성 요소는 생산자와 소비자가 아니라 생산력과 생산 수단이다. 구체적인 인간이 아니라 추상적인 수량이 자본주의를 구성하고 있는 것이다. 자본주의 체계 안에 사는 사람들은 누가 소외하는

지, 누가 소외되는지를 알지 못한다. 이유도 희망도 없이 생산을 반복하는 중소 자본가들, 이익을 임금 상승에 국한하는 조합 간부들, 이윤율과 실업률, 실질 임금과 복리 기금 사이에서 우왕좌왕하다가 결국은 재벌의 편을 들 수밖에 없는 관료들……. 아무도 점유해 본 적이 없는 권력의 흐름이 수입의 형태 또는 융자의 형태로 출몰하면서 개인과 계급을 포섭하고 배제한다. 자본주의는 이미 실업 보험, 실업 수당, 실업 연금 등 모든 형태의 복리 기금에 대한 냉소주의를 숨기려 들 필요조차 느끼지 않게 되었다. 21세기는 경제가 유일한 척도로 기능하는 자본주의의 황금 시대가 될 것인가? 자본주의의 한가운데에서 자본주의의 한복판을 뚫고 넘어서서 질문하는 방법은 없는가?

인간은 비용과 수익을 계산하는 컴퓨터가 아니다. 목표를 설정하고 이익을 측정하는 인간의 행동 밑에는 무의식의 동력이 작용하고 있기 때문이다. 어떤 사람에게 하나의 목표를 설정하도록 강요하고, 다른 목표를 설정하지 못하도록 방해하는 것은 이성이 아니라 리비도이다. 이해를 초월한 리비도가 이익을 다투는 행동의 추동자이다. 무의식의 리비도가 우리로 하여금 이익 추구의 방향을 저쪽이 아니라 이쪽으로 돌리도록 압박하고 있다. 우리는 리비도의 벡터를 따라 기회를 가정하고 목표를 수립한다. 특정한 권력 형태에서 얻을 수 있는 이익을 확신하고 행동하는 사람들도 사실은 이해를 초월한 리비도를 그러한 권력 형태에 부착하고 있는 것이다. 합리적인 것과 비합리적인 것의 구분은 대부분의 경우에 공허하고 무의미하다. 자본가는 자기를 위하여 일하는 것도 아니고, 자기의 가족을 위하여 일하는 것도 아니다. 자본가는 성장하는 자본주의 체계의 한 톱니바퀴로 작동하고 있다는 데에서 이해를 초월한 기쁨을 느낀다. 노동자는 흔히 자기를 억압하는 체제를 자신의 목표로 설정한다. 사람들은 항상 체제 안에서 이익을 추구하고 체제가 허용하는 방식으로 이익을 계산하기 때문에 체제의 바깥을 가정하지 못한다. 사람들은 항상 자신들이 합리적으로 행동하고 있다고 여기지만 어느 누구도 '가정법'을 문법 범주로만 사용할 뿐, 체제의 현실에 가정법을 적용하려 하지 않는다. 돈이 없는 사람도 병원에 갈 수 있는 세상을 가정조차 해 보지 못하는 것이다. 사람들은 자진해서 타인과 자신의 경찰이 되어, 체제의 울타리 밖으로 나가지 못하도록 타인과 자신을 감시한다.

무의식의 리비도는 욕망의 에네르기로써 밀도와 강도를 달리하는 전자장처럼 의식에 침투하여 행동을 추동하고 차단한다. 합리성의 관점에서 살펴본다면 우연을 병렬시키는 무의식은 글자 그대로 미친 벡터이다. 무의식의 무대에서 벌어지는 사건들은 인과 관계나 인과 계열로 정돈되지 않는다. 무의식의 리비도는, 흐르고, 끊어지고, 회전하고, 어긋나고, 회귀하고, 분열하고, 무엇보다 자주 고장 난다. 무의식은 흐르면서 분열하고, 분열하면서 흐른다. 무의식은 부분들이 비대칭적으로 절단되어 충돌하는 질료의 흐름이다. 모순을 방치하기 때문에 무의식의 무대에서는 인접해 있는 것들 사이에도 거리가 있다. 일탈과 파열과 분산이 무의식의 특징이다. 무의식은 밀봉된 상자들, 출구 없는 칸막이들, 연통(連通)되지 않는 관들, 엉뚱한 통로들로 가득 차 있다. 무한 집합을 계산할 때 자연수의 합과 자연수의 부분인 홀수의 합이 같듯이, 무의식에서도 전체는 부분들의 위에 있지 않고 부분들의 옆에 있다. 무의식에서 전체는 부분들 중의 하나에 지나지 않는다. 조각난 파편들을 결합하고, 대치하고, 절단하고, 접속하면서 무의식의 리비도는 파편들과 파편들의 사이를 비스듬히 횡단한다. 무의식에는 관점을 가진 화자도 없고, 형태를 갖춘 인물도 없다. 무의식에는 '나중에'도 없고 '저 편에'도 없다. 무의식에는 다만 지금과 여기가 있을 뿐이다. 무의식의 리비도는 인물 이전의 부분들과 조각들에 부착된다. 무의식의 사건에 인간적인 해석을 덧붙이는 것은 대체로 오류이다. 무의식은 나라고 말하지 않고 그/그것이라고 말하기 때문이다. 조각난 이미지들의 한 끝에서 다른 한 끝으로 번갯불처럼 횡단하는 진동의 효과와 결과들은 원인에 의존하지 않는다. 무의식은 현실의 흐름을 인간적이 아닌 방식으로 자유롭고 다양하게 절단하기 때문이다. 그러므로 성숙하고 강한 자아라든가 알뜰한 주부라든가 헌신적인 어머니라든가 하는 이상적이고 신화적인 자아 형상은 일종의 거푸집에 지나지 않는다.

성욕은 인간의 사회 관계를 측정하는 지표이고 동시에 리비도의 부착을 측정하는 지표이다. 성욕의 흐름에는 동성과 이성의 구별이 없다. 성감대란 인물 이전의 부분들 사이에 작용하는 분자적 밀도들의 분포 상태이다. 라캉도 성욕의 대상이 형태를 갖춘 인물이 아니라는 것을 강조하기 위하여 무의식의 자리인 큰 타자(상징계)와 환상의 대상으로 나타나는 작은 타자를 구별하였다. 작은 타자를 형성하는 물질적 부품이 바로 연물(戀物)이다. 성욕은 어디에나 있다. 재산권을 숭배하는 법관들의 독단적인 판결 속에도 성욕은 현존하고, 부동산에 집착하는 자본가들의 맹목적인 투기 속에도 성욕은 현존한다.

⎾ 남근과 하문(下門)의 차이에도 불구하고 모든 사람은 남성의 성과 여성의 성을 소유하고, 다른 사람 안에 있는 남성의 성 또는 여성의 성과 관계를 맺는다. 성욕은 부분적 대상들의 커뮤니케이션이다. 인물 형태의 자기 동일성은 성욕의 대상이 되기에는 너무 크다. 성욕은 그 대상이 남성이건 여성이건 남성의 위치와 여성의 위치를 횡단하여 한 위치에서 다른 위치로 날아갈 수 있다. 남자 속에도 여자가 있고, 여자 속에도 남자가 있다. 성욕은 남자와 여자라는 통계학적 성 차이를 뒤집어엎는다. 사랑은 한 남자와 한 여자의 관계가 아니라 인물 이전의 파편들의 관계이며, 무수한 여성성과 무수한 남성성이 밀도를 달리하며 수천수만 가지로 엇걸리는 관계이다.

⎾ 인물의 형태를 파괴하고, 분자적 부분 단위들의 작동을 관찰하며 실험하는 정신 분석은 성욕의 물리학이고 욕망의 경제학으로서 사물의 파편, 심리의 미소 단위, 무의식의 분자적 에네르기만을 대상으로 삼는다는 점에서 일종의 미시 사회학이기도 하다. 욕망을 인물처럼 의인화하면 무의식을 의식으로 바꿔치게 된다. 무의식의 리비도는 통계학에 의해 처리되는 대단위 대상에는 부착되지 않는다. 무의식은 한계 분석 경

제학이 의존하는 대수(大數)의 법칙을 모른다. 무의식의 자동적 생산물인 욕망은 다양하게 분산되며 미소 단위에 부착되는 파동이다. 큰 단위의 구조는 욕망의 분산에 쐐기를 박는다. 결국 정신 분석은 욕망을 방해하고 침묵시키는 구조적 통일에 대한 항의이다. 통계학에 근거하는 구조적 통일은 분산된 부분들과 이탈된 부품들, 국지화된 파편들과 흩어진 단위들을 배제한다. 군주적 통일의 원리는 욕망의 투사를 차단하는 것이다.

욕망은 부분 대상들의 현실적 조건들에 얽혀 있다. 이 조건들이 사라지면 욕망도 사라지며, 이 조건들이 변화하면 욕망도 변화한다. 무의식의 리비도는 이 사회의 구석구석을 편력하면서 구조로 환원할 수 없는 소단위 대상들을 긍정하고 다양한 욕망을 파생한다. 어린아이는 이 방 저 방을 기어 다니면서 소단위 대상들에 욕망을 투사하고 자기를 소단위 대상들 중의 하나로 경험한다. 그의 리비도는 어머니의 가슴, 고무젖꼭지, 자기의 배설물에 투사된다. 그의 욕망은 연속되고 대립되는 부분 대상들 가운데서 특정한 소단위 대상을 채취하고, 그 소단위 대상의 흔적을 자기의 신체에 기록한다. 어린아이는 쉬지 않고 편력하고 끊임없이 변신하는 과정에서 그때그때 필요한 부품들과 장치들을 아버지와 어머니에게서 빌린다. 아버지와 어머니는 어린아이에게 발신하고, 수신하고, 협조하고, 방해하는 타자가 된다. 아버지와 어머니가 형태를 갖춘 인물로 작용하는 것은 의식의 세계 안에서 일어나는 사건이다.

⌐ 욕망은 의식의 지도와 다른 지도를 그리면서 우연한 인자들, 예측할 수 없는 형태들, 거리가 먼 계열들을 소통시킨다. 욕망은 편안하지 않기 때문에 편력한다. 욕망에는 지배와 예속, 가학과 피학이 공존한다. 압제와 반항, 부유함과 가난함, 계급 투쟁과 제국주의도 욕망의 밀도에 영향을 준다. 욕망 앞에서 사회는 조각난 부분들로 파열하고, 구멍 난 파편들로 분산된다. 욕망 앞에서 사회는 파장으로 변형되고, 흐름으로 해체된다. 욕망에 대하여 "그것은 무엇을 의미하는가."라고 묻는 것은 잘못이다. 우리는 욕망에 대하여 그것이 어떻게 작동하는가라고 물어야 한다. 욕망은 본질적으로 개인의 욕망이 아니라 유적 생명의 욕망이기 때문이다. 우리는 필요한 것을 욕구하고, 어쩔 수 없는 것을 욕망한다. 욕망은 인간의 필연이고 운명이다. 문제는 욕망이 어떻게 흥분하고 고장나는가를 찾아 내는 것이다. 욕망은 어떻게 한 신체로부터 다른 신체로 옮아가는가? 어떠한 욕망이 어떻게 작동하는가? 욕망이 편력하는 환경은 어떠한가? 어떠한 진동들과 파장들과 흐름들이 어떻게 욕망으로 들어가고 나오며, 또 어떻게 욕망과 합류하는가?

⌐ 자본주의는 욕망의 흐름을 규제하고 사회를 규격화된 벽돌들로 짜맞추려고 한다. 자본주의에는 규제되지 않은 흐름이라면 어떤 것도 흐르게 하지 않으려는 군주적 통일의 원리가 내재한다. 자본주의는 무의식의 리비도가 부착하는 대상들의 모서리를 깎아 반듯하게 다듬고 싶어 한다. 생산 양식에 맞추어 욕망을 규격화함으로써 억압적 질서에 순종하는 온순한

신하들을 재생산하는 것이 자본주의의 작동 원리이다. 자본주의는 인간의 신체에 억압의 낙인을 찍는다. 사람들의 몸에는 선인장처럼 수많은 가시가 박혀 있다. 비개입의 확대와 평등 공리의 실행에 실패하면 자본주의의 작동 부실을 조정하는 민주 국가가 위선적이고 타산적인 귀족 국가로 전락한다. 중앙 주권의 조직체가 위선적인 민주 국가를 영생 불멸의 목적으로 설정하고 지배 계급은 자기들이 국가를 보위하는 우등 인종임을 과시한다. 그들의 규준과 원칙에서 벗어나는 것은 무엇이건 감시되고 감금되고 처벌되어야 할 것으로 규정된다.

자본주의는 결핍과 실업과 원하지 않는 노동을 존속시키는 생산 양식이다. 생산 수단의 공유가 반드시 효과적인 방법이 되지는 않겠으나 지배 계급만에 의한 생산 수단의 독점 또한 효과적인 방법이 되지 못한다. 생산 수단을 이용하는 권리는 광범위하게 확대되어야 한다. 재벌이 소유한 공장의 생산 환경에 대한 주민 투표 같은 것도 실험해 볼 수 있다. 교육 불평등과 건강 불평등이 심화되면 욕망은 결핍에 대한 공포 때문에 생명의 놀이가 아니라 결여의 욕구로 응고된다. 원하지 않는 노동을 축소하지 않으면 공장은 비유로서가 아니라 실제로 감옥이 되어 욕망을 질식시켜 버린다. 생활 수준의 자발적인 저하와 노동 시간의 자발적인 단축이 지구 단위로 실천되지 않는다면 중단 없는 기술 혁신으로 인하여 21세기 후반기에는 인류의 10분의 2만 일하고 나머지 10분의 8이 놀게 될 것이다. 넘쳐나는 실업자 때문에 지구가 거대한 슬럼이 될 때,

로마가 끝나갈 무렵 노예들 속에서 기독교 문명이 탄생했듯이 그 슬럼 속에서 새로운 문명이 빚어져 나올 것이다. 아무리 온갖 수단을 다 동원하더라도 자본주의는 자본의 창고에 저장할 수 없는 욕망의 낯선 흐름을 고갈시키지 못한다. 욕망은 결코 혁명을 원하지 않는다. 자본주의의 전면적 해체라는 개념은 또 하나의 거짓된 통계학이다. 욕망은 원하는 것을 원함으로써 자본주의의 철벽에 틈을 낸다.

욕망의 소단위 대상들을 따라가면서 자본주의의 통계학에 대항함으로써 군주적 통일의 원리를 거짓된 것으로 드러내 보이는 작업이 창작이다. 소설은 자본주의 통계학의 큰 단위들과 무관한 미립자의 파동과 진동을 묘사한다. 작가는 거미줄에 꼼짝 않고 있는 거미처럼 사회의 가장자리에 머물러 있으나 작은 진동에도 민감하게 반응한다. 문학은 개념의 체계나 인물의 형태가 나타나기 이전에 작용하는 욕망의 직접성을 드러낸다. 인물의 형태는 작가가 반응하기에는 너무 큰 단위이다. 작품 속에서 인물 형상은 부분 대상들의 불투명한 구름들로 해체되거나 파열된 대상들의 한 국면에서 다른 한 국면으로 유동한다. 인물 형상은 명확한 형태를 상실하고, 미묘하고 부드러운 또는 예리하고 거슬리는 미립자들의 진동이 된다. 이러한 진동들이 서로 호응하고 배척하고 교차하는 공간이 작품이다.

욕망의 직접성에 충실해야 한다는 말이 곧 욕망을 개인의 것으로 국한해야 한다는 뜻은 아니다. 언어와 마찬가지로 욕망도 개인에게 귀속시킬 수만은 없다. 언어의 기능은 힘의 행사에 있다. 사랑의 고백은 전쟁의 선포와 같이 힘의 행사이고, 발화 행위의 주체는 개인의 의식이 아니라 사회적인 힘이다. 방송·강의·유세 등의 목적은 정보의 전달이 아니라 힘의 행사에 있다. 들뢰즈(Gilles Deleuze, 1925~1995)와 가타리(Félix Guattari, 1930~1992)는 발화 행위를 사법적 행위나 그것에 준하는 "집단적 배치물"[주038] [질 들뢰즈·펠릭스 가타리, 『천 개의 고원』(새물결), 2001, p.156.]이라고 하였다. 발화 행위라는 집단적 배치물을 구성하는 소단위 부분 대상들은 예측할 수 없이 다방면으로 연결되고, 침투되고, 혼합되고, 확장되고, 포섭된다. 개인의 발화 행위는 이러한 집단적 배치물과 뗄 수 없이 얽혀 있으므로 발화 행위의 주체는 개인이 아니고 모든 발화는 변별적 윤곽이 선명하지 않은 자유 간접 화법이다.

자본주의는 사실을 논리로 바꾸고, 논리를 도덕으로 바꾼다. 도덕이란 지배 계급에게 잉여 가치와 과잉 억압을 유지하도록 보장해 주는 수단일 뿐이다. 위선과 허영, 자기 기만과 자기 만족, 온갖 거짓 믿음들이 성욕을 작고 더러운 비밀로 숨겨 두고, 돈 없는 환자를 치료하는 행동은 불법이라는 도덕의 승리를 구가한다. 소설은 논리와 도덕을 무시하고 욕망의 불신 봉주의를 따른다. 그것은 목표와 근거, 원리와 규준이 없이도 자본주의의 이데올로기에 항복하지 않고, 자기 연민이란 어리석은 감상에 떨어지지 않으며, 자본주의를 견뎌 내고 자본주의의 통계학에서 이탈한다. 욕망의 흐름이 작가를 인도하여 자본주의의 한 가운데에서 버틸 수 있게 하고, 자아의 감옥으로부터 벗어날 수 있게 하고, 자본의 논리와 도덕으로부터 달아날 수 있게 한다. 자본주의로부터 달아남은 자본주의의 한복판을 뚫고 넘어서서 질문함이다. 이데올로기의 관점에서 본다면 그 규모야 어떠하건 폭발물을 내장하지 않은 작품은 소설다운 소설이 아니다.

▢ 창작이 가능한 지대는 중심에서 떨어져 있는 변두리이다. 지배 계급에게 "나는 당신들 축에 들지 않는다."라고 말하는 것이 창작의 출발점이다. 창작이란 큰 단위 대상들을 조직하는 지배 계급의 통계학에 반대하고 무한소의 부분 대상들을 향하여 달아나는 작업이기 때문이다. 작가는 작품의 교환 가치를 부정하고 항상 강인하게 음지에 머물러 있어야 한다. 상품으로부터, 음식으로부터, 재산으로부터, 다시 말하면 자본주의의 통계학이 규정하는 자아로부터 달아나는 작가는 "나는 아무것도 모른다."고 하는 가벼운 마음을 가지게 되고, 이 '무지의 지'야말로 창작의 첫째 조건이 된다. 떠나는 것, 벗어나는 것, 달아나는 것은 생명의 흐름을 따라가는 것이다. 군주적 통일이라는 파시즘의 원리를 부정함으로써 자기 안의 파시즘을 약화시키지 않으면 자기 연민과 자기 기만의 방해로 정직과 관대의 기율이 파괴된다. 창작은 정직과 관대 이외의 모든 도덕을 폐지하고자 하는 역사적 실험이다.

▢ 욕망을 사회의 도처에 분산시킴으로써 문학은 사회에 작용한다. 거짓된 정착과 허위의 안일을 피하지 않으면 누구도 욕망의 흐름을 자본주의의 성벽 너머로 흐르게 하지 못한다. 창작은 일종의 귀양살이이다. 그러나 작가의 유배는 개인의 유배가 아니라 공동의 유배이다. 사람들은 원하는 대로 산다는 말

이 있다. 간절한 원이 없는 사람은 원을 가로막는 세상의 저항을 체험하지 못한다. 원이란 욕망의 별명이 아니고 무엇이란 말인가? 욕망의 소단위 대상들 속으로 깊이 가라앉는 방법으로 개발된 소설의 자유 연상과 자동 기술과 자유 간접 화법은 원의 실현을 방해하는 계급 구조와 국가 권력을 부정하는 투쟁의 수단이다. 욕망의 소단위 대상들에 집중하고 욕망의 흐름에 전적으로 참여하는 것은 문학뿐 아니라 예술의 기본 조건이다.

자본주의는 가치들의 실현을 가로막는 장애로 가득 차 있다. 강대국의 제국주의는 약소국에 무역 제약과 문화 수입을 강요하고 있으며, 약소국의 노동자는 계급 투쟁에서 노동을 계속해 나가는 데 필요한 준거 임금조차 얻어 내지 못하고 있다. 계획의 결핍으로 엄청난 재화가 낭비되고 있으며, 쓸데없는 개입으로 심미적 습관 자체가 파괴되고 있다. 일용할 양식과 일용할 기계와 일용할 외화(外貨)가 필요한 무자원국에서 외화를 낭비하다 초래한, 20세기 말 한국의 환란(換亂) 같은 것은 한국의 경제학이 실학이 아니라 허학임을 단적으로 보여 준 사건이었다. 21세기의 한국은 아마도 그 전반기에 싫건 좋건 통일을 맞을 것이고, 그 후반기에 통일이 야기한 숱한 문제들에 봉착할 것이다. 내전의 위기와 파멸적 동요가 정상적인 생활의 일부가 되는 시대에 소설은 사회적 모순의 기초에 대한 공격을 회피할 수 없다. 사회적 모순의 동력인에 대한 공개 도전을 외면할 때 소설은 인간에 의한 인간의 지배를 세련되게 옹호하는 자본 계급의 미봉책이 되고 말 것이다.

⌐ 현실적인 계기에 관한 어떤 명제는 진리가 아니다고 할 때의 진리는 미학적 성취에 대하여 중요한 진리를 표현한다. 그것은 진리의 일차적 특징인 위대한 거절을 표현한다. [주 039] [Alfred North Whitehead, 『Science and the Modern World』(New York : The Free Press), 1967, p.158.]

⌐ 전체를 궁극적으로 확실하게 알 수 있다는 과학주의자들의 확신은 비과학적인 미신에 불과하다. 과학적 증명의 힘은 영향의 범위가 너무도 좁기 때문이다. 주민의 반대로 쓰레기 소각장을 만들지 못했다고 해서 주민의 집단적 이기주의를 비난하는 정부의 태도는 정당하다고 볼 수 없다. 정책이란 언제나 정부의 계획과 주민의 찬반을 거쳐 시행되는 것이기 때문이다. 정부의 계획도 정상적인 정책 결정 과정의 일부이고, 대중의 찬성과 반대도 정상적인 정책 결정 과정의 일부이다. 조화와 질서에 대한 조작된 이론은 계급 투쟁을 무시하는 파시즘의 억지 해석이 된다. 작가는 무슨 이론 장치 대신에 먼저 아무런 엄호도 받지 않고 물으면서 자리 잡고 견뎌 나가는 길을 모색해야 한다. 운명을 회피하지 않고 운명의 필연성을 직시함으로써만 작가는 근본적으로 받아들이기 어려운, 분열된 현실과 우리 자신의 모습을 발견할 수 있다. 문제는 거창한 지식이 아니라 정직한 욕망이다. 욕망만이 인간에게 사실을 시인하는 겸손과 미지의 영역으로 자신을 개방하는 용기를 선사한다. 인간은 욕망의 도시에서 주인도 아니고 하인도 아니다. 욕망은 있음이 아니라 '넘어서서 있음'이고, 욕망의 본질은 타자의 부름에 있다. 환상을 좇는 즐거움, 추억에 갇힌 우

수는 진정한 의미에서 욕망이라고 할 수 없다. 욕망은 모든 한계를 꿰뚫고 분열과 모순을 자체 내에 보존하는 끝없는 의욕이며, 깊은 정열에 의하여 특별하게 충격된 심적 운동의 끊임없는 항상성이다. 창조적이고 자유로운 욕망의 훈련에 의심스러운 눈길을 보내면서 욕망을 계산할 수 없는 무용지물이라고 비난하는 자본가들은 욕망이 모든 한계를 넘어서서 묻는 인내임을 모른다. 독단주의와 허무주의라는 파시즘의 근원악은 현실의 질서를 객관적으로 관찰하는 지식에서 나온다. 욕망은 객관적으로 관찰되지 않는다. 움직이는 감정을 속속들이 반영하는 눈길, 내면의 율동을 드러내는 높고 낮은 목소리, 피가 통하는 따뜻한 손길, 전자장처럼 퍼져 나가는 감각과 섬세한 뉘앙스. 이런 것들이 욕망의 집이다. 욕망은 악을 정당화하지 않으면서도 악을 받아들이고 악에 대항하여 사랑에서 우러나오는 투쟁을 감행한다. 비록 출구가 없는 상황 속에 갇혀 있다 하더라도 인간에게는 그 상황을 존재의 질서라고 단언할 권한이 없다. 우리의 욕망이 그것의 너머를 바라보고 있기 때문이다. 욕망은 거부인 동시에 개방이고 부정인 동시에 사랑이다. 자본의 논리를 따르는 지식은 자본주의에 대하여 질문할 줄 모른다. 욕망의 공간은 자본주의의 논리에 의지함으로써 확보된 영역이라기보다도 자본주의의 의문성을 부단히 자각하면서 자본주의로부터 떨어져 나와야 비로소 개척되는 창조적 물음의 영역이라고 해야 할 것이다.

9. Models and Desire

Abstract Moments of reality are infinite, but the ability of human beings to recognize and describe it is finte. The problem with reality is that as an object it cannot be strictly limited. Therefore, the attempt to depict reality is always accompanied by a certain contradiction. The way of settling this contradiction is for writer to design the typical model of a fictional world. It has a particular universality or a universal individuality. Human desire is not only individual but also universal. There is a unconscious motive power under the conscious discourse. It is for this reason that free indirect discourse is of exemplary value in the fiction. This discourse explains all the voices within a single voice of fiction.

Keywords mimesis, representation, typical model, Ideal Typus, desire, libidinal discourse, capitalist society, reproduction process

9 - I. Introduction

The value of fiction is evaluated in terms of either reality or expression. The realist thinks that although fiction is not like reality, the form of fiction must be based on the form of reality. The expressionist thinks that fiction is evaluated according to the appropriateness of representation. He believes in the primacy of expression prior to reality. But these two ways have many problems not to settle their inner difficulties respectively. We can describe something in reality by means of a conceptual apparatus. We can call it the typical model which is unreal and ideal. Human desire speaks libidinal discourse which uses the thought mood. We can find a common base between the typical model of fiction and libidinal discourse of desire in the modern capitalist society.

9 - II. Models and Methods

When professors pose the question, "What is fiction?," most students reply as follows: "It is the prose which represents the realities of life." We cannot know reality itself; nevertheless, we do our best to grasp it. Likewise, the writer cannot render reality itself. He nevertheless endeavors to depict it. Moments of reality are infinite, but the ability of human beings to recognize and describe it is finite. What we are able to know clearly is strictly restricted to that which can be seen, heard or touched. However, what is tangible is a small part of reality. Our sense perception is not solid but liquid. It is too unsettled to delineate with a boundary. Economists try to grasp the concept of reality and writers try to grasp the image of reality. Fiction restricts the horizon of knowledge whilst broadening aspects of lived experience. Fiction defamiliarizes and intensifies perception, contrary to Economics which totalizes and abstracts the data. The latter can easily arouse an excessive intellectual response. To be more specific, fiction diverges from authentic reality when the summary lapses into didacticism or the scenes depicted stray into overly talkative dialogue. Whether they are referred to in the first or third person, the fictional characters are the unknown center that create the undefinable atmosphere around the narrative thrust. The objects which the narrator sets his or her eyes on are more important than the narrator who speaks about these objects in fiction. Which one of the next two sentences is appropriate to fiction?

He doesn't know about it.
He doesn't know whether he would carry on without it or would stop right away.

The second one is obviously a more worthwhile sentence in fiction. As for fiction per se, the writer must stroll through the stages of fiction without haste. He must stay in the world of the characters and maintain the undecided void in the sequence of events. The writer needs to keep distance from the characters and events of his fiction. The writer is not subject to the character and the character is not subject to the writer. They have relative autonomy from each other. John Keats has referred to this phenomenon as "negative capability" and Friedrich Schlegel as "irony".

The problem with reality is that as an object it cannot be strictly limited. Therefore, the attempt to depict reality is always accompanied by a certain contradiction. Historically, we have had two ways of settling this contradiction. One is the realism of *mimesis* theory and the other is the expressionism of representation theory. The value of fiction is evaluated in terms of either reality or expression. The realities of life are considered to be prior to the representation of life in realism. The realist believes that there are universal forms that are valid both in fiction and reality. The writer creates fiction by joining the individual subject-matter and the universal form together. The realist thinks that although fiction is not like reality, the form of fiction must be based on the form of reality. However many critics doubt whether there really is a universal form of reality in fiction.

Expression is the act of including something and excluding something else. Reality itself cannot be transferred into fiction. The expressionist thinks that fiction is evaluated according to the appropriateness of expression. He believes in the primacy of expression prior to reality. The writer as a producer creates fiction by using reality as his subject-matter. The expressionist distinguishes the practical intelligence from the theoretical intelligence. He divides practical intelligence into ethics and technique. Technique here has nothing to do with the common good. The purpose of the craftsman is not the morality but the self-sufficiency of finished products such as a chair, a house, a song, a poem, and fiction. The carpenter aims at use value and the poet aims at the expression of his intuition. However, many critics are uncertain whether or not fiction could override reality. The level of completion of fiction is affected by the power of reality.

Let us consider a simple mathematical algorithm from Karl Marx.

We can rewrite $x=e^y$ as $y=\log_e x$. Likewise we can rewrite the surplus value with the rate of the surplus value or the capital-labor ratio.

$$\text{capital-labor ratio} = \frac{C}{V} = n$$

$$C = nV$$

$$V = \frac{C}{n}$$

$$\text{rate of surplus value} = \frac{S}{V} = m$$

$$S = mV = \frac{Cm}{n}$$

V, C and S are abbreviations of variable capital, constant capital and surplus value. The rate of surplus value is the key notion of **Capital**, Volume I and the capital-labor ratio is the key concept of **Capital**, Volume III. We have to focus on the rate of surplus value and the capital-labor ratio when we analyze the actual state of society empirically. The capital-labor ratio is not only the index of the technical development of society but it is also the index of class struggle. When constant capital is increased, the technical level of labour and the aspect of class struggle change. The capital-labor ratio corresponds to the right wing-left wing ratio. If the rate of surplus value is decreasing continuously, the economic structure of the society in question will eventually cease to exist.

If we divide surplus value into x and y, and then add x (additional constant capital) to C, and y (additional variable capital) to V, the surplus value is divided into x and y according to the rate of profit (S over C+V).

$$\frac{x}{C} = \frac{y}{V} = \frac{x+y}{C+V}$$

$$x = \frac{CS}{C+V} = \frac{C \times \frac{Cm}{n}}{C + \frac{C}{n}} = \frac{\frac{C}{n} \times Cm}{\frac{C}{n}(n+1)} = \frac{Cm}{n+1}$$

$$y = \frac{VS}{C+V} = \frac{\frac{C}{n} \times \frac{Cm}{n}}{\frac{C}{n}(n+1)} = \frac{Cm}{n(n+1)}$$

$$C + x + V + y = C + \frac{Cm}{n+1} + \frac{C}{n} + \frac{Cm}{n(n+1)}$$

The heavy industr sells machines to the light industry and the light industry pays money to the heavy industry. In other words, heavy industry supplies constant capital to light industry. Light industry supplies variable capital and surplus value to heavy industry. Consequently, constant capital and the additional constant capital of light industry have to be identical to the variable capital and the additional variable capital of heavy industry for balanced economic development to occur. Let us refer to the heavy industry as I and the light industry as II. The constant capitals of esch part can be called C_1 and C_2 respectively. The equilibrium condition for expanded reproduction is the equality between

$$C_2 + \frac{C_2 m}{n+1} \text{ and } \frac{C_1}{n} + \frac{C_1 m}{n(n+1)}.$$

$$C_2 + \frac{C_2 m}{n+1} = \frac{C_1}{n} + \frac{C_1 m}{n(n+1)}$$

But the n in C and V is not the same as the n in S (x and y). The technical level changes over time and there is a time lag between production and circulation. The n in the variable capital of the heavy industry department is the technical level of labor before the occurrence of surplus value and the n in the additional capitals is that which transpires after the occurrence of surplus value. The equation shows the spatial disposition of C and V in the two industrial departments. However, the equilibrium condition cannot be actually realized because the temporal disruptions continually change the disposition. I have formulated this equation in order to demonstrate the *Sachlichkeit* of reality. No matter how important expression may be, the writer cannot ignore the *Sachlichkeit*. Reality cannot be maintained under the control of the writer.

The writer can design the typical model of a fictional world to mediate between realism and expressionism. The typical model is not the average but the particular. It is, however, not the eccentric but the universal. In other words, it has a particular universality or a universal individuality. The writer describes reality by means of the typical model. The typical model is unreal and ideal in that it describes something in reality by the means of a conceptual apparatus. Therefore, Max Weber refers to it as the *Ideal Typus* (Weber, 1922:199). The phoneme of linguistics is the unreal unit by which a real sound is described. No one speaks exactly according to the rule of the phoneme. Each individual employs his or her own particular sound. The actual sounds we pronounce all vary with our characteristics. However, the phoneme is the standard of all human sound. We need to have a standard evaluation criterion. For example, if professors evaluate their students with a standard set according to the score of the best student, they cannot evaluate the rest of the students fairly. Professors should evaluate all their students including the one who excels using a typical model which has been calibrated according to ideal criteria. It is an unreal and universal notion. Literary critics use many unreal models such as the open drama and the closed drama to analyze texts. There is no such thing as the open drama in the real world. However, in order to understand the actual drama staged in real life, one needs to explore the typical model of the open and closed drama.

The process of writing fiction is similar to the process of science research in many ways. The scientific research process consists of three stages, which are the psychological stage that sets up a hypothesis, the deductive stage that systematizes the hypothesis and the inductive stage that verifies the hypothesis through experiment. In the same way, the writing process consists of three stages, which are the psychological stage that sets up a typical model, the deductive stage that systematizes the typical model and the inductive stage that tests the typical model through experimentation. This model detection is the starting point of fiction writing. The writer has to consider many sides of reality in order to build fictional models. Since reality has infinite moments whereas fiction has finite moments, the writer has to include or exclude data in order to create a work of fiction. He must avoid one-sided reductionism. There is a strong tension between the model and the text. The written text is a superstructure we can see whereas the *Sachlichkeit* constitutes the infrastructure of fiction. The typical model mediates between the infrastructure and the superstructure.

9 - III. Desire and Art

The thought-mood corresponds to fiction in that both of them are related to the subjunctive world. The events in fiction reflect the desire of the writer. Human desire is common subject matter of fiction and psychoanalysis. Psychoanalysts discovered that the unconscious is structured like a language by analyzing dreams, slips of the tongue, and absentmindedness through the analytic method of free association. Unconscious discourse is different from the conscious statement. It reveals itself through the apertures of the conscious. The unconscious does not know any contradiction. Ideas which cannot coexist in consciousness do not have any difficulty to be put side-by-side in the unconscious. Events occurring in the unconscious are not arranged along a time sequence. There is neither the past nor the future, but only the present in the unconscious. The unconscious is the storehouse of accumulated energy. Freud called it **ein anderer Schauplatz** in order to make a distinction between a conscious statement and unconscious discourse. He uses this word almost twenty times in his early papers (Lacan, 2006:548). The mental process in the unconscious consists of a series of ideas (Vorstellung) to which psychic energy is attached. The change of quota of affect is caused by the displacement of ideas and by the condensation which accumulates or substitutes ideas. We can analyze unconscious ideas by analysing the workings of displacement and condensation. Displacement (Verschiebung) is a horizontal and syntagmatic movement and condensation (Verdichtung) is a vertical and paradigmatic movement. We usually choose one thing among many things and make connections between the selected things in our everyday lives. When we put on our clothes, we select certain pants among many pants and a jacket among many jackets. When we speak, we construct a sentence by selecting and joining the words together. Jacobson refers to the paradigmatic relation of words as metaphor, and the syntagmatic relation of words as metonymy. According to Lacan, displacement and condensation correspond to metonymy and metaphor (Lacan, 2006:511). Lacan defines metaphor as the sense of nonsense, the significance of insignificance and the meaning of meaninglessness.

 A child becomes a member of society to the extent that he is alienated within language. However, it is language that protects his desire. Desire is transformed into demand through the mediation of language. The child is reborn into the language at the moment a demand is split from desire. Language cannot reveal the desire of man. The life of a human is supposed to be a search for the impossible dream, and he or she has to respond to his never satisfied desire through language. The real is the indiscrete *apeiron* for a human. Language translates this unknown world of impersonal facts into a system of the symbolic. Humans cannot make a distinction between the ego and the object without language. They understand the symbolic system of differences and oppositions in their world through language. The mode of existence which cannot distinguish the subject from the other and the ego from the object is called the imaginary by Lacan. The object functions as the mirror reflecting the image of the ego in the imaginary. The life within the imaginary is the self-reflecting play in the mirror without the subject. Humans introduce the concept of difference and opposition in order to establish mathematics, physics and history. The symbolic is the common ground on which the subject can find himself or herself in terms of the symbolic language. The symbol congeals the flexibility of the image and the demand represses the natural flow of desire. The transition from the imaginary to the symbolic, or from the other to the Other, requires the basic repression which is the prohibition of incest.

> "The social character of enunciation is intrinsically founded only if one succeeds in demonstrating how enunciation in itself implies collective assemblages. It then becomes clear that the statement is individuated, and enunciation subjectified, only to the extent that an impersonal collective assemblage requires it and determines it to be so. It is for this reason that indirect discourse especially "free" indirect discourse, is of exemplary value: there are no clear, distinctive contours; what comes first is not an insertion of variously individuated statements or an interlocking of different subjects of enunciation, but a collective assemblage resulting

in the determination of relative subjectification proceedings, or assignation of individuality and their shifting distributions within discourse. Indirect discourse is not explained by the distinction between subjects; rather, it is the assemblage, as it freely appears in this discourse that explains all the voices present within a single voice, the glimmer of girls in a monologue by Charlus, the languages in a language, the order-words in a word. The American murderer 'Son of Sam' killed on the prompting of an ancestral voice, itself transmitted through the voice of a dog. The notion of collective assemblage of enunciation takes on primary importance since it is what must account for the social character. We can no doubt define the collective assemblage as the redundant complex of the act and the statement that necessarily accomplishes it. But this is still only a nominal definition; it does not even enable us to justify our previous position that redundancy is irreducible to a simple identity (or that there is no simple identity between the statement and the act). If we wish to move to a real definition of the collective assemblage, we must ask of what consist these acts immanent to language that are in redundancy with statements or constitute order-words" (Deleuze & Guattari, 1987:80).

The symbolic represses the desire of human beings and protects individuality at the same time. A child can be a member of a society not by conquering circumstances (Beschaffenheit) but by surrendering to the symbolic. What one can choose is whether one accepts the oppression of the symbolic or falls ill by denying the symbolic. The symbolic makes humans the masters of science and history but it also imposes vulgarity and meanness upon them. There is no bright future for humans in the world. Conformism is an unreal perspective towards the world because its presupposition is that society is harmonious. Humans can maintain their subjectivity only through accepting the misery of society and distancing themselves from it. If a new daughter-in-law fails to conform to the tradition of her husband's family, she will not be able to be accommodated into her new family. However, if she completely renounces her desire, her subjectivity will be destroyed. She has to change the tradition of her husband's family to some extent for her ***Eigenheit***. Her fight is not to be separated from her mother-in-law but to live with her. Eastern Learning (Donghak) established a new mass movement in Korea. The unipolar system of neo-Confucianism has been transformed into the bipolar system of neo-Confucianism and Eastern Learning since 1864. The bipolar coordinates of left wing and right wing define the present situation of Korea. The right wing believes that capitalism is the eternal order of the world and the left wing holds on to the promise of a different future to come. The left and the right search for universality in their struggle for hegemony.

On one hand, the capitalist calculates the flow of variable capital and constant capital by a differential coefficient. On the other hand, he or she calculates the flow of individual revenue and bank loans by the same differential coefficient. The differential coefficient is the proportion of the infinitesimal increments. The condition of maximum-profit equilibrium is calculated according to marginal cost and marginal revenue.

$$\frac{dR}{dx} - \frac{dC}{dx} = 0 \qquad \frac{d^2R}{dx^2} - \frac{d^2C}{dx^2} < 0$$

This differential coefficient reformulates everyday labor as the flow of labor power. The individual income and the bank loan are transformed into the flow of pure capital. The level of this flow rises on account of expanded reproduction. The flow of pure capital begets the surplus value $(x+\Delta x)$ of the flow.

The bank loan registered on a balance sheet of an enterprise is not the same money as the income of a salary earner. The flow of bank loans gives people the fantasy of the convertibility of paper money. However, paper currency has never been converted into gold in history. What circulates is not money but the ghost in the flow of bank loans. The ghost gives the visual shape of capital to the invisible infinite debt of conglomerates. There is no differential coefficient unifying the income of the worker and the bank loans of the enterprise. Capitalist society cannot evade distortions because income and bank loans act separately (Deleuze & Guattari, 1987 : 444). This distortion, however, cannot destroy capitalism. Capitalist society has adjusted to many difficult situations in history, overcoming the fatal crises of each moment. The tendency of the rate of profit to fall can be offset by an increased quantity of surplus value, and inflation can be offset by increased production (Marx, 1889 : 604).

Humans are not analogous to computers that calculate losses and gains. The differential coefficient is not applicable to desire. Human desire is not only individual but also universal, like language. There is the unconscious motive power (Wirkursache) under the conscious calculation of losses and gains. The libidinal vector which goes beyond losses and gains leads us to a particular purpose. Libidinal discourse uses the thought mood. The unconscious is an insane vector from the rational standpoint. Libidinal energy overflows structural unity. Unconscious molecular energy invests its cathexis in the fragments of the thing and to the micro-monads of mind. The unconscious is full of broken images. The libido respects maximum differentiation and neglects monarchistic unity.

9 – IV. Conclusion

The writer needs to keep distance from the characters and events of his fiction. The writer is not subject to the character and the charater is not subject to the writer. They have relative autonomy from each other. We can explain this phenomenon by the typical model of fiction. There is a strong tention between the model and the text. The written text is a superstructure we can see whereas the ***Sachlichkeit*** constitutes the infrastructure of fiction. The typical model mediates between the infrastructure and supersrtucture. The real is the indiscrete apeiron for a human. Language translates this unknown world of impersonal fact into a system of symbol. The symbol congeals the flexibility of the sense experience and the language represses the natural flow of desire. Unconscious molecular energy of fiction invests its cathexis in the fragments of the thing and to the micro-monads of mind. the libidinal discourse respects maximum differentiation of human Eigenheit and neglects monarchistic unity of modern capitalist marketing society. ⇧

References

Deleuze, G. & Guattari, F. (1988) ***A Thousand Plateaus***, trans. Brian Massumi. London: Athlone Press.

Lacan, J. (2006) ***Écrits***, trans. Bruce Fink. New York: Norton & Company.

Marx, K. (1889) ***Capital I***. trans. Samuel Moor & Edward Aveling. London:Swan Sonnenschein, Lowery.

Weber, M. (1922) ***Gesammelte Aufsätze zur Wissenschaftlehre***, Tübingen: J.C.B. Mohr (Paul Siebeck)

팔판동에서, 김인환, 2017년 11월 13일. [사진 심세중]

김인환 金仁煥 KIM Inhwan | 1946년 6월 26일 서울에서 태어났다. 고려대학교 국어국문학과를 졸업하고 동양방송 PD부에 입사했으나 정한숙(鄭漢淑, 1922~1997) 선생의 권유로 같은 대학 대학원에 진학하여 석사 및 박사 학위를 받았다. 1972년 『현대문학』에 「박두진론」을 발표하며 문학 평론가의 길을 걷기 시작했다. 마르쿠제의 『에로스와 문명』(1972)을 처음 우리말로 옮긴 후 프로이트와 라캉을 연구하여 1985년 『세계의 문학』 가을호(37호)에 라캉을 한국 최초로 소개한 논문 「언어와 욕망」을 발표했다. 경상대학교 국어교육과 교수를 거쳐 1979년부터 2011년까지 32년 동안 고려대학교 국어국문학과 교수를 지냈다. 현재 고려대학교 명예교수다. 고전 문학과 현대 문학, 정신 분석학과 경제학, 역사와 철학, 수학과 한학 등 여러 분야의 학문을 가로지르는 독자적인 사유를 현실 비평에 폭넓게 펼쳐 왔다. 쓴 책으로 『문학과 문학 사상』(열화당, 1978), 『문학 교육론』(평민서당, 1979 ; 한국학술정보, 2006), 『상상력과 원근법』(문학과지성사, 1993), 『동학의 이해』(고려대 출판부, 1994), 『언어학과 문학』(고려대 출판부, 1999), 『기억의 계단』(민음사, 2001), 『다른 미래를 위하여』(문학과지성사, 2003), 『한국 고대 시가론』(고려대학교 출판부, 2007), 『의미의 위기』(문학동네, 2007), 『현대시란 무엇인가』(현대문학, 2011), 『The Grammar of Fiction』(Nanam, 2011), 『13인의 아해가 도로로 질주하오』(수류산방, 2013. 공저), 『인간 문명과 자연 세계』(민음사, 2014. 공저), 『고려 한시 삼백 수』(문학과지성사, 2014) 등이 있으며, 옮긴 책으로 『에로스와 문명』(왕문사, 1972), 『주역』(나남, 1997) 등이 있다. 김환태평론문학상(2001), 팔봉비평상(2003), 대산문학상(2008), 김준오시학상(2012) 등을 받았다.

● 아주까리 수첩 **2** 김인환 **과학과 문학** | 金仁煥 **科學.文學** | KIM Inhwan SCIENCE and LITERATURE | ⓒ 김인환 | ● Produced & Published by **수류산방 樹流山房** Suryusanbang | 초판 01쇄 2018년 06월 26일 | 값 21,000원 | ISBN 978-89-915-5565-5 03810 | Printed in Korea, 2018.

suryusanbang

● **수류산방 樹流山房** Suryusanbang | 등록 2004년 11월 5일 (제 300-2004-173호) | 〔03054〕 서울 종로구 팔판길 1-8 〔팔판동 128〕 | T. 82 02 735 1085 F. 82 02 735 1083 | 프로듀서 **박상일** | 발행인 및 편집장 **심세중** | 크리에이티브 디렉터 **朴宰成＋박상일** | 이사 **김범수, 박승희, 최문석** | 편집팀 **전윤혜, 조연하** | 디자인·연구팀 **장한별** | 사진팀 **이지웅**

SURYUSANBANG A. 1-8 Palpan-gil 〔128 Palpan-dong〕, Jongno-gu, Seoul, KOREA | T. 82 (0)2 735 1085 F. 82 (0)2 735 1083 | Producer **PARK Sangil** | Publisher & Editor in Chief **SHIM Sejoong** | Creative Director **PARK Jasohn ＋PARK Sangil** | Director **KIM Bumsoo, PARK Seunghee, CHOI Moonseok** | Editorial Dept. **JEON Yoonhye, JOH Yeonha** | Design & Research Dept. **JANG Hanbyul** | Photography Dept. **LEE Jheeyeung** | Printing **Hyosung Co., Ltd** 〔PARK Pan-yoel〕T. 82 (0)2 2261 0006